edition suhrkamp 2801

Das Rundfunkhaus Nalepastraße, bis 1990 Sitz des Rundfunks der DDR und heute ein beliebtes Ausflugsziel, gilt als sein berühmtestes Werk. Begonnen hatte das bewegte Architektenleben Franz Ehrlichs (1907-1984) am Bauhaus in Dessau. 1937 wurde er als Widerstandskämpfer ins KZ Buchenwald gebracht, wo er das Tor mit der Inschrift »Jedem das Seine« gestalten musste. In der DDR nahm Ehrlichs Karriere Schwung auf – aber sein umfassender Geltungsanspruch kollidierte mit der politischen Wirklichkeit.

Für ihren biografischen Essay begeben sich der Architekt und Designtheoretiker Friedrich von Borries und der Historiker Jens-Uwe Fischer auf die Spuren eines lange vergessenen Bauhäuslers. Dabei reflektieren sie über die Widersprüche in Ehrlichs Leben sowie den Totalitätsanspruch der Moderne.

Friedrich von Borries, geboren 1974, ist Professor an der Hochschule für bildende Künste Hamburg. Jens-Uwe Fischer, geboren 1977, promoviert dort über Franz Ehrlich. In der edition suhrkamp erschienen von ihnen *Sozialistische Cowboys. Der Wilde Westen Ostdeutschlands* (es 2528) und *Heimatcontainer. Deutsche Fertighäuser in Israel* (es 2593).

Friedrich von Borries
Jens-Uwe Fischer

Gefangen in der Titotalitätsmaschine

Der Bauhäusler Franz Ehrlich

Suhrkamp

Gefördert durch die Deutsche Forschungsgemeinschaft (DFG) –
281316174

Erste Auflage 2022
edition suhrkamp 2801
Originalausgabe
© Suhrkamp Verlag AG, Berlin, 2022
Alle Rechte vorbehalten. Wir behalten uns auch eine Nutzung des
Werks für Text und Data Mining im Sinne von § 44b UrhG vor.
Umschlaggestaltung:
Nach einem Konzept von Willy Fleckhaus: Rolf Staudt
Umschlagabbildung: Stiftung Bauhaus Dessau (I 3038 G)/
© (Franz Ehrlich) Erbengemeinschaft nach Franz Ehrlich
Bildbearbeitung: Tim Albrecht
Satz: Satz-Offizin Hümmer GmbH, Waldbüttelbrunn
Druck: C. H. Beck, Nördlingen
Dieses Buch wurde klimaneutral produziert:
climatepartner.com/14438-2110-1001
Printed in Germany
ISBN 978-3-518-12801-5

www.suhrkamp.de

INHALT

Vorspann 7
Proletarisches Milieu 39
In der Kopfdrehmaschine 48
Jugend des Hochverrats 86
Blätter aus der Haft 99
Jedem das Seine 106
SS-Neubauleitung 122
Der perfekte Lagerarchitekt? 135
Im Strafbataillon 999 149
Antifaschistisch-demokratischer Aufbau 157
Ordner der Zivilisation 178
Stalinistische Säuberungen 193
Sozialistische Realität 222
Bauhaus-Renaissance 246
Abspann 264

Anmerkungen 271
Quellen 301
Bildnachweise 314

VORSPANN

»Original Hellerau Sideboard Kommode Franz Ehrlich 602 Bauhaus Retro« titelt eine Anzeige auf Ebay, 890 Euro will der Verkäufer für sein »Schnäppchen« haben. Vor ein paar Jahren wurden einem die Möbel von Franz Ehrlich noch hinterhergeworfen, die Entrümpler waren froh, wenn jemand eine Schrankwand aus dem Plattenbau mitnahm. Die Möbelserie 602 wurde von 1957 bis 1967 von den Deutschen Werkstätten Hellerau in großer Stückzahl produziert und war in der DDR weit verbreitet – nichts Besonderes also, zumindest in den Augen vieler.

Inzwischen gilt die Möbelserie 602, zu der Kommoden, Schränke, Regale und Tische zählen, als Mid-Century-Klassiker, sie steht in verschiedenen Designmuseen, und die Preise für die als Antiquitäten gehandelten Stücke steigen kontinuierlich. Das ostdeutsche Design wird als Teil der europäischen Moderne entdeckt, wertgeschätzt und vermarktet. Die Möbel der Serie 602 sind, wie der Erläuterungstext einer anderen Anzeige kundtut, in der das gleiche Sideboard, allerdings mit Schubladen statt gläserner Schiebetür, für 1475 Euro angeboten wird, »gesuchte Objekte für Liebhaber*innen und Sammler*innen«. Den Grund dafür nennt die Anzeige auch: »Ehrlich studierte von 1927 bis 1930 am Bauhaus in Dessau und ist bekannt für seine sachlichen und ornamentlosen Designs.«

Die Anzeigen auf Ebay werben nur mit einem kleinen Ausschnitt aus Ehrlichs Werdegang – dem Bauhaus. Unerwähnt bleibt, dass er aufgrund seiner Aktivitäten im Widerstand gegen den Nationalsozialismus von 1937 bis 1939 im KZ Buchenwald inhaftiert war. Dabei ist diese Zeit für das Verständnis der design- und architekturgeschichtlichen Bedeutung Ehrlichs entscheidend, denn auch im Konzentrationslager war er als Architekt und Designer tätig. Von ihm stammt zum Beispiel die Gestaltung des Lagertors samt dem Schriftzug »Jedem das Seine«. Seine Arbeit als KZ-Häftling war vor der Jahrtausendwende auch in Fachkreisen kein großes Thema, wahrscheinlich weil es zu schwierig erschien, Ehrlichs Überlebenskampf im Lager in ein Verhältnis zu seinem dort entstandenen Werk zu setzen.

Heute interpretieren viele das Verwenden einer Bauhaustypografie im Lagertor als stillen Widerstand Ehrlichs im KZ. Über seine anderen, formalästhetisch weniger widerständigen Arbeiten, die ebenfalls unter den Bedingungen der Gefangenschaft entstanden, wurde bislang nur wenig berichtet. Weitgehend unbekannt ist, dass Ehrlich nach seiner Entlassung weiter im Baubüro des Lagers und später in der Zentrale des SS-Bauwesens in Berlin tätig war.

Die Geschichte Franz Ehrlichs ist komplex und voller Widersprüche. Sie auf Bauhaus, Widerstand, Haft im Konzentrationslager und Modernismus in der DDR zu reduzieren, greift zu kurz. Deshalb haben wir uns in den letzten

Jahren durch verschiedene Archive gearbeitet, mit Zeitzeug:innen und Expert:innen gesprochen sowie Orte seines Lebens und Wirkens aufgesucht.

Wichtige Quellen dieses Buches sind personenbezogene Akten. Dazu zählen Ermittlungsakten der Gestapo, Ehrlichs Gefangenenakte aus dem Zuchthaus Zwickau, die Unterlagen, die im Rahmen seiner Anerkennung als »Verfolgter des Naziregimes« gesammelt wurden, seine Kaderakte beim Zentralkomitee (ZK) der Sozialistischen Einheitspartei Deutschlands (SED) und die im Stasi-Unterlagen-Archiv verwahrte Täterakte des Geheimen Informators »Neumann«, so der Deckname Ehrlichs beim Ministerium für Staatssicherheit.

Eine weitere wichtige Quelle sind autobiografische Aufzeichnungen und selbstgeschriebene Lebensläufe aus Ehrlichs Nachlass, der im Archiv der Stiftung Bauhaus Dessau verwahrt wird. Allerdings sind nur wenige solcher Dokumente überliefert, sie beziehen sich größtenteils nur auf einzelne Lebensabschnitte und liegen zum Teil nur in Fragmenten vor. Sie entstanden in unterschiedlichen politischen und gesellschaftlichen Kontexten: im Nationalsozialismus, in der unmittelbaren Nachkriegszeit und vor allem in den verschiedenen Phasen der DDR.

Diese Texte sind Teil seiner Selbstrechtfertigung und -inszenierung. In ihnen beschreibt Ehrlich seinen Werdegang, zuweilen überhöht er seine Rolle und blendet je nach Situation bestimmte ihm unwichtig oder weniger schmeichelhaft erscheinende Teilaspekte aus – eine Vorgehensweise, die ihm auch selbst bewusst war. Er umschreibt sie Anfang der achtziger Jahre in einem kurzen autobiografischen Text mit dem Titel »Wo viel Licht ist, ist auch viel Schatten«: »Halt – hier beginnt die Möglichkeit die Wahrheit, einer Tendenz zu liebe, zu verlassen.«[1]*

Die Übertreibungen und Verschiebungen, die Ehrlich in seinen Selbsterzählungen immer wieder vornimmt, kommen nicht von ungefähr, sondern sind bewusste Eingriffe – die »Tendenz«, von der er spricht, meint die sich ändernden politischen Rahmenbedingungen, an die er die Erzählung über das eigene Leben anpasste.

Den Differenzen zwischen den verschiedenen Selbstbeschreibungen und dem, was sich aus den in diversen Archiven befindlichen anderen Quellen rekonstruieren lässt, werden wir nachgehen. Wir tun dies nicht aus einem Hang zur Erbsenzählerei, sondern weil, so unsere Annahme, Anpassungen, Beschönigungen und Umdeutungen zentraler Bestandteil des Agierens in Totalitätsmaschinen sind. Sie dienen mal dem nackten Überleben, erscheinen an anderer Stelle jedoch als bequemer Opportunismus. Die Ausdeutung dieser Umdeutungen ist deshalb ein wichtiger Teil einer wissenschaftlichen Aufarbeitung, die nicht nur Höhepunkte von Ehrlichs künstlerischem und gestalterischem Werk, sondern auch die biografischen Brüche, Friktionen und Sperrigkeiten in den Blick nimmt.

---

* Insbesondere Franz Ehrlichs nicht zur Veröffentlichung bestimmte Aufzeichnungen weisen oft viele Rechtschreib- und Grammatikfehler auf; im Sinne der besseren Lesbarkeit verzichten wir im Folgenden darauf, diese durch [sic] zu kennzeichnen (die Autoren).

Unsere Absicht ist also nicht, eine Heldengeschichte über Franz Ehrlich zu schreiben und ihn als zu wenig bekannten Gestalter vorzustellen, sondern den Ambivalenzen nachzuspüren, die sich aufgrund der politischen Rahmenbedingungen in seinem Leben und Werk finden. Wir setzen uns mit Franz Ehrlich nicht allein wegen der gestalterischen Qualität seines Werkes, das Architektur, bildende Kunst und Design umspannt, auseinander, sondern vor allem wegen seines komplexen Lebenswegs, in dem sich die gesellschaftspolitischen Konflikte und Katastrophen des 20. Jahrhunderts symptomatisch verdichten.

Die Geschichte Franz Ehrlichs erzählen wir im Wesentlichen chronologisch. Der Titel dieses Buches ist eine Anlehnung an mehrere seiner Werke – und eine Metapher für seinen Werdegang. Ehrlich war in seinem Leben verschiedenen sozialen und politischen Strukturen mit totalem beziehungsweise totalitärem Anspruch unterworfen. Und er hat sich zeitlebens mit Maschinen beschäftigt, die für ihn Sinnbild der Funktionsweise von Gesellschaft waren. Als Lehrling in der Schlosserei baute er Maschinen, am Bauhaus kinetische Objekte. Auch das Totale zieht sich durch sein Leben und Werk. In Dessau baute er am Modell für Walter Gropius' Totaltheater; aus Materialresten dieses Modells fertigte er gemeinsam mit seinem Kommilitonen Heinz Loew eine eigene Installation, die sie *Ta-Ti-To-Tal-Theater* nannten und die man als humorvolle Reflexion des totalen Gestaltungsanspruchs von Gropius und dem Bauhaus im Allgemeinen verstehen kann. Zehn Jahre später verarbeitete Franz Ehrlich in einer kleinen Arbeit mit dem Titel *DIE TiToTalitäre TiTo-Talitätsbaumaschine* den Totalitätsanspruch im KZ Buchenwald. Die aquarellierte Zeichnung (die auf dem Umschlag dieses Buches abgebildet ist) zeigt ein riesiges Getriebe mit Rädern und Bändern, das Baracken und andere Gebäude ausspuckt.

Franz Ehrlich blieb sein ganzes Leben in den verschiedenen Totalitätsmaschinen – von denen »Bauhaus« und »KZ Buchenwald« die extremen Pole sind – gefangen. Auch in der DDR, in der er Erfolge feierte, aber letztlich als Architekt und Gestalter an den politischen Realitäten scheiterte, blieb er ein kleines Rad in einer solchen Maschine. Sein ganzes Leben musste er sich immer wieder zu den verschiedenen Totalitätsmaschinen, von denen er abhängig war, positionieren – teilweise unter Lebensgefahr. Diese Positionierungen sind nicht immer eindeutig und stets konfliktvoll. Die daraus resultierenden Widersprüchlichkeiten prägen sein Werk, bei dessen Betrachtung sich deshalb die auch heute wieder relevante Frage stellt, wie politisch Gestaltung ist, wie sie von Politik instrumentalisiert wird und ob – und, wenn ja, wie – sie gesellschaftspolitisch wirksam sein kann.

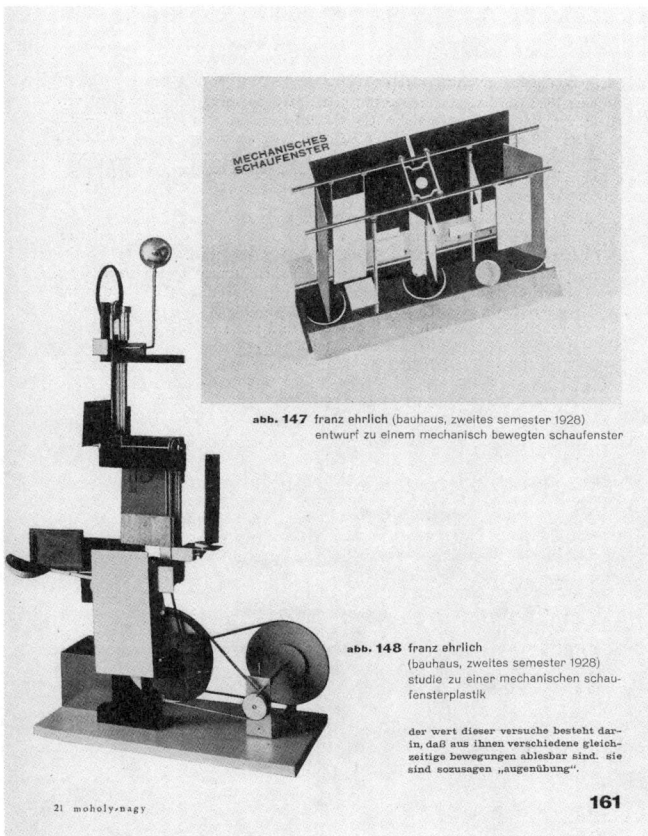

abb. 147 franz ehrlich (bauhaus, zweites semester 1928) entwurf zu einem mechanisch bewegten schaufenster

abb. 148 franz ehrlich (bauhaus, zweites semester 1928) studie zu einer mechanischen schaufensterplastik

der wert dieser versuche besteht darin, daß aus ihnen verschiedene gleichzeitige bewegungen ablesbar sind. sie sind sozusagen „augenübung".

Bauhaus
Ehrlich studierte von 1927 bis 1930 am Bauhaus in Dessau, vor allem in der Plastischen Werkstatt. Er beschäftigte sich mit kinetischen Objekten, Messegestaltung und Werbung.

Kinetische Plastik
Der Architekturabteilung des Bauhauses gehörte Ehrlich nicht an. Sein *Wohnhaus mit nach der Sonne drehbaren Geschossen* von 1930 ist eher eine große kinetische Plastik als ein funktionales Gebäude.

DIE JUNGE GARDE

proletarier aller länder, vereinigt euch!

Anfang Juli 1934   KAMPFORGAN DES KJV-LEIPZIG   PREIS 10 Pfg.

VOLLER SIEG

MARKKLEEBERGS JUNGPFLICHTARBEITER ERZWINGEN IHRE ENTLASSUNG !

In der vorigen Nummer der „Jungen Garde" haben wir Pflichtarbeiter von Markkleeberg schon berichtet, wie wir den Kampf gegen diese Sklavereimethode der Hitlerregierung führten. Heute wollen wir nun der Leipziger Arbeiterjugend und vor allem den Jungerwerbslosen zeigen, was wir getan haben, unsere Entlassung zu erzwingen.

Pfingsten hatten die meisten von uns ihre Mindestzeit /8 Wochen/ hinter sich. Auf Anfragen einzelner Pflichtarbeiter, wie lange es noch geht, gaben die Herren vom Stadthaus die Antwort : "So lange die Arbeit reicht, bis der Bau fertig ist." Gerüchte tauchten auf, voraussichtlich bis Ende Juli oder noch länger. Als eine Woche verstrichen war, wurde uns die Sache doch zu dumm. Die KJV-Zelle beschloss gemeinsam mit dem Vertrauensrat, die Pflichtarbeiter zu mobilisieren, geschlossen ihre Entlassung zu fordern. Zu diesem Zwecke zogen dann auch 100 Mann in 3 Kolonnen zum Rathaus und setzten ihre sofortige Entlassung durch. Die Herren vom Rathaus hatten noch Angst vom 1. Mai. Unser Kampfwille war ihnen noch gut im Gedächtnis und so haben sie gleich den Entlassungsstempel auf unsere Stempelkarten gedrückt.

Als die Tatsache bekannt wurde in Markkleeberg, verlangten natürlich die meisten anderen Pflichtarbeiter auch ihre Entlassung, sodass sich die Arbeitsfürsorge gezwungen sah, alle, die 8 Wochen auf dem Bau waren, zu entlassen.

.. Diese Aktion zeigt den Pflichtarbeitern aller anderen Baustellen deutlich den Weg zur Verhinderung noch längerer Ausbeutung. Schliesst Euch fester zusammen, schafft, wie wir in Markkleeberg auf jeder Baustelle einen illegalen rev. Vertrauensrat. Kämpft unter besonderer Einbeziehung sozialdemokratischer und faschistischer Erwerbsloser gegen jede Verschlechterung Eurer Lage. Bildet Lesezirkel der „Jungen Garde". Berichtet jede, auch die kleinste

T-ZB 7166 A

Widerstand

1932 kehrte Ehrlich nach Leipzig zurück. Nach der Machtübernahme der Nazis gestaltete er die illegale kommunistische Zeitung *Die junge Garde*. Er wurde verhaftet und zu mehreren Jahren Zuchthaus verurteilt.

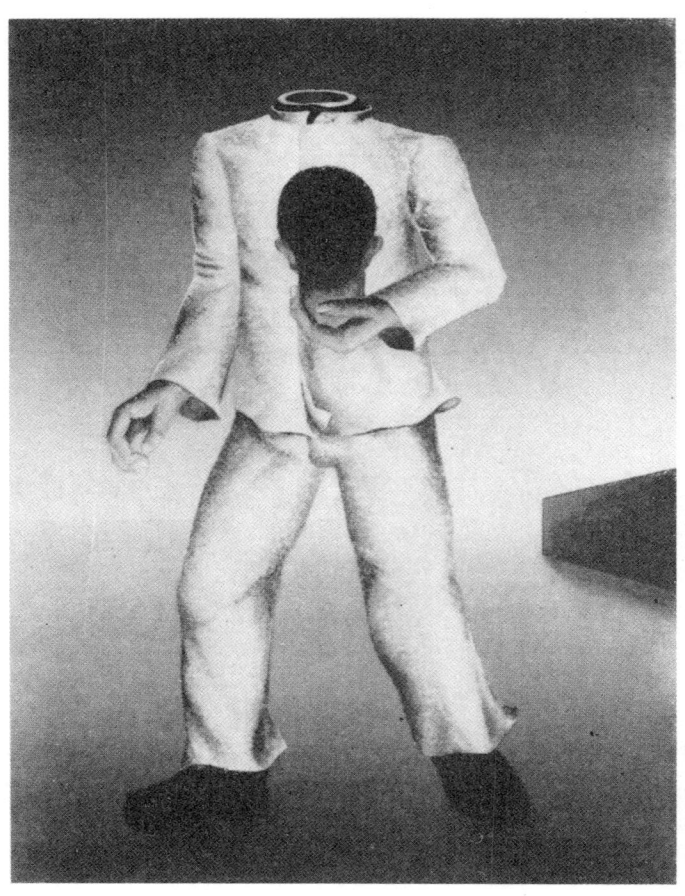

Blätter aus der Haft
Kunst spielte auch im Zuchthaus eine wichtige Rolle. Zwischen 1935 und 1937 fertigte er eine Reihe von Bildern, die die bedrückende Situation der Haft anschaulich machen.

Jedem das Seine
Von 1937 bis 1939 war Ehrlich Häftling im KZ Buchenwald. Er gestaltete das Lagertor mit der Inschrift »Jedem das Seine«. Die moderne Bauhaustypografie gefiel anscheinend auch der SS.

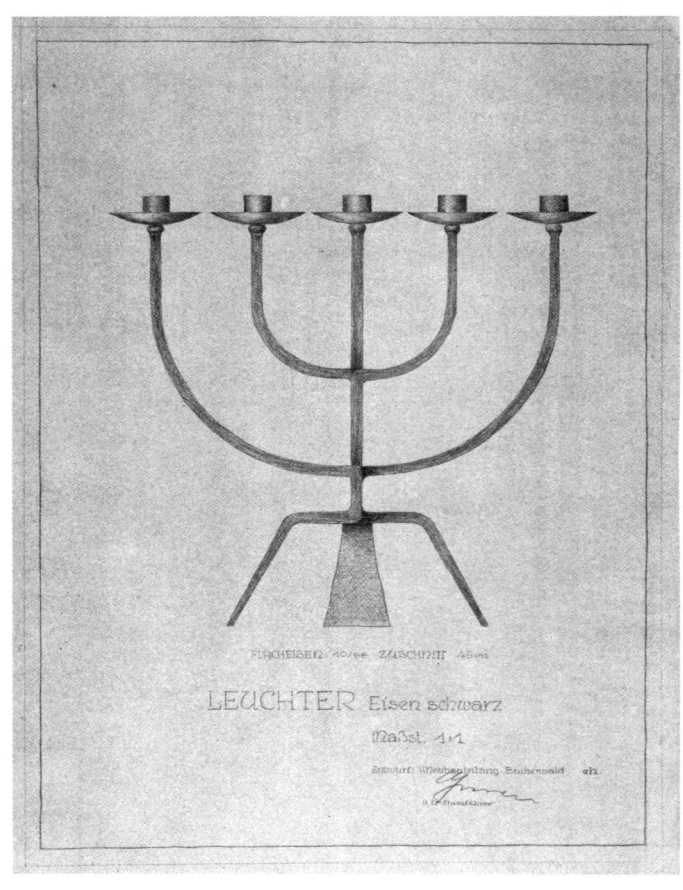

Baubüro Buchenwald

Im Baubüro des KZs entwarf Ehrlich auch Möbel und Einrichtungsgegenstände für die SS – eine Form von Widerstand, weil Gefangene so vor todbringender Arbeit geschützt wurden.

SS-Führersiedlung
Im KZ wurde Ehrlich zum praktizierenden Architekten. Er war an der Planung des Häftlingslagers und den Entwürfen für Kommandantur, Führerheime und andere repräsentative Gebäude für die SS beteiligt.

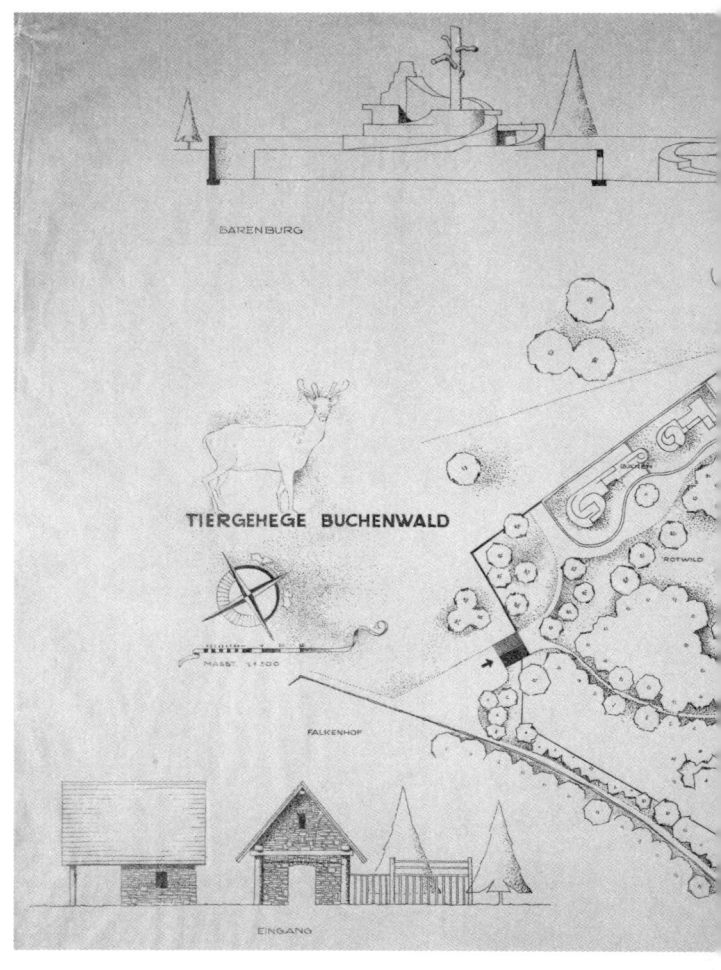

Faschistischer Themenpark
Nach seiner Entlassung aus dem KZ Buchenwald arbeitete Ehrlich weiter im dortigen Baubüro, unter anderem an einem Zoo. Die »Bärenburg« wirkt wie eine moderne Skulptur.

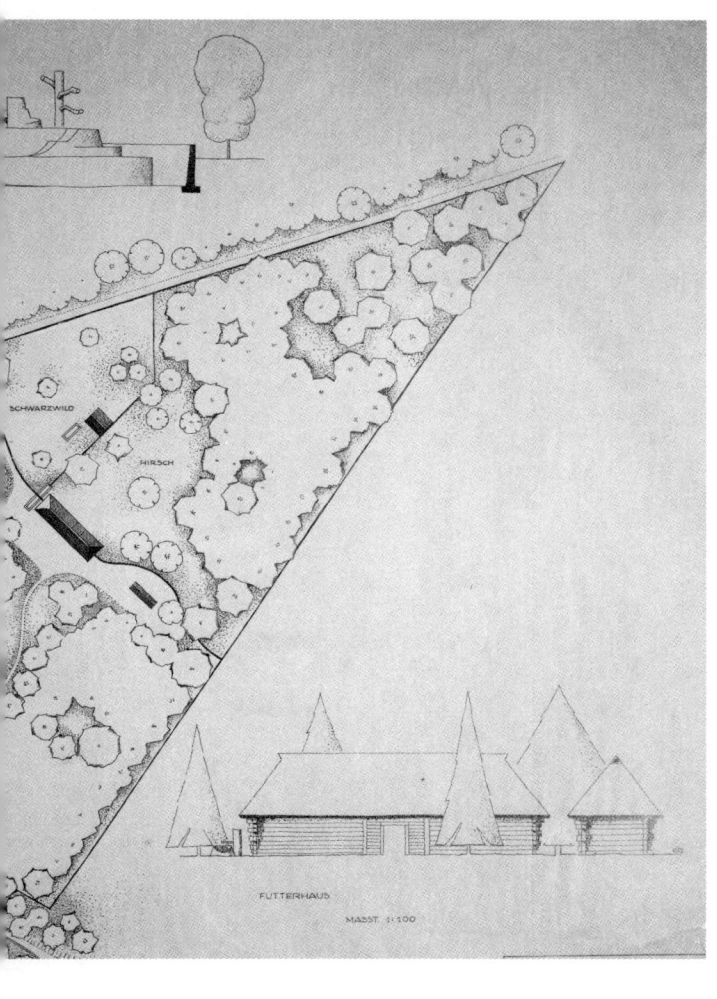

Altgermanische Kaminhalle
Für den Falkenhof im SS-Bereich des KZs gestaltete er modern-minimalistische Stühle und inszenierte sie mit Hirschgeweih und Bären. 1941 wechselte er in die Zentrale des SS-Bauwesens in Berlin.

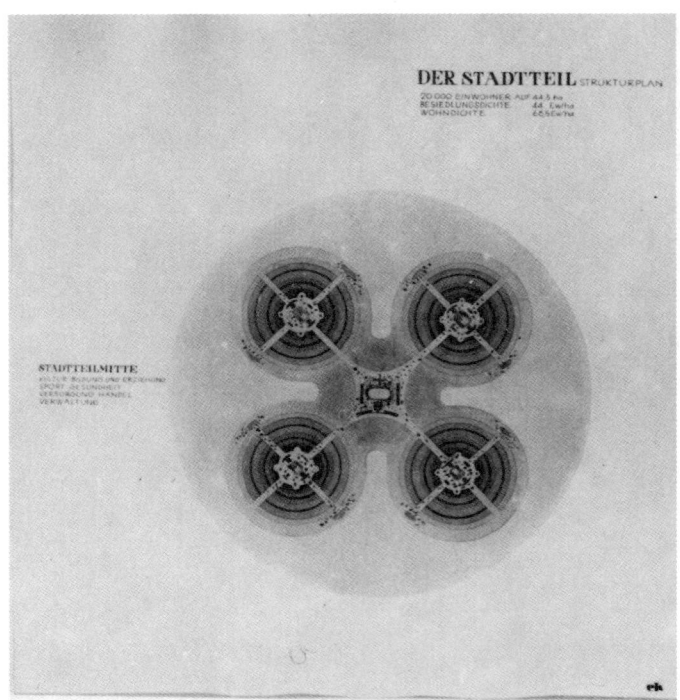

Gartenstadt

Nach dem Krieg wurde Ehrlich Referent für Wiederaufbau in Dresden. Er kämpfte gegen die Rekonstruktion der historischen Altstadt. In den umgebenden Hügeln wollte er eine moderne Gartenstadt bauen.

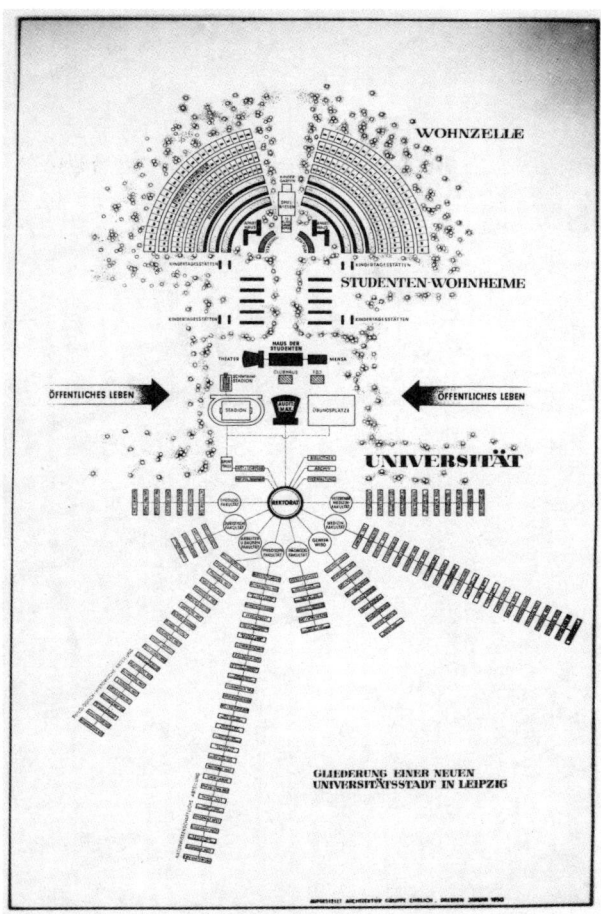

Achssystem

Als Stadtplaner war Ehrlich Autodidakt. Er entwickelte ein eigenes Planungsinstrument, das »Achssystem«. Die Zeichnung für das Universitätsviertel Leipzig war Analyse und Organisationsvorschlag.

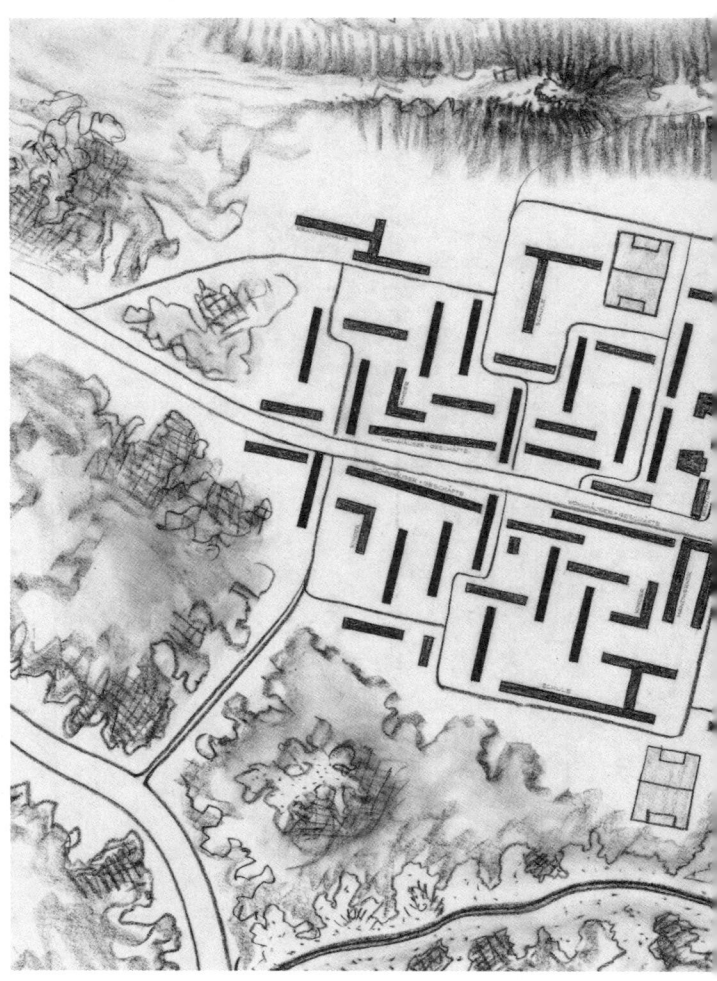

Erste sozialistische Stadt

1950 plante Ehrlich die »erste sozialistische Stadt« als moderne und offene Struktur. Doch im Formalismusstreit zog er den Kürzeren. Stalinstadt wurde von anderen im Stil der »nationalen Tradition« erbaut.

Rundfunkhaus Nalepastraße
Ehrlichs bekanntestes Bauwerk ist das Rundfunkhaus Nalepastraße in Berlin (1951/56). Er passte sich dem stalinistischen Klassizismus an und dekorierte das Gebäude mit Marmor und antikisierenden Säulen.

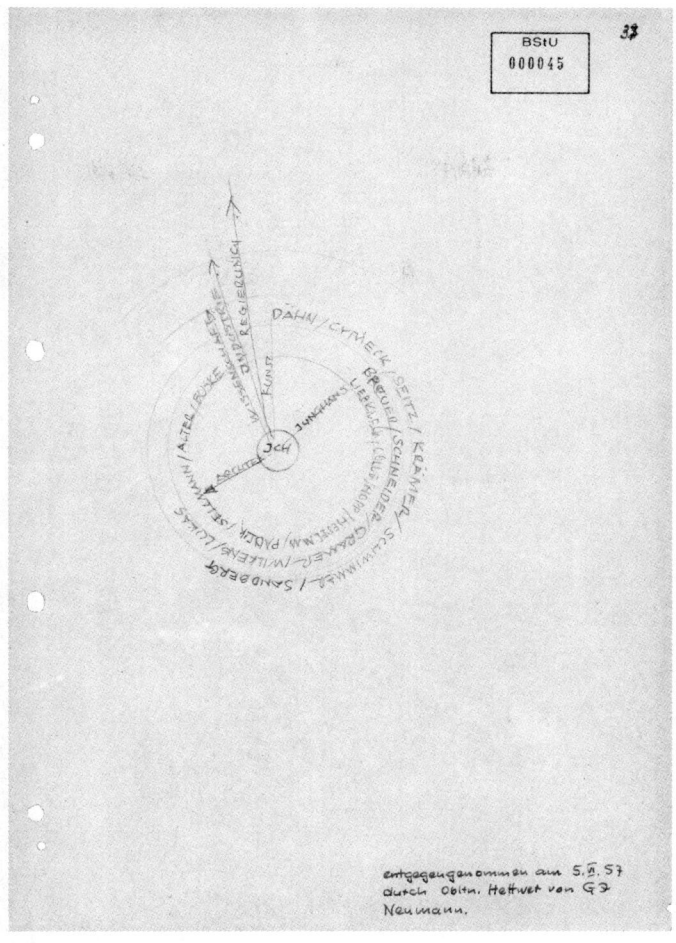

Stasi

1954 wurde Ehrlich »Geheimer Informator« der Stasi. In einem Diagramm stellte er sich als das Zentrum der Architekturszene dar, die er bespitzeln sollte.[2] Die Stasi versuchte, seine Karriere zu fördern.

602

Ehrlich war in der frühen DDR ein bekannter Architekt, aber wirklich erfolgreich war er als Designer. Seine Typenmöbelserie 602 wurde 1957-67 in der DDR massenhaft verkauft und ins Ausland exportiert.

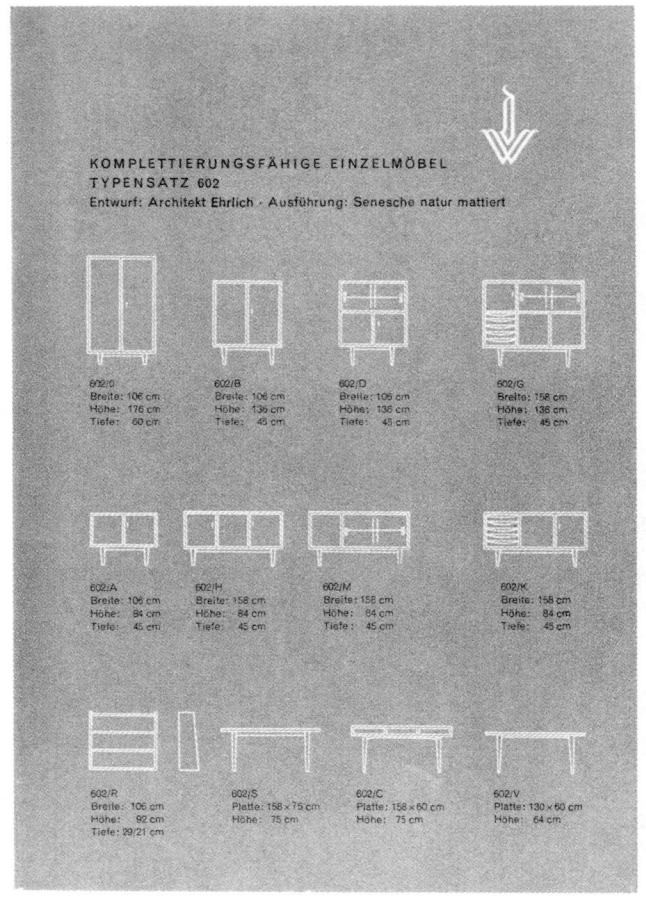

602

Wie in einem Baukasten konnten die einzelnen Module miteinander kombiniert werden. Die Typenmöbelserie 602 gilt heute als Mid-Century-Designklassiker.

Bauten im Ausland
Ehrlich bekam Aufträge für Handelsvertretungen in Paris, Brüssel, Budapest. Ende der sechziger Jahre entwarf er sogar ein Hochhaus in Moskau, es wurde allerdings nicht gebaut.

Lebenswerk
Mit der Bauhaus-Renaissance in der DDR bekam Ehrlich wieder Aufmerksamkeit – sogar im Fernsehen. 1980 wurden Arbeiten aus der Zeit am Bauhaus (im Bild: »Moskau« von 1929) und im Zuchthaus ausgestellt.

Erbe

Es fällt schwer, Ehrlich angemessen zu bewerten. Sein Mitwirken im SS-Bauwesen wirft einen Schatten auf sein gesamtes Schaffen – auch weil er Entwürfe aus der Zeit im KZ und im SS-Bauwesen als selbstverständlichen Teil seines Werkes ansah. Stühle und Sessel, die er für die Kommandantur in Buchenwald entworfen hatte, standen bis zu seinem Tod in seiner Wohnung.

Geigenbilder
Im Alter fand Ehrlich zur Kunst zurück und entwickelte eine Obsession. Bis zu seinem Tod 1984 fertigte er Hunderte Ölbilder und Pastellzeichnungen von Geigen an.

PROLETARISCHES MILIEU

Franz Ehrlich wächst in einem Arbeiterviertel in Leipzig auf, macht eine Lehre als Maschinenschlosser, engagiert sich in der Gewerkschaft und im Jugendverband der SPD. Weil er sozial aufsteigen will, bildet er sich in Sonntags- und Abendschulen fort.

Kindheit

Franz Josef Ehrlich wurde am 28. Dezember 1907 als zweites Kind und erster Sohn des Mechanikers und Schlossers Franz Xaver Ehrlich (1884-1945) und seiner Ehefrau Marie Elisabeth, geb. Teichmann (1881-1967), in Leipzig geboren. Er wuchs gemeinsam mit seiner älteren Schwester und zwei jüngeren Brüdern auf. Drei weitere Brüder starben noch im Säuglingsalter, seine zweite Schwester wurde erst 1927 geboren.

Die sechsköpfige Familie lebte in einer kleinen Mietwohnung in der Dresdner Straße 68 im Leipziger Ortsteil Reudnitz, unweit des Stadtzentrums. Ehrlichs Kindheit war von den Rahmenbedingungen des späten Kaiserreichs und den Nöten einer Arbeiterfamilie bestimmt. Ein eigenes Bett hat er in seiner Kindheit und Jugend nie gehabt. »Das Wasser […] mußte auf dem Hof geholt werden, unter Kontrolle der Hauswirtin, die über jeden Eimer Wasser […] jammerte«, und die »Fallklosetts befanden sich auf [den] Treppenabsätzen und für das zweite und dritte Hinterhaus auf dem Hof«.[1]

Tagsüber waren Franz Ehrlich und seine Geschwister in der »Kinderverwahranstalt« der nahe gelegenen evangelischen Markusgemeinde. Mit sechs Jahren, kurz nach Beginn des Ersten Weltkriegs, kam Ehrlich in die Volksschule am Täubchenweg. Die evangelische Kirche und die wilhelminische Volksschule, mit »Lehrern, für die die Prügelstrafe nicht nur zu ihrem Erziehungssystem gehörte, sondern denen es offensichtlich Freude bereitete, Kinder zu quälen«,[2] prägten seine Entwicklung.

Ihre Freizeit verbrachten die Ehrlich-Kinder in der engen Wohnung, den Hinterhöfen des Hauses und auf der Straße. Da auch die Ernährungssituation eher bescheiden war, spähte Franz gemeinsam mit seinen Geschwistern und Freund:innen aus, wo und wann man in der Nachbarschaft am besten um Kuchenränder oder verbrannte Rinde von Schinken im Brotteig betteln konnte. »Die verbrannte äußere Rinde hatte noch eine Spur von Schinkengeschmack«, erinnerte er sich noch Anfang der achtziger Jahre. Und auch diejenigen, die »den Schinken aßen gehören […] zu meinen Kindheitsbildern«.[3] Das seien Personen gewesen, die sich im Gartenlokal Kuchengarten, wo »Mensuren geschlagen« wurden, oder »in vollem Wichs mit den dazugehörigen Herren in Frack und Zylinder zu irgendeiner patriotischen Feier« versammelten.[4] »Zur Einweihung des Völkerschlachtdenkmals [1914] kamen Kriegervereine mit Fahnen und die weißgekleideten Ehrenjungfrauen, mit den schwarzen Talaren der Pastoren dazu.«[5]

Zu dieser sogenannten besseren Gesellschaft gehörte die Familie Ehrlich nicht. Ihr Alltag fand im »Proletarierelend« statt, aber den »militärischen Glanz, studentischen Wichs und fette Bürgerbäuche mit Feuerwerk«, empfand der junge Franz Ehrlich damals, wie er später berichtete, noch nicht als »Pseudoglanz des Wilhelminischen Kaiserreiches«.[6] Im Gegenteil, als Kind wirkte der Lebensstil der Mittelschichten für ihn erstrebenswert – auch wenn er unerreichbar war.

Die Weimarer Republik versprach eine bessere Zukunft für alle, nämlich Demokratie, Gleichheit und Gerechtigkeit. Plötzlich schien sozialer Aufstieg für größere Teile der Bevölkerung möglich. Für den jungen Franz Ehrlich änderte sich aber erst einmal nicht viel. Er musste zum Unterhalt der Familie beitragen, nach dem Ersten Weltkrieg erledigte er kleinere Arbeiten für Hinterhofgewerke seines Blocks. Die »immer bereitseienden Kinder«[7] machten auch Botengänge und brachten Pakete mit einem Handwagen zur Post.[8] 1948 resümierte er, dass er »in allen Werkstätten zu Hause« gewesen sei und er damals den Wunsch gehabt hätte, »Meister aller Werkstätten zu werden«.[9]

In seiner Freizeit zeichnete er und fertigte kleine Plastiken an, wobei sich seine »künstlerischen Eindrücke auf die Sofabilder in den Arbeiterwohnungen, die Schlachtenbilder in der Destille und die Heiligenbilder des Blauen Kreuzes« beschränkten.[10] (Das Blaue Kreuz, eine im 19. Jahrhundert gegründete christliche Abstinenzbewegung, versuchte den unter Arbeitern weitverbreiteten

Alkoholismus zu bekämpfen.) Mit dieser anekdotischen Betrachtung zeigte Ehrlich 1948 in einem »Ausführlichen Lebenslauf« auf, von welchen klassenspezifischen, ökonomischen und kulturellen Faktoren seine künstlerische Entwicklung geprägt worden war. In seiner Jugend wurden seine Talente nicht gefördert, von kultureller Verfeinerung oder einem Zugang zur bildungsbürgerlichen Hochkultur ganz zu schweigen. Regelmäßige Besuche von Museen, Ausstellungen oder Konzerten waren in seinem Milieu weder üblich noch für seine Familie finanzierbar. Das Geld war knapp, für Ehrlich stand deshalb der Besuch einer höheren Schule nie zur Debatte. Nach der achten Klasse begann er, wie einst sein Vater, eine Ausbildung zum Maschinenschlosser.

Politisierung

Als Ehrlich 1922 seine Lehre antrat, war er ein selbstbewusster junger Mann, der bereits eine politische Haltung hatte. Das lag sicher auch daran, dass sein Vater aktiver Sozialdemokrat war: Funktionär der SPD in Reudnitz und Mitglied im Reichsbanner,[11] einem republikanischen Wehrverband, der die junge Demokratie gegen ihre Feinde verteidigen sollte. Im Alltag des »roten Ostens«, wie Reudnitz und die anderen östlich des Leipziger Stadtzentrums gelegenen Ortsteile damals genannt wurden, spielten die sozialdemokratischen Massenorganisationen traditionell eine wichtige Rolle. Im Pantheon, einem Versammlungslokal der Arbeiter- und Frauenbewegung, das sich unweit des Wohnhauses der Familie befand, wurde 1863 der Allgemeine Deutsche Arbeiterverein (ADAV) als erste gesamtdeutsche Arbeiterpartei gegründet, aus der später die SPD hervorgehen sollte. In Leipzig gab es in den zwanziger Jahren die von der Partei vielbeschworene »sozialdemokratische Solidargemeinschaft«.[12] Die linken Massenorganisationen verbreiteten den Geist der neuen Zeit und sollten die Kinder und Jugendlichen aus den Arbeiterfamilien erziehen, bilden und verbessern. Dafür wurden Angebote zur Freizeitbeschäftigung geschaffen, die auch Ehrlich wahrnahm.

Auf diesem Fundament entwickelten proletarische Jugendliche wie er ein neues Verständnis der eigenen Rechte und der eigenen Wirksamkeit. Und wie viele seiner Generation begann Ehrlich, die von rechtskonservativen, im Wilhelminismus verhafteten Lehrern und Pastoren vermittelten Wissensbestände, Normen und Werte zu hinterfragen. Wichtig für seine politische Sozialisation war aber auch das eigene Erleben, ihn prägten Großereignisse wie der republikanische Abwehrkampf gegen den Kapp-Putsch im März 1920. Der rechtsextreme Staatsstreich hatte mit der Besetzung des Berliner Regierungsviertels durch das Freikorps Marine-Brigade Ehrhardt begonnen. Während Freikorps-Angehörige mit weißen Hakenkreuzen auf den Stahlhelmen singend durchs Brandenburger Tor marschierten, flüchteten Reichspräsident Friedrich Ebert und Reichskanzler Gustav Bauer (beide SPD) aus Berlin. Die demokratische Regierung konnte sich nicht wehren, weil das Militär sich überwiegend nicht hinter die Republik stellte. In zahlreichen deutschen Städten kämpften Freikorps und andere paramilitärische Verbände der extremen Rechten gemeinsam mit Teilen der Reichswehr. In Ehrlichs Heimatstadt war es das »Zeitfreiwilligenregiment Leipzig«, das sich zu großen Teilen aus schlagenden Studentenverbindungen rekrutierte.

Um die Republik zu retten, rief die SPD zum Generalstreik auf, die freien Gewerkschaften und die KPD schlossen sich an. Etwa zwölf Millionen Arbeiter und Angestellte beteiligten sich, die Industrie stand still, ganze Großstädte wurden lahmgelegt.[13] Die Streikenden blockierten zentrale Straßen, um die Putschisten aufzuhalten. Vor dem Wohnhaus der Familie Ehrlich wurde eine Barrikade errichtet. An Aufbau und Verteidigung beteiligten sich, wie Franz Ehrlich rückblickend berichtete, die Jugendlichen des Hauses – also auch er. Auf dem nahe gelegenen Johannisplatz hätten sie die Putschisten sogar mit Steinen beworfen, was diese mit einer Maschinengewehrsalve beantwortet hätten,[14] und »von der Barrikade vor unserem vielhöfigen Wohnhauses« sei sogar ein Kampfflieger abgeschossen worden.[15] Der Generalstreik führte dazu, dass die Putschisten schon nach hundert Stunden aufgaben.

»Das größte revolutionäre Erlebnis« neben dem Generalstreik war für Ehrlich die Großdemonstration auf dem Leipziger Augustusplatz anlässlich der Ermordung Walther Rathenaus 1922. Außenminister Rathenau, Industrieller, Liberaler, Preuße und Jude, war in den Augen der

Rechten ein Erfüllungsgehilfe der Siegermächte und Vertreter der verhassten Republik. Sein Tod war der Höhepunkt einer Serie politischer Morde und erschütterte die junge Demokratie.

Die zunehmende Politisierung Ehrlichs spiegelte sich in seinem Arbeitsumfeld wider. Bereits zu Beginn seiner Ausbildung wurde er Mitglied im Deutschen Metallarbeiter-Verband, einer sozialdemokratisch-reformistischen Gewerkschaft; ab dem zweiten Lehrjahr war er Lehrlingsvertreter im Betriebsrat. Diesen Posten bekam er allerdings »erst nach einem erbitterten Kampf [...] gegen die Belegschaft«, die einen Vertreter der Lehrlinge nicht als notwendig ansah.[16] Ehrlich kämpfte nicht nur für sich, sondern sorgte dafür, dass es überhaupt eine Interessenvertretung der Auszubildenden gab. Die junge Demokratie war nichts Fertiges, sondern ein Experimentierfeld. Demokratische Mitbestimmung und Beteiligung mussten erst entwickelt, erprobt und verwirklicht werden.

Außerdem trat er kurz vor seinem achtzehnten Geburtstag in die Sozialistische Arbeiterjugend (SAJ), die Jugendorganisation der SPD, ein und kurz danach aus der Kirche aus. In der Sozialistischen Arbeiterjugend hatte er zwar keine Funktion, er war aber, so berichtete seine damalige Genossin und spätere Ehefrau Elisabeth Haak, »aktiv tätig«.[17] In einem Fragebogen von 1946 schrieb er, er sei bei den »rote[n] Falken« gewesen, wie sich der SPD nahestehende Jugendbewegte in der zweiten Hälfte der zwanziger Jahre selbst bezeichneten.[18]

Weiterbildung

Das sozialdemokratische Idealbild vom »neuen sozialistischen Menschen« war nicht radikal, sondern blieb stets einem kleinbürgerlichen Bildungs- und Wertehorizont verpflichtet. So strebte Franz Ehrlich nach sozialem Aufstieg innerhalb des bestehenden Systems: Er war ehrgeizig und wollte etwas erreichen. Denn die neue Gesellschaft, eine Assoziation freier Menschen, das war ein Zukunftsversprechen und lag in weiter Ferne. Voraussetzung für individuellen sozialen Aufstieg, so legte es die sozialdemokratische Tradition nahe, war Bildung. Da er kein Abitur hatte, konnte er keine klassische Hochschule besuchen. Für einen Lehrling mit Abschluss der achten Klasse hieß das Weiterbildung in einem berufsnahen Feld, um einmal Techniker, Meister oder sogar Ingenieur zu werden. In einem Lebenslauf aus den vierziger Jahren gab Ehrlich an, sein damaliges Berufsziel sei »Maschinen- und Eisenkonstruktions-Ingenieur« gewesen,[19] weshalb er parallel zur Lehre Kurse der Abend- und Sonntagsgewerbeschule der polytechnischen Gesellschaft absolvierte, um sich auf den Besuch der Technischen Lehranstalten der Stadt Leipzig vorzubereiten.[20] Seine weiteren Angaben dazu sind vage und zum Teil widersprüchlich. Sicher ist, dass er einen Abschluss als Maschinenschlosser machte, wahrscheinlich zusätzlich einen als Heizer und einen als Maschinist,[21] den er auch als »Abschluß als Maschinenbauer-Gehilfe« bezeichnete.[22] Ob Ehrlich an den »höheren technischen Lehranstalt[en]« ein »Abschlussexamen als Maschineningenieur« ablegte²³ oder dort nur für »ein Semester studiert[e]«,²⁴ lässt sich anhand der überlieferten Unterlagen nicht endgültig klären.²⁵

Im Sommer 1923 passierte dann etwas Unerwartetes: Er begegnete dem Bauhaus und traf eine für sein Leben folgenreiche Entscheidung, über die er in den späten siebziger Jahren rückblickend schrieb: »Wahr ist, daß ich vor 50 Jahren aus den Grenzen und den mir vorgezeichneten Weg ausbrach, um etwas zu tun oder zu werden, das ich auch heute noch nicht beschreiben […] kann.«²⁶

IN DER KOPFDREHMASCHINE

Ab 1927 studiert Franz Ehrlich am Bauhaus Dessau.
Dort arbeitet er auch für die beiden Direktoren Walter
Gropius und Hannes Meyer. 1930 verlässt er die Hochschule – und versteht sich noch nicht als Architekt,
sondern als bildender Künstler.

Begegnung mit dem Neuen

Der junge Franz Ehrlich wollte nicht nur Ingenieur werden, sondern interessierte sich auch für moderne Kunst. Es begann mit »Propaganda, Plastiken und Plakate der jungen Sowjetunion, [die] anläßlich den Leipziger Messen der frühen 20iger Jahre« gezeigt wurden.[1] En passant begegnete dem Schlosserlehrling so der Konstruktivismus, und nach und nach lernte er – soweit das für einen jungen Arbeiter in Leipzig damals möglich war – auch andere künstlerische Avantgarden kennen.[2] »50 Pfennige« habe der Eintritt zu Veranstaltungen gekostet, in denen zeitgenössischer Tanz oder moderne Musik präsentiert wurden,[3] was einem Wochenlohn des Lehrlings entsprach. Ob und wie oft er solche Veranstaltungen besuchte, lässt sich nicht sagen. Viel wichtiger ist, dass er sich anscheinend mit moderner Grafik, Tanz und Musik auseinandersetzte. Die moderne Kunst bot ihm, wie vielen anderen in seiner Zeit, eine Möglichkeit, die Vergangenheit hinter sich zu lassen, die Gegenwart als Möglichkeitsraum zu erleben und – eben durch Kunst – eine neue Gesellschaft zu imaginieren.

Immer wieder berichtete Ehrlich in späteren Jahren, wie er als Fünfzehnjähriger auf das Bauhaus aufmerksam wurde: »Ganz unvorbereitet und zufällig sah ich im Sommer 1923 auf dem Leipziger Hauptbahnhof das Plakat […] für die Bauhauswoche.«[4]

Vier Jahre zuvor hatte Walter Gropius in Weimar die ehemalige Großherzoglich-Sächsische Hochschule für bildende Kunst und die ehemalige Großherzoglich-Sächsische Kunstgewerbeschule zusammengeführt und unter dem Namen »Staatliches Bauhaus in Weimar« in etwas Neues umgewandelt. In dieser Schule ging es nicht nur um künstlerische Gestaltung, sondern auch um ein soziales Miteinander, dazu zählten etwa vegetarische Ernährung, spirituell-esoterische Übungen und Nacktbaden. In Weimar, der Stadt, die der ersten deutschen Republik ihren Namen gab, entstand ein Labor zur Schaffung des neuen – modernen – Menschen. Die akademische Lehre wurde durch eine handwerkliche Ausbildung und eine Lerngemeinschaft ersetzt. Ziel war die Demokratisierung der Künste, die unter dem Primat der – lebensnahen – Architektur stand. Sie sollten fortan gesellschaftspolitische Aufgaben übernehmen und nicht mehr von Adel oder Bürgertum, sondern von der Gesellschaft beauftragt werden.

Für uns, heute, ist das Bauhaus eine Selbstverständlichkeit: Bauhausarchitektur, Bauhaussessel, Bauhauslampe.

2019 wurde der 100. Geburtstag groß gefeiert: Ausstellungen, Konferenzen, Sammelbände, aber auch breitenwirksamere Formate wie Romane, Dokumentationen und Fernsehserien. Sogar eine 20-Euro-Gedenkmünze wurde geprägt. 1923, als Franz Ehrlich im Leipziger Bahnhof auf das Ausstellungsplakat stieß, war das Bauhaus noch etwas wirklich Überraschendes, weil es alles Bestehende infrage stellte. Deshalb war es den ortsansässigen Künstler:innen, den rechtskonservativen Eliten und den aggressiven Völkischen in Weimar ein Dorn im Auge, wurde des »Bolschewismus« und »umstürzlerischer Umtriebe« bezichtigt.[5] Seine Schließung wurde gefordert, und es stand ständig unter Legitimationsdruck. Abhilfe wollte Gropius mit einer großen Ausstellung schaffen, mit der im Sommer 1923 die Öffentlichkeit von der Leistungsfähigkeit des Bauhauses überzeugt werden sollte. Das zu diesem Anlass entworfene Werbeplakat muss Ehrlich jedenfalls sehr beeindruckt haben, denn er beschloss, »zu dieser Bauhauswoche nach Weimar zu gehen. Gehen ist wörtlich zu nehmen. […] Ich hatte deshalb für diese 8 Tage ein Zweipfundbrot im Brotbeutel. Im übrigen gab es ja Volksküchen, wo man mit dem Jugendausweis fast kostenlos essen konnte.«[6]

Vom 15. August bis 30. September 1923 wurden in der Bauhausausstellung die Arbeiten der Vorkurse, der Lehrlinge aus den Werkstätten und freie Arbeiten der Gesellen und Meister gezeigt. Ergänzt wurde die Schau durch eine Ausstellung zu »Internationaler Architektur«, die das Schaffen am Bauhaus in einen größeren Kontext stellte. Ein Höhepunkt war das vom Jungmeister Georg Muche entworfene »Versuchshaus am Horn«, das als Musterhaus für eine zukünftige Siedlung geplant war.

Eröffnet wurde die Ausstellung mit der Bauhauswoche, an die Ehrlich sich noch Jahrzehnte später erinnern sollte. Viele prominente Gäste kamen, Vorträge wurden gehalten, Konzerte und Ballett auf- und Filme vorgeführt.[7] Die Veranstaltungen präsentierten in verdichteter Form das gestalterische Wollen des Bauhauses. Ausstellung und Begleitprogramm kamen gut an und wurden in der Fachpresse besprochen. Sie legten den Grundstein für die überregionale Bekanntheit und spätere Bedeutung der Institution. Für Franz Ehrlich war das entscheidende Erlebnis

> die Theaterführung in Jena. [...] Aus welchen Gründen weiß ich nicht, jedenfalls hatte es endlose Pausen während des Triatischen Ballettes[8] gegeben, so dass sich die Ungeduld des Publikums zum Verlassen des Saales steigerte. Da trat ein Mann vor den Vorhang [...] und erklärte dem Publikum, dass es ganz selbstverständlich sei, dass in einem Theater der Vorhang aufgeht. Das Neue sei, dass der Vorhang nicht aufgeht. Der Beifall über die Definition des Neuen war so groß, dass niemand mehr daran dachte, den Saal zu verlassen, zumal die Pausen immer kürzer wurden und mit der Darstellung des Mechanischen Ballettes in einen ungeheuren Applaus endete.[9]

Die Bauhauswoche eröffnete Ehrlich einen Einblick in

eine ihm bislang fremde Welt, eine Welt, in die er sich vorbehaltlos aufgenommen fühlte, wie er Jahrzehnte später schrieb:

> Ich, ein kleiner Schlosserlehrling, der nach der Arbeit die Schulbank einer Technischen Lehranstalt drückte und von da in eine überbelegte, finstere Hinterhauswohnung zurückkehrte und kein eigenes Bett besaß, war, wie selbstverständlich, in die Gemeinschaft der Bauhäusler […] aufgenommen.[10]

Maschinenkunst statt Heiligenbildchen

Nach der Bauhauswoche musste Ehrlich wieder zurück zu den Maschinen, die seinen Alltag bestimmten. »Nach der Rückkehr von den Weimarer Tagen wurde ich im Betrieb an die größte und schwer zu bedienende Maschine« gestellt.[11] Diese Maschine war

> eine 4 m hohe Kopfdrehmaschine […]. Die Bearbeitung der großen Werkzeuge dauerte oft Tage. Da die Werkzeuge auch nicht gewechselt werden durften, blieb Zeit, um eigenen Gedanken nachzugehen. So konnte ich bei der Bedienung einer damals modernsten Maschine über das Erlebnis der Bauhauswoche nachdenken.[12]

Wie viele Reformbewegungen der frühen zwanziger Jahre hatte sich das Bauhaus nach den Erfahrungen des ersten industriellen Krieges zunächst eher sozialromantisch, antiindustriell und modernefeindlich positioniert. Die

Kriegsmaschine sollte nie wieder zum Laufen gebracht werden.

Die kritische Einstellung gegenüber Industrie und Mechanisierung entpuppte sich aus Sicht der Intellektuellen und der künstlerischen Avantgarden bald als Irrweg. »Die Kunst ist tot. Es lebe die neue Maschinenkunst Tatlins«, wurde schon 1920 auf der ersten Internationalen Dada-Messe in Berlin proklamiert.[13] Die von Konstruktivist:innen wie Tatlin propagierte enge Verbindung von Kunst und Ingenieurwesen strahlte bald auch auf das Bauhaus aus. Während Gropius 1919 bei der Gründung noch von mittelalterlichen Bauhütten geschwärmt und die expressionistische Zeichnung einer Kathedrale auf das Titelblatt des ersten Manifestes gesetzt hatte, dachte er 1922 über die »Wohnmaschine« nach.[14] 1923 holte er den ungarischen Künstler, Fotografen und Bühnenbildner László Moholy-Nagy nach Weimar, der mit seiner technikoptimistischen Kunstauffassung die inhaltliche Weiterentwicklung maßgeblich unterstützte.

Für den konstruktivistischen Künstler Moholy-Nagy war klar, dass die Gestaltung der Zukunft »nicht gegen die technik, sondern [nur] mit ihr« erfolgen könne.[15] Die Maschine sollte die freie Entfaltung des Menschen möglich machen. Diese Technikbegeisterung war auch damals erklärungsbedürftig, schließlich zeichnete die Realität der von Inflation und Arbeitslosigkeit geprägten Weimarer Republik ein anderes Bild. Die Industrieproduktion war, so formulierte es Moholy-Nagy in seinem Buch *von material zu architektur*, das als vierzehntes Bauhausbuch erschien, von »fronarbeit, hetze; planlosigkeit im sozialen, schärfste[r] erpressung des profits«[16] geprägt und zerstöre die »tiefen lebenswerte [der Menschen] unter äußerlichem druck (geldverdienst, wettbewerb, geschäftsmentalität)«.[17] Dennoch glaubte er an die Maschine und die moderne Technik, die

> trotz vielfacher entstellung durch profitinteressen, falsche akkumulationsbestrebungen usw. nicht mehr aus unserem leben fortzudenken [ist]. [...] sie ist das unentbehrlichste hilfsmittel eines lebensstandards. sie könnte schreiende unterschiede nivellieren und zeit und raum überbrückend die verständigung unter den menschen vorbereiten. die möglichkeiten der maschinenarbeit [...] müßten zu einer sinnvollen massenproduktion führen, [die zur] befriedigung von massenbedürfnissen [benutzt werden sollte].[18]

Auf der Eröffnung der Bauhauswoche forderte auch Gropius: eine »neue Einheit von Kunst und Technik«.[19] Vor dem Hintergrund von Armut, Hyperinflation und Wohnungsnot sollte die Maschine für die Produktion von Gebäuden und Konsumgütern eingesetzt werden.

Ein anderer wichtiger Protagonist, der diese Weiterentwicklung der inhaltlichen Ausrichtung vorantrieb, war Oskar Schlemmer, der schon seit 1921 am Bauhaus lehrte. Für ihn war die Mechanisierung ebenfalls ein »Zeichen unserer Zeit«, ein

> unaufhaltsame[r] Prozeß, der alle Gebiete des Lebens und der Kunst ergreift. Alles Mechanisierbare wird mechanisiert. Und [...] die neuen Möglichkeiten, gege-

ben durch Technik und Erfindung, [...] [werden] oft völlig neue Voraussetzungen schaffen und die Verwirklichung der kühnsten Phantasien erlauben oder hoffen lassen.[20]

Schlemmer hatte nicht nur 1922 das berühmte Bauhauslogo entworfen, sondern leitete unter anderem die Bühnenwerkstatt. Als Künstler ist er heute vor allem für seine Zeichnungen, Gemälde, Skulpturen, Kostüme und Bühnenbilder bekannt, bei denen er den menschlichen Körper auf einfache Volumina und geometrische Grundformen reduzierte. Die so dargestellten Menschen erinnerten Zeitgenossen an eine »Menschmaschine« oder einen »Maschinenmenschen«, ein Motiv, das auch das Triadische Ballett prägte, sein bekanntestes Bühnenwerk. In seinen Figurinen brachte Schlemmer die neue, maschinenbezogene Fortschrittseuphorie der zwanziger Jahre auf den Punkt.

Die Aufführung von Bühnenwerken Schlemmers und seiner Schüler, die Ehrlich im Rahmen der Bauhauswoche erlebt hatte, beschrieb er als »das einschneidenste Erlebnis« seines gesamten Aufenthalts.[21] Möglicherweise sprach ihn die Verschmelzung von Mensch und Maschine an. Die Figuren, die in den gezeigten Aufführungen der Bauhausbühne miteinander interagierten, kann man als Vorläufer dessen betrachten, was heute als Cyborgs bezeichnet wird.

Diese optimistische Haltung zur Maschine strahlte auch schon das Plakat für die Bauhauswoche aus, durch das Ehrlich auf die Veranstaltung aufmerksam wurde. Heute gilt es als Klassiker der Bauhausgrafik: Es besteht im Wesentlichen aus einer aus Kreisen, Quadraten und Winkeln zusammengesetzten Form. Diese Form ist nicht monolithisch, sondern mittels roter, grauer und schwarzer Flächen differenziert und schwebt dynamisch-diagonal vor einem weißen Hintergrund. Der Schriftzug »Staatliches Bauhaus« ist gebogen und unterstreicht die Dynamik eines der Kreise, während das Wort »Ausstellung« mit seinem markanten großen A ein Gegengewicht zu der Form bildet und so das Plakat ausbalanciert. Im Zentrum der Kreisform, die vom Bauhausschriftzug umflossen wird, befindet sich, gleichsam als Rotationsachse, das 1922 von Oskar Schlemmer entworfene Logo, die abstrahierte Silhouette eines menschlichen Kopfes. Die Form ist nicht gegenständlich, aber die konstruktivistische Darstellung erinnert an die Ingenieurzeichnung eines Motors mit Zylindern, Pleuelstangen und Kurbelwellen.

Das Plakat gab der von Gropius proklamierten »neuen Einheit von Kunst und Technik« einen grafischen Ausdruck und sprach bei Ehrlich verschiedene Interessensfelder an: die künstlerische Neugier, die technischen Kenntnisse, aber auch sein politisches Selbstverständnis. Und vielleicht hat Ehrlich sogar das Bauhaus selbst als Maschine verstanden – zumindest das Bauhaus, das auf dem Ausstellungsplakat seinen Ausdruck findet. Denn die darauf dargestellte technische Konstruktion ist keine Bedrohung. In ihrer ästhetischen Überhöhung ist diese Maschine kein Instrument der Unterdrückung oder Ausbeutung, sondern eine positive Utopie – und ein Kunstwerk. Das Besondere an dieser Maschine ist, dass sie sich um den menschlichen Kopf dreht. Sie ist eine Kopfdrehmaschine. Und genau das war das Bauhaus für Ehrlich auch: eine Kopfdrehmaschine – allerdings in einem ganz anderen Sinn als der Apparat in seinem Ausbildungsbetrieb. Sie sollte ihn schließlich dazu verführen, den ihm »vorgezeichneten Weg« zu verlassen.

Für den jungen Franz Ehrlich wurde die Maschine zu einer Metapher für die Funktionsweise von Gesellschaft, und er begann, über seine Rolle beim Bau der

gigantischen Maschine nachzudenken, um neue Maschinen, mit noch größeren Leistungen, zu schaffen. Geht es im Prinzip nur darum, mit noch größeren Rädern, noch kleinere anzutreiben und ich erreiche eine höhere Geschwindigkeit [...] oder umgekehrt, mit kleineren noch größere anzutreiben und ich erreiche mehr Kraft. Ich erkannte, dass mit dem Bau neuer Maschinen noch lange keine gesellschaftliche Veränderung möglich ist.[22]

Auf der Bauhauswoche war Ehrlich etwas begegnet, womit man in seinen Augen die Gesellschaft verändern konnte: eine neue Form von Kunst, die sich mit der Maschine auseinandersetzte, Kunst, die eine neue Gesellschaft forderte – und dazu einen gestalterischen Beitrag leistete. Im Bauhaus konnte man »Mitglied einer Gemeinschaft [werden], die als Kollektiv das Ziel hat, alle Gebiete menschlicher Gestaltung zu einer Einheit zusammen zu fassen, dem Bau«, so Ehrlich.[23] Der in Weimar vorgestellte Kunstbegriff war etwas ganz anderes als die »Schlachtenbilder in der Destille« und die »Heiligenbildchen vom Blauen Kreuz«, die er aus seiner Kindheit kannte, aber auch etwas anderes als der Ausdruckstanz einer Gret Palucca oder die atonalen Experimente Arnold Schönbergs, die Ehrlich ja auch kennengelernt hatte. Und so entstand in ihm nach dem Besuch der Bauhauswoche der Wunsch, irgendwann einmal ans Bauhaus zu gehen, wo er »nicht Architekt, Formgestalter oder Künstler, sondern Bauhäusler werden« wollte.[24]

Eine fremde Welt

Zwar begründete die Ausstellung die überregionale Bekanntheit des Bauhauses, doch sein Fortbestehen in Weimar konnte sie nicht sichern. Im Oktober 1923 ließ der sozialdemokratische Reichspräsident Friedrich Ebert die Reichswehr in Thüringen einmarschieren und die Landesregierung – eine Koalition aus SPD und KPD – entmachten, da er durch die Beteiligung der Kommunisten die öffentliche Sicherheit und Ordnung gefährdet sah. Bei Neuwahlen, die erst im Frühjahr 1924 stattfanden, kam eine konservative, von den Völkischen geduldete Regierung ins Amt, die dem Bauhaus die Mittel um 50 Prozent kürzte und den Meistern kündigte.[25] Von der Schließung bedroht, löste der Meisterrat das Bauhaus Weimar Ende 1924 auf.

Im Frühjahr 1925 zog das Bauhaus nach Dessau, in die Hauptstadt des Freistaats Anhalt. Gropius nahm nicht

nur den Namen »Bauhaus«, sondern auch die meisten Lehrenden aus Weimar mit:
> alle bisherigen meister – feininger, gropius, kandinsky, klee, moholy, muche, schlemmer – [...] mit ausnahme von marcks [gingen mit nach Dessau, außerdem wurden] 5 ehemalige bauhaus-studierende – albers, bayer, breuer, scheper, schmidt – als meister an das bauhaus berufen. [...] mit ihrem eintritt erfährt das bauhaus-programm eine wesentliche änderung,[26]

erklärte er auf dem Titel der ersten Nummer der neuen Zeitschrift *bauhaus. zeitschrift für gestaltung.*

Dessau war ein aufstrebender Standort im mitteldeutschen Industriegebiet, das die künstlerische Avantgarde willkommen hieß. Stadt und Land, beide seit 1919 von der linksliberalen DDP und der SPD regiert, unterstützten die Ansiedlung. Der Magistrat stellte gegen die Stimmen der Rechten Mittel für den Bau eines Schulgebäudes und mehrerer sogenannter Meisterhäuser – Wohnhäuser für den Direktor und ausgewählte Lehrende – zur Verfügung und stattete das Bauhaus, das nun als »Hochschule für Gestaltung« firmierte, mit einem festen Etat aus. Die Politik erwartete vom Bauhaus innovative Lösungen im sozialen Wohnungsbau und Zusammenarbeit mit lokalen Unternehmen wie zum Beispiel den Junkers-Flugzeugwerken.[27]

In Dessau richtete sich das Bauhaus auf Grundlage von Gropius' Forderung nach einer neuen Einheit von Kunst und Technik inhaltlich und künstlerisch neu aus. Die moderne-, technik- und industriefeindlichen Positionen, die in Weimar noch präsent gewesen waren, wurden endgültig aufgegeben, und eine pragmatisch-funktionale Haltung setzte sich durch. Das, was heute viele unter »Bauhaus« oder »Bauhausstil« verstehen – die Ästhetisierung industrieller Materialien wie zum Beispiel verchromter Stahl und eine versachlichte, funktionalistische Architektur –, kam in Dessau voll zum Tragen. Man suchte Synergieeffekte mit der Industrie und versprach im Gegenzug eine neue, gerechtere Gesellschaft. Daran wollte auch Franz Ehrlich mitwirken: »Nach Beendigung der Lehre […] und dem Abschlussexamen als Maschineningenieur wanderte ich wieder zu Fuß nach Dessau«. Ausgestattet »mit einer kleinen Mappe meiner Arbeiten« besuchte er Walter Gropius, um sich zu bewerben. »Für heutige Begriffe unvorstellbar, Gropius empfing mich und unterhielt sich mit mir und sagte die Aufnahme zu. Zuletzt stellt er mir die Frage, wie ich das Studium finanzieren will.«[28] Ehrlich musste passen. »Trotzdem ich keinerlei Mittel für die Durchführung des Studiums nachweisen konnte, sagte Gropius: ›Kommen Sie ruhig, am Bauhaus ist noch niemand verhungert.‹«[29]

Der Übergang von der Lehre in Leipzig zum Studium am Bauhaus war nicht ganz so fließend, wie Ehrlich es später darstellte. Denn nach dem Abschluss der Ausbildung war er erstmal ein Jahr lang arbeitslos. Nebenbei half er in einer Werkstatt für Kunsthandwerk südlich von Leipzig aus, wo er sich, wie er 1947 niederschrieb, »auf den Besuch des Bauhauses« vorbereitete.[30] Dort entstand wahrscheinlich die Mappe, die er Gropius bei seinem Besuch in Dessau präsentierte.

Ehrlichs oft wiederholte Behauptung, er habe sich schon 1923 beim Besuch der Bauhauswoche, also als fünfzehnjähriger Lehrling, für das Bauhaus entschieden, ist vielleicht nur die halbe Wahrheit. Der Entschluss war möglicherweise nicht nur der Begeisterung für künstlerische Experimente geschuldet, sondern auch dem Umstand, dass ihm andere Wege der akademischen Weiterbildung aus finanziellen und formalen Gründen versperrt waren. So oder so: Zum Sommersemester 1927 begann er sein Studium an der hochschule für gestaltung bauhaus dessau, wo er eine volle »Freistelle« erhielt, also keine Studiengebühren bezahlen musste.

Ort zur Verwirklichung und gleichzeitig ästhetischer Ausdruck der Bauhausidee mitsamt dem ihr innewohnenden Zukunftsversprechen war das ab 1925 von Walter Gropius errichtete Bauhausgebäude, das seit 1996 zum Unesco-Welterbe zählt. Über den »bauhausneubau«, der ab September 1926 bezogen und im Dezember desselben Jahres feierlich eingeweiht wurde, berichtete Gropius in der ersten Ausgabe der Zeitschrift *bauhaus* betont sachlich. Sein Beitrag begann mit den ökonomischen Rahmenbedingungen: »der gesamte bau bedeckt rund 2600 qm grundfläche und enthält 32 000 cbm umbauten raums. [...] der preis pro cbm umbauten raums bleibt unter m. 26,–.« Es folgt Stockwerk für Stockwerk eine rein funktionale Auflistung des Gebäudeprogramms, in der der Kohlebunker genauso genannt wird wie alle Werkstätten und Lehrräume. Die an und für sich lakonische Beschreibung des Gebäudes endet mit Ausstattungsdetails, die den damaligen Leser:innen sicherlich luxuriös erschienen: »unter dem atelierhaus im souterrain liegen bäder, ein gymnastikraum, eine elektrische waschanstalt und […] auf jeder etage des atelierhauses sind balkone angebracht.«[31]

Das Gebäude strahlte einen zukunftsgläubigen Technikoptimismus aus. Die hoch gestreckte Fassade des Atelierhauses mit ihren rhythmischen Balkonen, der Werkstattflügel mit der gläsernen Vorhangfassade, in der sich die vorbeiziehenden Wolken spiegeln, waren nicht nur aus ästhetischen Gründen strahlend und weiß und scharfkantig, sondern symbolisierten im radikalen Verzicht auf alles Dekorative das Ideal des »neuen Menschen« – im Bauhausgebäude materialisierte sich eine Möglichkeit für eine bessere Zukunft, die Utopie wurde greifbar. Franz Ehrlich war von der Architektur allerdings nicht beeindruckt, als er »im Frühjahr 1927 ins Bauhaus eintreten durfte«. Für ihn »war das Gebäude zunächst eine Enttäuschung. Das war nicht das in Weimar Gesehen[e] und Erlebte. Anstelle der Farbe herrschte Weiß und Grau. Aber auch von der Gemeinschaft war zunächst wenig zu spüren.«[32]

Wahrscheinlich standen Ehrlich noch die verschiedenen dekorativen Wandgestaltungen in den Gängen, Treppenhäusern und Nischen des Weimarer Schulgebäudes vor Augen, die er dort 1923 gesehen hatte. Sein in Weimar gewonnenes Bild des Bauhauses war romantisch geprägt.

Das dortige Gebäude war mit künstlerischen Arbeiten ausgeschmückt. Auf Wandgemälden von Schlemmer schwebten abstrahierte, pastellfarbene Menschenkörper schwerelos im freien Raum, seine Reliefs zeigten futuristische, metallisch glänzende Maschinenwesen. Und die ebenfalls in die Architektur integrierten Arbeiten von Joost Schmidt waren mit ihren sich gegenseitig überlagernden und durchdringenden geometrischen Grundkörpern zwar ungegenständlich, aber wie die Arbeiten von Schlemmer auch dekorativ. Mit der im Dessauer Bauhausgebäude vorherrschenden radikal-nüchternen Sachlichkeit hatte die Dekoration in Weimar wenig gemein. An die Stelle von Schlemmers pathetischen Maschinenmenschen waren die blitzenden Stahlrohrmöbel des jungen Bauhausmeisters Marcel Breuer getreten, mit denen unter anderem der Speisesaal und die Aula ausgestattet worden waren.

Ehrlichs Fremdeln beschränkte sich nicht allein auf das Ästhetische. Er suchte im Bauhaus auch eine soziale Gemeinschaft, eine Sehnsucht, die zumindest am Anfang nicht erfüllt wurde. Die 151 an der frisch eröffneten Hochschule eingeschriebenen Studierenden waren eine bunt zusammengewürfelte Gruppe – ein echtes Gemeinschaftsgefühl konnte noch nicht gewachsen sein.[33]

Wie alle Erstsemesterstudierenden besuchte Franz Ehrlich zunächst den Vorkurs. In diesem »jahr der entwicklung und reifung« sollten die Studierenden die »unfruchtbare häufung lexikalen wissens« hinter sich lassen und »sinn, gefühl und gedanken« erkennen lernen, so László Moholy-Nagy.[34] Der Vorkurs in Dessau wurde von ihm gemeinsam mit dem Jungmeister Josef Albers, der zuvor am Bauhaus in Weimar studiert hatte, geleitet. Franz Ehrlich hatte auch Unterricht bei den berühmten Meistern Wassily Kandinsky und Paul Klee, aber die prägende Lehrperson war wohl zunächst Moholy-Nagy.

Im Mittelpunkt des Vorkurses standen sowohl konkrete als auch abstrakte Übungen, also das Erlernen von Denkmodellen, aber auch der propagierten modern-konstruktivistischen Formensprache. Von Franz Ehrlich überliefert sind aus dieser Zeit unter anderem ein kleines konstruktivistisches Materialrelief, aber auch einige Plakate für Kulturveranstaltungen. Sie zeigen, dass Ehrlich die Heiligenbildchen und Schlachtenbilder seiner Jugend sehr schnell hinter sich ließ und Arbeiten produzierte, die dem angesagten Bauhausstil entsprachen.

Über seine Anfangszeit berichtete er in den frühen achtziger Jahren, dass für ihn das »Einleben in eine [...] bis dahin unbekannte Welt [...] nicht ohne Widersprüche vor sich [ging] und da alles in Zweifel gezogen wurde, war ich wiederholt so niedergeschlagen, daß ich das Bauhaus verlassen wollte«.[35] Möglicherweise bezogen sich die »Widersprüche« und »Zweifel«, von denen Ehrlich spricht, trotz seiner ästhetischen Anpassungsfähigkeit auf noch einen anderen Aspekt. Denn die bessere Zukunft, die am Bauhaus gelebt werden sollte, hatte stark bürgerliche Züge. Zumindest die großzügigen Meisterhäuser passten nicht zu den sozialistischen Idealen, für die Ehrlich in seiner Leipziger Lehrzeit gekämpft hatte – und auch nicht zu seiner Herkunft aus dem Arbeitermilieu.

Während das Bauhaus heute mit Superlativen wie »bedeutendste Gestaltungsschule des 20. Jahrhunderts« beschrieben wird,[36] war das historische Bauhaus erst einmal nicht mehr als ein Ort reformorientierter Gestaltungsausbildung. Wie zuvor in Weimar wurde das Bauhaus dadurch zu einem lokalen Politikum. Es wurde nicht nur von der politischen Rechten bekämpft, sondern auch von Dessauer Bürger:innen, die das Bauhaus mit ihren Steuern finanzierten. Vieles, was dort ausprobiert wurde, verstanden sie nicht, anderes lehnten sie ab. Denn während die Bauhäusler hochtrabend von der neuen Gesellschaft redeten und vom Sozialismus träumten, entstanden bourgeoise Meisterhäuser und Produkte wie silberne Tee- und Kaffeekännchen, die nicht zur Standardausstattung von Arbeiterhaushalten taugten.

Auch innerhalb des damaligen Architekturdiskurses wurde hinterfragt, ob das Bauhaus überhaupt für die Bedürfnisse der Masse der Bevölkerung oder doch nur für die Mittel- und Oberschichten gestaltete. Der Architekt Edgar Wedepohl bezeichnete in einem Artikel über die im weiteren Sinne zum sogenannten »Bauhausstil« zählende 1927 in Stuttgart errichtete Weißenhofsiedlung die zukünftigen Bewohner:innen als »Wohnmaschinisten«.[37] Er stellte sie als »eine bestimmte Art von Intellektuellen« vor,

jene Sonderlinge, welche unbeschwert von »historischem Ballast« unsentimental, freizügig und heimatlos, von allen Bindungen sich lösend, solch ein Nomadenzelt aus Beton und Glas vielleicht bewohnen möchten, das trotz seiner materiellen Härte nicht fest und schwer mit der Erde verwachsen und verwurzelt, nicht bodenständig ist, sondern sich wie ein bunter Schmetterling für eine Weile vom Himmel auf die Erde herabgelassen zu haben scheint.[38]

Ein solcher Intellektueller war das bodenständige Arbeiterkind Franz Ehrlich nicht. Man kann sich gut vorstellen, dass er die Diskrepanz zwischen dem am Bauhaus propagierten sozialistischen Anspruch und der allenfalls salonsozialistischen Praxis kritisch sah.

Der Artikel von Wedepohl behandelt – in für die damalige Kritik am Bauhaus exemplarischer Weise – außerdem zwei Häuser, die Gropius in der Stuttgarter Siedlung errichtet hatte:

Der konstruktivistische Doktrinarismus des Bauhauses gibt den Häusern einen eigentümlich trocken pedantischen Zug und zugleich etwas provisorisch Barackenmäßiges, der ihnen Heiterkeit und Anmut raubt. Das zeigt sich auch in der Möblierung bei den Breuer'schen Metallstühlen, die zwar nicht unbequem sind, aber doch eben nicht als Stühle, sondern als Sitzmaschinen wirken und etwas beängstigend Mechanisches haben.[39]

Sicher, der Maschinenschlosser Franz Ehrlich war ein begeisterter Jünger der Moderne, sonst wäre er nicht ans Bauhaus gekommen. Vor dem Hintergrund seiner späteren Arbeiten kann man sich dennoch gut vorstellen, dass ihm die Metallstühle eher fremd waren. Und unabhängig von der politischen und der ästhetischen Dimension gab es sicherlich ganz alltägliche Identifikationskonflikte. Selbst wenn Ehrlich nicht das einzige Arbeiterkind unter den Studierenden war, war es für ihn, der nur einen Abschluss der achten Klasse und eine handwerkliche Ausbildung vorweisen konnte, sicherlich schwierig, seinen Platz in der Gemeinschaft zu finden. Vorerst blieb das Bauhaus eine fremde Welt. Das änderte sich erst, als er nach einem halben Jahr in die Plastische Werkstatt aufgenommen wurde.

Kinetische Plastik

»Mit dem Eintritt in die Plastische Werkstatt begann das eigentliche Leben als Bauhäusler«, so Franz Ehrlich rückblickend.[40] Das mag mehrere Gründe gehabt haben. Zum einen war der Übergang vom Vorkurs zur Werkstatt eine Art Initiationsritus, der die Aufnahme in die Gemeinschaft der Bauhäusler symbolisierte. Zum anderen verbesserten sich die ökonomischen Rahmenbedingungen. Hatte Ehrlich anfangs noch in einer Gewerkschaftsherberge gewohnt und dann in einer kleinen Kammer zur Untermiete, bekam er nun ein kostenfreies Zimmer im Ateliergebäude. Für sein »eigentliches Leben« nicht unwesentlich war sicherlich auch, dass er in der Werkstatt gegen Bezahlung an kommerziellen Projekten mitarbeitete.

Geleitet wurde die Plastische Werkstatt von Joost Schmidt. Dass mit ihm ausgerechnet der Gestalter des Ausstellungsplakats von 1923, durch das Ehrlich überhaupt erst auf das Bauhaus aufmerksam wurde, sein Lehrer wurde, gehört zu den schicksalhaft anmutenden Zufällen in

Ehrlichs Leben – ebenso wie der Umstand, dass das Plakat, das Schmidt ihm schenkte, im Zweiten Weltkrieg bei einem Bombenangriff zerstört wurde.

Der 1893 geborene Joost Schmidt gehört nicht zu den berühmten Bauhauslehrern. Er verstand sich als Künstler und Grafiker. Von 1910 bis 1914 hatte er an der Weimarer Kunsthochschule studiert und ein Diplom in Malerei erhalten, um dann ab 1919 am Bauhaus Weimar ein weiteres Studium zu beginnen. 1925 wurde er Jungmeister in Dessau. »Schmidtchen«, wie er intern genannt wurde, »hatte immer Zeit für die Bauhäusler und ihre Probleme« und galt unter den Studierenden als Lehrender, »der keinen Unterschied machte, der einen verstand und dem man sich anvertrauen konnte. Er war ein guter Zuhörer, und seine Fähigkeit zu analysieren führte meist zu einer Lösung.«[41] Nach 1933 emigrierte Schmidt nicht, sondern blieb in Deutschland; 1945 wurde er als Professor an die Hochschule für bildende Künste Berlin (heute UdK) berufen, starb aber schon 1948 – möglicherweise ein weiterer Grund, warum er heute relativ unbekannt ist.

Schmidt baute die Plastische Werkstatt in Dessau auf.[42] Die von ihm verantwortete Praxis brach radikal mit den traditionellen Vorstellungen, Formen und Materialien der Bildhauerei. In seinem Unterricht ging es nicht mehr darum, Reliefs, Skulpturen und Monumente aus Stein, Bronze, Gips oder Holz zu erstellen, es ging nicht um den Erwerb handwerklicher Fähigkeiten, ja nicht einmal um freies künstlerisches Arbeiten, sondern primär um die Vertiefung des dreidimensionalen Vorstellungsvermögens.[43] Schmidt reflektierte mit den Studierenden vor allem über »die Beziehung von Plastik und funktionalem Design sowie seiner Produktion«.[44] Sie experimentierten mit Körper und Raum, Licht und Schatten, Bewegung im Raum, beweglichen Plastiken und kinetischen Objekten – und deren optischer Wahrnehmung.

Gemeinsam mit Heinz Loew, mit dem er viel zusammenarbeitete, avancierte Franz Ehrlich zu einem der wichtigsten Studierenden und Mitarbeiter von Joost Schmidt und fand so einen eigenen Platz im Gefüge des Bauhauses. Bemerkenswert daran ist, dass Ehrlich – anders als es sein Werdegang als Architekt und Designer nach dem Zweiten Weltkrieg vermuten ließe – am Bauhaus nicht in der Tischlerei oder in der in Dessau neu gegründeten Architekturabteilung eingeschrieben war, sondern durchgehend in der aus der Bildhauerei hervorgegangenen Plastischen Werkstatt.

Die in der Plastischen Werkstatt unternommenen Experimente über Raum und Wahrnehmung sollten auch eine praktische Anwendung finden – ein Ziel, das für alle Werkstätten in Dessau galt. Als Walter Gropius 1928 das Bauhaus verließ und Hannes Meyer Direktor wurde, übertrug er Schmidt zusätzlich die Leitung der Druckerei und der Werkstatt für Reklame, der zudem eine fotografische Abteilung angegliedert wurde.[45] Damit wuchs die Bedeutung des Leiters der Plastischen Werkstatt, und auch Ehrlichs Tätigkeitsfeld erweiterte sich. Neben den künstlerischen Experimenten, der Zusammenarbeit mit der von

Oskar Schlemmer geleiteten Bühnenwerkstatt und der Anfertigung von Modellen für die Architekturabteilung half er jetzt vermehrt bei der Gestaltung und Realisierung von Werbemedien, Schaufensterdekorationen und Ausstellungen mit.

Die wichtigste oder zumindest öffentlich wirksamste praktische Arbeit der Plastischen Werkstatt betraf die Gestaltung von Ausstellungsständen. Franz Ehrlich wirkte in diesem Zusammenhang an Projekten mit, die das Bauhaus für verschiedene Auftraggeber realisierte, etwa die Stände für Junkers auf der Ausstellung »Gas und Wasser« in Berlin 1929 oder den Stand der Konservenindustrie auf der Hygiene-Ausstellung in Dresden 1930.[46] Die von Schmidt geleitete Werkstatt war ein hybrider Ort, an dem sich die formale Auseinandersetzung mit neuen Formen von Bildhauerei, praktische Anwendungen in der Werbung und die Auseinandersetzung mit räumlichen Fragestellungen gegenseitig befruchteten. Eine neue Form von Kunst, die weder frei noch nur angewandt war. Perspektivisch wollte Schmidt ein Werbeinstitut aufbauen, wie es dieses in Deutschland noch nicht gab. Für den amerikanischen Architekturhistoriker Paul Paret repräsentieren die

> Werbeentwürfe und Ausstellungsdisplays der Plastischen Werkstatt […] eine andere Art des Umgangs mit dem industriellen Kapitalismus. Im Unterschied zur Metallwerkstatt oder der Weberei hatte die Plastische Werkstatt nicht das Ziel, Prototypen verwertbarer Objekte für die Massenproduktion zu entwerfen. […]

Trotz ihrer Annäherung an das moderne, visuelle Spektakel bezieht sich die Werbung der Plastischen Werkstatt auch auf das frühe Ziel des Bauhauses, die Plastik mit der Architektur zu synthetisieren.[47]
Von Franz Ehrlich sind aus der Plastischen Werkstatt abstrakte Formstudien überliefert, Reliefs, kleine Skulpturen, von denen allerdings nur wenige Eigenständigkeit aufweisen, sondern meist an Werke von Schmidt, Moholy-Nagy und Schlemmer erinnern. Ehrlich hat sich also, wie man sagt, an seinen Lehrern orientiert.

Es entstanden aber auch eigenständige Arbeiten. Diese hatten oft einen praktischen Anwendungsbezug. Ehrlich war, wie sich auch in seinem weiteren Werk zeigen wird, weder Theoretiker noch freier Künstler, sondern Pragmatiker. Deutlich wurde das bereits in der Auseinandersetzung mit »mechanischen Schaufenstern« ab dem zweiten Semester. Ausgangspunkt war die Idee, dass die Schaufenstereinrichtung sich bewegen können sollte. Dazu fertigte Ehrlich eine *studie zu einer mechanischen schaufensterplastik* an, eine abstrakte, auf den ersten Blick funktionsfreie Skulptur. Nach dem gleichen Prinzip entwickelte er als praktisches Anwendungsbeispiel den *entwurf zu einem mechanisch bewegten schaufenster*. Ein Teil der ausgestellten Waren und Informationstafeln sollten sich darin parallel zur Glasscheibe bewegen, andere sich um die eigene Achse drehen.

Beide Arbeiten wurden von Moholy-Nagy in seinem Buch *von material zu architektur* (bauhausbücher 14) veröffentlicht, weil sie seiner Ansicht nach »interessante versuche« darstellten, »augenübungen«, die zu den »anfängen der kinetischen plastik« gezählt werden könnten – also für etwas standen, das in die Zukunft der Kunst wies. Ehrlich scheint sich mit dieser Einordnung nicht positiv identifiziert zu haben, zumindest erwähnte er später den bekannten Moholy-Nagy nie als seinen Lehrer, dafür aber heute eher unbekannte Figuren wie zum Beispiel Friedrich Köhn, obwohl Moholy-Nagy ihm durch die Veröffentlichung seiner Arbeiten einen Platz in der Kunst- und Architekturgeschichte verschaffte. Möglicherweise hatte er zu dem aus Ungarn stammenden Konstruktivisten auf persönlicher Ebene kein gutes Verhältnis aufbauen können, beide waren nur ein Jahr gleichzeitig am Bauhaus, das Moholy-Nagy 1928 verließ. Wahrscheinlich ist, dass die inhaltliche Kluft zwischen beiden für eine positive Identifikation zu groß war. Die freien künstlerischen Arbeiten, die Ehrlich sowohl am Bauhaus als auch in seinem späteren Leben anfertigte, sind – im Gegensatz zu denen von Moholy-Nagy – nicht radikal-experimentell und theoriegesättigt, sondern eher konventionell. Und womöglich wollte Ehrlich in seinem pragmatisch angewandten Kunstverständnis den *entwurf zu einem mechanisch bewegten schaufenster* nicht als abstraktes Kunstwerk, sondern als Vorschlag für ein reales Schaufenster verstanden wissen.

1929 wurde das Mechanische Schaufenster von der Plastischen Werkstatt für eines der legendären Bauhausfeste als 1:1-Modell umgesetzt. Es war gleichzeitig kinetische Plastik, bewegliche Schaufensterdekoration und Partykulisse.

Totale Gestaltung

Das Bauhaus hätte seine Berühmtheit nicht erlangt, wenn es nur eine Schule gewesen wäre, in der schöne Gegenstände gestaltet, Kunstwerke hergestellt und Gebäude entworfen wurden. Seine weltweite Bekanntheit ist in doppelter Weise mit dem Totalitätsanspruch der Moderne verbunden. Das betrifft die am Bauhaus vermittelten Inhalte – denen ein totaler Gestaltungsanspruch innewohnt –, aber auch sein Ende sowie die weiteren Lebenswege vieler seiner Lehrenden und Lernenden: Ohne die Schließung des Bauhauses und die Flucht vieler Bauhäusler:innen vor dem faschistischen Totalitarismus hätten sich ihre Ideen nicht in der ganzen Welt verbreitet.

Das Bauhaus war eine Lehr- und Erziehungsanstalt, in ihr sollten von »neuen Menschen« die Lebensbedingungen für dieselben geschaffen werden. So schrieb Moholy-Nagy:
gesamtziel [der bauhauserziehung]: der totale mensch. der mensch, der von seiner biologischen mitte her allen dingen des lebens gegenüber wieder mit instinktiver sicherheit stellung nehmen kann; der sich heute genau so wenig von industrie, eiltempo, äußerlichkeiten einer oft mißverstandenen »maschinen-kultur« überrumpeln läßt, wie der mensch der antike die sicherheit hatte, sich den naturgewalten gegenüber zu behaupten.[48]

Die Totalität spiegelte sich nicht nur im Menschenbild, sondern auch in der Auffassung von Kunst, Gestaltung und Architektur. Schon im Programm der Schule vom April 1919 hatte Gropius proklamiert:

> Das Bauhaus erstrebt eine Sammlung alles künstlerischen Schaffens zur Einheit, die Wiedervereinigung aller werkkünstlerischen Disziplinen – Bildhauerei, Malerei, Kunstgewerbe und Handwerk – zu einer neuen Baukunst als deren unablöslichen Bestandteile. Das letzte, wenn auch ferne Ziel des Bauhauses ist das Einheitskunstwerk – der große Bau –, in dem es eine Grenze gibt zwischen monumentaler und dekorativer Kunst.[49]

Diese Vorstellung vom Gesamtkunstwerk, die seit ihrer Gründung zum Selbstverständnis der Einrichtung gehörte, entwickelte sich weiter; Moholy-Nagy strich die Kunst und propagierte das »Gesamtwerk (Leben)« als »Synthese aller Lebensmomente«,[50] Walter Gropius sprach noch nach dem Zweiten Weltkrieg von einer »totalen Architektur«.[51]

Mitte der zwanziger Jahre arbeitete Gropius an einem »totalen«, also umfassenden Architekturkonzept, das sich stark auf Kunst bezog. Wie Kunst und Technik eine neue Einheit bilden sollten, zeigt exemplarisch Gropius' Entwurf für das Totaltheater von Erwin Piscator.

Erwin Piscator war einer der wichtigsten Theatermacher der Weimarer Republik. Der Avantgardist betrieb mehrere Bühnen in Berlin und verstand das Theater als politischen Raum, in dem das Publikum aktiviert werden sollte. Seine Vision vom neuen Theater zielte – ganz im Geist der politisch-avantgardistischen Kunstpraxis seiner Zeit – auf die Herstellung von gesellschaftlicher Kollektivität. Deshalb beauftragte er Walter Gropius mit dem Entwurf eines neuartigen Theaterbaus. Piscator hatte eine »Gesamtbühnenaktion« vor Augen. Er wollte alle Gestaltungsmittel der Inszenierung – Schauspieler:innen, Ton, Farbe, Licht, Raum, Bewegung, kinetische Plastiken, Flächen, Filme – harmonisch aufeinander abstimmen und das Publikum in das Bühnengeschehen einbeziehen. Dazu sollte simultan vor, hinter, über und neben den Zuschauenden gespielt werden können. Die Grenze zwischen Bühnen- und Publikumsraum sollte aufgehoben werden, unter anderem mit Hilfe von »schwebenden Brücken, Laufbahnen und Filmleinwänden«.[52]

Gropius entwarf dafür einen Baukörper mit elliptischem Grundriss und parabelförmigem Aufriss; es gab bewegliche Wände und transparente Projektionsflächen; das Parkett befand sich auf einer drehbaren Scheibe, so dass das Publikum während der Aufführung unterschiedlich positioniert werden konnte – Logen, die als Symbole einer hierarchisch geordneten Gesellschaft galten, gab es nicht. Die Vorbühne war heb- und versenkbar und reichte weit ins Parkett hinein. Die Schauspieler konnten zur zentralen Bühne über ein von der Decke herabgelassenes Gerüst gelangen, das auch vertikale Spielvorgänge ermöglichte. Das Totaltheater war eine komplexe Maschine, die einen Beitrag zur Neuordnung der Gesellschaft leisten sollte – bzw. ein Ort, wo sich eine neue Ordnung spielerisch erproben ließ.

Das Architekturmodell entwickelte die Plastische Werkstatt am Bauhaus – allen voran Franz Ehrlich. Zwar machte er bei Gropius' Totaltheater nicht wie andere Studierende eigene Verbesserungsvorschläge für den Entwurf, doch der Transfer des Entwurfs in ein Modell war eine eigene gestalterische Leistung. Für die Produktion waren individuelle Detaillösungen notwendig. Er konstruierte beispielsweise eine »zentrale Welle«, über die sich der gesamte von Gropius vorgesehene Bühnenmechanismus auch im Modell bewegen ließ.[53] Zudem lernte er bei der Arbeit Studierende höherer Semester kennen, die an seinen Arbeitsplatz kamen, um sich das Modell anzusehen und zu diskutieren.

Die Auseinandersetzung mit dem Totaltheater prägte Ehrlich. In seiner späteren Zeit als Architekt wollte er immer wieder große Theater bauen, aber keiner seiner Vorschläge – zum Beispiel für die Semperoper in Dresden, die Oper und das Gewandhaus in Leipzig oder eine Oper in Paris – wurde realisiert. 1983, also im Jahr vor seinem Tod, veröffentlichte Ehrlich einen architekturhistorischen Text mit dem Titel »Bauhaus und Totaltheater« in der *Wissenschaftlichen Zeitschrift der Hochschule für Architektur und Bauwesen Weimar*. In dem kurzen Artikel führt er aus, dass das Theater für Gropius eine große »Raummaschine« gewesen sei, »mit der der Leiter des Spiels gemäß seiner schöpferischen Kraft ganz persönliche Regieleistungen vollbringen könne«.[54]

Was Ehrlich weich formuliert, drückte Gropius in einem Vortrag 1934 im faschistischen Rom deutlicher aus. Dort erläuterte er, dass in seinem Entwurf das Publikum »auf Gnade und Ungnade« dem Spielleiter und der »Dynamik seiner Vorstellungswelt«[55] ausgeliefert sei, womit er, wie der Architekturhistoriker Wilfried Nerdinger 2019 in seiner Gropius-Biografie schreibt, »interpretatorisch [...] den [...] Schritt von der totalen zur totalitären Erfassung« des Publikums vollzogen habe.[56] Nerdinger meint sogar, dass Gropius »eine Maschinerie zur Unterwerfung« geplant habe, während es »Piscator um ein Theater zur aktiven Einbeziehung der Zuschauer« gegangen sei.[57]

Heute verbindet man mit der klassischen Moderne der zwanziger Jahre vor allem Vorstellungen von Befreiung, Demokratisierung und Emanzipation. Doch die insbesondere in der Architektur verbreiteten Allmachtsfantasien, eine bessere Gesellschaft, ja die ganze Welt planen und einen »neuen Menschen« formen zu können, brachten die Avantgardist:innen immer wieder in gefährliche Nähe zu jenen, die nach totaler politischer Macht strebten. Die Bauhausdirektoren Gropius und Mies van der Rohe dienten sich nach 1933 dem Nationalsozialismus an, Hannes Meyer zog es zu Stalin, der französisch-schweizerische Architekt Le Corbusier suchte gar die Nähe zu Mussolini, Stalin und dem Vichy-Regime. Die Versuchung, in totalitären Regimen kühne architektonische Visionen verwirklichen zu können, war zuweilen stärker als die propagierten emanzipatorischen Ideale. Auch dem Konzept des

Totaltheaters wohnt die Möglichkeit inne, als Instrument totalitärer Herrschaft genutzt zu werden; es entspricht insofern in fataler Weise dem Geist seiner Entstehungszeit.

Ehrlich hätte diese Lesart sicher nicht geteilt, der schmale Grat zwischen »total« und »totalitär« wurde damals noch nicht so kritisch betrachtet wie heute. Zu seiner Zeit dachte man wohl eher, dass der erhoffte Fortschritt seinen Preis fordere. Als »Bauhäusler« und damit Mitglied einer linken Avantgarde meinte man ohnehin auf der richtigen Seite zu stehen.

Man kann sich also gut vorstellen, dass Franz Ehrlich von Gropius' Theatermaschine, an deren Modell er mitgearbeitet hatte, fasziniert und begeistert war. Aber der junge Studierende scheint auch eine gewisse ironische Distanz zu Gropius' Totaltheater gehabt zu haben, zumindest schuf er zusammen mit Heinz Loew aus den Materialresten des Modells Ende 1927 eine skulpturale Arbeit, das *Ta-Ti-To-Tal-Theater*, die Gropius als Weihnachtsgeschenk der Plastischen Werkstatt erhielt. Die Skulptur ist schätzungsweise 150 Zentimeter hoch, beweglich und mit Zetteln beklebt, auf denen »Vorsicht Kurve! Festhalten«, »Vorsicht! Lebensgefahr« und »Notbremse« steht. Überliefert ist allerdings nicht das Objekt selbst, sondern nur eine Fotografie.[58] In dadaistischer Manier, so könnte man interpretieren, persifliert das *Ta-Ti-To-Tal-Theater* den Konstruktivismus, hinterfragt es die im Totaltheater enthaltene totalitäre Option – und legt so die Möglichkeit des Scheiterns des emanzipatorischen Gestaltungsanspruchs der Moderne offen. Weiter könnte man argumentieren, dass die Skulptur das erwachende Problem- und Selbstbewusstsein Ehrlichs repräsentiert – vielleicht zeugt sie aber auch nur von Ehrlichs spielerischer Kreativität.

Bauhausdiplom

Im Laufe seines Studiums am Bauhaus Dessau hatte Franz Ehrlich immer wieder »Berührung mit der Architektur«.[59] So baute er nicht nur das Modell für das Totaltheater, sondern arbeitete später auch für Hannes Meyer, ab 1928 Gropius' Nachfolger als Direktor. Für ihn fertigte er in der Plastischen Werkstatt das Modell der Bundesschule des Allgemeinen Deutschen Gewerkschaftsbundes in Bernau. Das 1930 fertiggestellte Gebäude, das seit 2017 zum Unesco-Welterbe zählt, markiert den Übergang vom formalen Modernismus, für den Gropius einstand, zum sozialen Funktionalismus, den Meyer anstrebte. Die räumliche Struktur der Schule in Bernau folgt den funktionalen Anforderungen des pädagogischen Programms – und nicht einem ästhetischen Konzept. Neben dem Haus am Horn in Weimar und den Gebäuden in Dessau ist es die wichtigste architektonische Hinterlassenschaft des Bauhauses.

Franz Ehrlich versuchte sich 1929/30 auch an eigenen architektonischen Entwürfen, unter anderem an einem

Schulbau und einem *Wohnhaus mit nach der Sonne drehbaren Geschossen*.[60] Betrachtet man Ehrlichs Schaffen während seiner Studienzeit, fällt allerdings auf, dass er sich im Kern mit kinetischer Plastik und den Möglichkeiten der »neuen Werbung«, also der Gestaltung von Reklamemedien wie Messeständen, Schaufenstern etc., beschäftigt hat. Er schaute sich zwar in fast allen Bereichen des Bauhauses um, legte eine Gesellenprüfung als Tischler ab und setzte sich auch mit Architektur auseinander – aber der Mittelpunkt seiner Tätigkeit blieb die Plastische Werkstatt.[61] Auch wenn er später immer wieder davon sprach, sich am Bauhaus als »Mitglied einer Gemeinschaft« verstanden zu haben, »die als Kollektiv das Ziel« hatte, alle Gebiete der »Gestaltung zu einer Einheit zusammen zu fassen«, nämlich »dem Bau«,[62] war er in seiner Studienzeit erstmal das, was man heute Kommunikationsdesigner oder »Werbefuzzi« nennen würde. Eine Ausbildung zum Architekten, die ein Studium in der von Meyer geleiteten Architekturabteilung vorausgesetzt hätte, absolvierte er nicht. Zwar setzte sich Ehrlich am Bauhaus auch mit Raum, Stadt und Architektur auseinander – aber zu dem Architekten, als der er später firmierte, wurde er hier nicht.

Durch den Weggang von Walter Gropius 1928 änderte sich das Bauhaus, Hannes Meyer setzte als Direktor neue Schwerpunkte. Ihm ging es nicht um das »Gesamtkunstwerk« oder die »totale Architektur«, er hatte keinen überbordenden Weltgestaltungsanspruch, sondern eine soziale Mission. In Abgrenzung zur letztlich bourgeoisen Produktion unter Gropius rief er eine neue Losung aus: »Volksbedarf statt Luxusbedarf«. Außerdem baute er die Architekturabteilung aus. Ergänzend zum theoretischen Unterricht wurden von den Studierenden praktische Projekte bearbeitet – anders als unter Gropius, der alle Bauaufträge in seinem privaten Büro abgewickelt hatte. Der Umfang des Studiums entsprach dem einer Technischen Hochschule, auch wenn das »Bauhausdiplom«, das ab September 1929 vergeben wurde, im Bereich Architektur nicht so anerkannt war wie ein akademisches Ingenieurdiplom. »Hannes Meyer«, so der Architekturtheoretiker Philipp Oswalt, »verband Lehre mit Forschung und Praxis – ein Novum in der Architekturausbildung.«[63] Neben Meyer unterrichteten international renommierte Architekten wie Ludwig Hilberseimer, Mart Stam und Edvard Heiberg. Die Bauaufgaben sollten von den Studierenden in enger Kooperation mit den Lehrenden erforscht werden, im Vordergrund stand nicht die einzelne Autorenschaft, sondern die Arbeit im Kollektiv. Mit wissenschaftlichen Methoden nahmen sie Bedarfsermittlungen vor und entwickelten darauf basierende Typen und Standards.

Eigentlich hätte dieser Ansatz mit Ehrlichs Herkunft und seinem Engagement als Gewerkschafter eine große inhaltliche Deckung ergeben müssen. Und anfangs verstanden sich Ehrlich und Meyer tatsächlich gut. So berichtete Ehrlich in einem seiner Lebensrückblicke:[64]

Hannes Meyer hatte mich als damals jüngsten Bauhäusler zur Einmauerung der Grundsteinlegungsurkunde für die Bundesschule des Allgemeinen Gewerkschaftsbundes in Bernau/Berlin herangezogen. Durch den Bau eines Modells derselben war eine fast zweijährige enge Zusammenarbeit zustande gekommen. In dieser Zeit [1929] fiel die Bauhausausstellung »Einrichtung einer Volkswohnung« (!), an der ich mit Entwurf und Ausführung, auch in Einzelstücken, maßgeblich beteiligt war.[65]

Mit der neuen Haltung, die Kunst weniger Raum ließ, konnte Ehrlich sich aber nicht anfreunden:

Bereits in der Bearbeitung der Ausstellung kam es mit Hannes Meyer zu Differenzen. Denn für ihn wurde Endziel aller Bauhausarbeit die Zusammenfassung aller lebensbildenden Kräfte zur harmo[ni]schen Gestaltung unserer Gesellschaft, wobei er ausdrücklich Kunst und Ästhetik ausschloß. Mit dieser Formulierung und der daraus resultierenden Praxis war die von Gropius angestrebte Einheit alles Gestaltens zerstört.[66]

Entgegen diesem häufig als »funktionalistisch« bezeichneten Ansatz hielt Ehrlich an Gropius' formalen Vorstellungen von Modernität fest. »1930 verliess ich das Bauhaus, da ich mit seiner Entwicklung und dem von ihm vertretenen Prinzip nicht mehr einverstanden war. Ich ging – nach Berlin.«[67] Das Wintersemester 1929/30 war sein letztes in Dessau. Für das Sommersemester 1930 hatte er eigentlich nur ein Urlaubssemester beantragt, kam dann aber nicht mehr zum Studium zurück.

Zu diesem Zeitpunkt hatte er noch kein Diplom. Ob er jemals eines erhielt, ist ungewiss. Die Aussagen Ehrlichs und die historischen Dokumente aus der Hochschule widersprechen sich. Im Archiv der Stiftung Bauhaus Dessau findet sich ein Brief der »bauhausleitung« vom 2. Mai 1930 »an alle meister«. Demnach wurde »die genehmigung des bauhaus-diploms für franz ehrlich [...] im letzten meisterrat abhängig gemacht von einer ausstellung«. Seine den Meister:innen bekannten Arbeiten reichten anscheinend nicht aus. Eine Ausstellung, auf der Ehrlich »von ihm verfertigte reklame-drucksachen« zeigen sollte, wurde für den 4. Mai angekündigt. Die Lehrenden wurden gebeten, die kleine Ausstellung »zu besichtigen, damit [...] die angelegenheit endgültig erledigt werden kann«.[68]

Die Ausstellung stellte sie offensichtlich nicht zufrieden, Ehrlich erhielt kein Diplom. Damit war die Angelegenheit allerdings noch nicht abgeschlossen. In einem Protokoll des Bauhausbeirats vom 26. November 1930 findet sich ein eigener Unterpunkt »diplom franz ehrlich«. Darin ist vermerkt, dass »ehrlich [...] bei einem besuch der direktion erneut den antrag auf ausstellung des diploms gestellt« habe, da die Ablehnung im Mai 1930 von Hannes Meyer »ausdrücklich nur als provisorisch bezeichnet« worden war. Zwischenzeitlich war Meyer als Direktor entlassen und von Ludwig Mies van der Rohe beerbt worden. Der Beirat empfahl, dass »ehrlich gelegenheit gegeben wird, durch eine neue umfangreiche ausstellung seine leistungen zur diskussion zu stellen«.[69]

Ob diese Ausstellung stattfand, lässt sich nicht klären. In einer Bewerbung im Jahr 1940 erläuterte Ehrlich: »Ich mußte die Hochschule verlassen, da ich den Auftrag [...] für die für das Jahr 1931 geplante Ausstellung [...] ›Neue Zeit und Neue Werkstoffe‹ selbständig übernommen hatte. Es entspann sich ein Streit um die Gewährung des Bauhaus Diploms.«[70]

Wie dieser »Streit« endete, berichtete er nicht. Allerdings behauptete er in einigen – wenn auch nicht allen – Lebensläufen späterer Zeit, ein »Diplom in Architektur« verliehen bekommen zu haben, mal gab er dafür 1930 an, mal 1931.[71] Belegen, so erläuterte er 1947, könne er dieses Diplom nicht, da »bei seiner Verhaftung [...] die Gestapo sämtliche Zeichnungen, Fotos, Zeugnisse und Korrespondenten beschlagnahmt« und er sie nicht zurückerhalten habe.[72]

Im Einschreibbuch des Bauhauses – dem zentralen Verzeichnis aller Studierenden – wurden alle vergebenen Abschlusszeugnisse eingetragen. Auf der Liste der durchnummerierten Diplome findet sich der Name »Franz Ehrlich« nicht.[73] Wahrscheinlich hatte er also kein Bauhausdiplom. Für die Bewertung seiner Arbeit als Künstler, Architekt und Designer ist das letztlich irrelevant – aber für eine Biografie über ihn dennoch wichtig. Er stand immer wieder unter Legitimationsdruck, weil er erforderliche fachliche Qualifikationen nicht hatte oder sie von ihm nicht formal nachgewiesen werden konnten – und deshalb angezweifelt wurden. Die Auseinandersetzungen um sein Diplom sind ein Paradebeispiel für das immer wiederkehrende Phänomen fehlender Anerkennung, was bei Franz Ehrlich zum Gefühl der ungerechtfertigten Zurücksetzung führte. Zugleich legt die Diplomfrage eine weitere Tatsache offen, nämlich dass sich Aussagen von Ehrlich oft nicht mit überlieferten Akten oder anderen Quellen decken, was nahelegt, dass er es mit der Wahrheit nicht immer genau nahm.

JUGEND DES HOCHVERRATS

Franz Ehrlich verlässt das Bauhaus und geht nach Berlin. Der Aufbau einer beruflichen Existenz scheitert, er kehrt nach Leipzig zurück. Dort schließt er sich dem antifaschistischen Widerstand an, wird verhaftet und wegen »Vorbereitung zum Hochverrat« verurteilt.

studio Z

Franz Ehrlich ging nicht zum Vergnügen nach Berlin. Er wollte etwas erreichen, und zwar nicht irgendwo, sondern in der Hauptstadt. An »irgendeine Anstellung in einem Betrieb oder Büro war zu dem damaligen Zeitpunkt, dem Beginn der Massenarbeitslosigkeit, nicht zu denken«, erinnerte er sich.[1] Mit seinem Freund Heinz Loew hatte Ehrlich schon in Dessau Pläne für eine Selbstständigkeit gehegt, die beiden hatten sich Visitenkarten als »Dekorateure« angefertigt. Gemeinsam mit einem weiteren Bauhäusler, Fritz Winter, wollten sie das am Bauhaus Erlernte nutzen, um sich in Berlin eine Existenz aufzubauen. Sie gründeten ein eigenes Studio, und da ihre Vornamen alle mit dem Buchstaben Z endeten, nannten sie es »studio Z«.[2] Mit dem Architekturhistoriker und Bauhausexperten Paul Paret könnte man davon sprechen, dass sie Teil »des visuellen und kommerziellen Gewebes der Metropole« werden wollten.[3] Zu den in Berlin lebenden politisch aktiven

Bauhäusler:innen – wie zum Beispiel zu Max Gebhard, der 1932 das Signet der Antifaschistischen Aktion entwarf – hatte Ehrlich wohl keinen Kontakt, zumindest gab es keine gemeinsamen Projekte.

Studio Z ging nach Charlottenburg, ins damals liberale, großstädtische und kreative Herz der Stadt. Man residierte unweit des Ku'damm, direkt hinter dem Kaufhaus des Westens, in der Passauerstraße 5, und hatte sogar, wie man einem aufwendig gestalteten Faltblatt entnehmen konnte, einen Telefonanschluss. Der große Auftraggeber musste nur noch anklingeln. Die drei »Künstler« und »in jeder Form geübte[n] Helfer« boten verschiedene gestalterische Dienstleistungen an:[4]

Geschäftskarte, Briefkopf, Prospekt, Katalog, Inserat, Plakat in ENTWURF;

Lichtreklame, Plastische u. Mech. Reklame, Dekoration, Ausstellungsbau, Reklamekiosk in ENTWURF und AUSFÜHRUNG;

Zeichnung, Pläne, Bau- und Demonstrationsmodelle in AUSFÜHRUNG;

Masken, Kostüme, Figurinen, Bühnenbilder, Bühnenausstattung in ENTWURF UND AUSFÜHRUNG.

Das Angebot von studio Z entsprach der Arbeitsweise, die Loew, Winter und Ehrlich schon am Bauhaus praktiziert hatten: allerlei Dienstleistungen, irgendetwas zwischen Künstlerwerkstatt, Grafikbüro, Werbeagentur und, wie man heute sagen würde, Eventbutze – jetzt auf eigene Rechnung und nicht mehr in der Provinz. Mitten in der Weltwirtschaftskrise ein eigenes Studio zu etablieren, war dabei selbst in der pulsierenden Hauptstadt kein leichtes Unterfangen. Immerhin hatten sie mit dem Bauhaus Dessau eine gute Referenz. Potenzieller Kundschaft zeigten sie neben aktuellen Entwürfen auch Fotografien ihrer Arbeiten aus der Plastischen Werkstatt, zum Beispiel das Modell des Totaltheaters oder das 1:1-Modell des »Mechanischen Schaufensters«.[5]

Die erste dokumentierte Tätigkeit von studio Z ist eine Zusammenarbeit mit oder Zuarbeit für Naum Gabo. Der konstruktivistische Bildhauer, der 1922 für die *Erste Allgemeine Russische Kunstausstellung* von Moskau nach Berlin gekommen und geblieben war, gehörte zu den wichtigsten Vertretern der sowjetischen Avantgarde in der Stadt.[6] Er hatte Vorträge am Bauhaus gehalten, dort war der Kontakt entstanden. Zwischen den jungen Bauhäuslern und dem bekannten Bildhauer gab es große inhaltliche Schnittmengen. Auch im übertragenen Sinn waren sie sich nahe: Neben einem Artikel Gabos in *bauhaus. zeitschrift für gestaltung* von Ende 1928 war die Arbeit *der platz, die straße, das schaufenster als werbetheater* von Ehrlich und Loew abgebildet.

Als Gabo 1930 die Einzelausstellung *Gabo: Konstruktive Plastik* in der Kestner-Gesellschaft in Hannover vorbereitete, unterstützte ihn studio Z bei Planung und Produktion der Kunstwerke. Viele der kinetischen Plastiken, die in der Ausstellung gezeigt werden sollten, stellten Ehrlich, Loew und Winter auf Grundlage kleiner Modelle Gabos her.[7]

Doch ein großer ökonomischer Erfolg wurde studio Z nicht. Ehrlich »ging nach Brot« und nahm, was er kriegen konnte. Später gab er an, 1931 und 1932 seien »die ersten selbstständigen Arbeiten für Filmbauten, Ausbau von Filmtheatern und Ausstellungsständen« entstanden.[8] Außerdem sei das studio Z am »Bau der Großgarage Kantstraße«, einer modernen Hochgarage in der Charlottenburger Kantstraße, beteiligt gewesen.[9] Wie genau, führte er nicht aus. Gut vorstellbar ist, dass andere dem Bauhaus nahestehende Personen – im Fall der Kant-Garagen möglicherweise der an der Planung beteiligte Architekt Richard Paulick, der im Dessauer Baubüro von Walter Gropius gearbeitet hatte – studio Z mit Ausführungstätigkeiten beauftragten, die Ehrlich dann im Rückblick zur »Beteiligung« aufblähte.

Er selbst bezeichnete seine Tätigkeit in dieser Zeit als »freiberuflich«,[10] sein Vater gab später an, sein Sohn sei damals »freier Künstler« gewesen.[11] Außerdem wollte Ehrlich sich in Berlin weiterbilden. Nach eigenen Angaben besuchte er Vorlesungen im Fachbereich Architektur an der TH Charlottenburg, aber nur als Hospitant, schließlich hatte er kein Abitur. »Gut zwei Jahre« konnte sich Ehrlich »in Berlin halten«, doch infolge der deutschen Finanzkrise 1932 blieben die Verdienstmöglichkeiten für die »Künstler« und »geübte[n] Helfer« beschränkt. Schon 1931 hatte Fritz Winter das studio Z verlassen, um in Halle/Saale eine Lehrtätigkeit anzunehmen. Als Heinz Loew eine Familie gründen wollte, war für Ehrlich, mit dem er bis dahin zusammenwohnte, wohl kein

Platz mehr. Ehrlich ging zurück in seine Geburtsstadt Leipzig.

Machtübergabe

Als Ehrlich Berlin 1932 verließ, hatte Franz von Papen gerade das »Kabinett der nationalen Konzentration« gebildet. Seine demokratiefeindliche Regierung ebnete den Nationalsozialisten den Weg. In Dessau regierte der erste nationalsozialistische Ministerpräsident, das Bauhaus war geschlossen worden. Auch in Leipzig hatten die Nazis an Boden gewonnen und in den proletarischen Milieus Fuß gefasst. Die sozialdemokratische Solidargemeinschaft, die Ehrlichs Kindheit und Jugend geprägt hatte, war brüchig und fragil geworden. Statt dem Erstarken des Faschismus und den vermehrten Überfällen eine »Einheitsfront« entgegenzustellen, kämpften die linken Organisationen eher gegeneinander.

In Leipzig angekommen, organisierte Ehrlich zunächst seinen Lebensalltag. Im Stadtzentrum mietete er sich ein »Wohnatelier«, in das auch seine Freundin Elisabeth Haak einzog, die er aus der Sozialistischen Arbeiterjugend kannte. Eine adäquate Arbeit zu finden war auch in der sächsischen Großstadt nicht einfach. Ehrlich hielt sich mit Gelegenheitsjobs über Wasser, übernahm Retuschearbeiten, entwarf Schokoladenverpackungen, Postkarten und Faltblätter. Auch Aufträge für Ladeneinrichtungen und Ausstellungsstände soll er gehabt haben.[12] Zudem kümmerte er sich in einigen Mietshäusern um den Anschluss der Fallklosetts an die städtische Kanalisation.[13]

Nachdem die Nationalsozialisten 1933 die Regierung übernommen hatten, wurden SA und SS zur Hilfspolizei und bekämpften ihre Gegner mit nahezu uneingeschränktem Terror. Linke Politiker:innen wurden verhaftet, misshandelt und in Lagern inhaftiert, wenigen gelang die Flucht ins Ausland. Innerhalb weniger Monate wurden nach und nach alle nichtnationalsozialistischen Parteien und Massenorganisationen verboten.

Obwohl viele seiner Verwandten und Freunde – teilweise als Funktionäre – in sozialdemokratischen Organisationen aktiv waren, nahm Ehrlichs Leben erstmal seinen von Alltagssorgen geprägten Gang. Er wollte eine Familie gründen und sich eine berufliche Existenz aufbauen. Das war für den Künstler nicht leicht, zudem erschwerte der auch unter jüdischen Deutschen verbreitete Nachname Ehrlich die Arbeitssuche, wie er später berichtete.

Als Auftraggeber gewann er den Verlag Otto Beyer, bei dem viele Zeitschriften erschienen, die sich an ein weibliches Publikum wandten, unter anderem *die neue linie*, eine Lifestylezeitschrift.[14] Ihr Erscheinungsbild stammte von den Bauhäuslern László Moholy-Nagy und Herbert Bayer, die Kreativdirektorin des Verlags, Söre Popitz, hatte am Weimarer Bauhaus studiert. Ob Ehrlich über diese Verbindung an die Aufträge kam, ist ungewiss. Die Zusammenarbeit war für ihn ein Glücksfall, denn im Juli 1934 erhielt er eine halbe Stelle »als freier künstlerischer Mitarbeiter«.[15] Seine Aufgabe war es, »sämtliche Zeitschriften des Verlages neu zu gestalten«.[16] Er analysierte das Zusammenspiel von grafischem Erscheinungsbild, inhaltlicher Ausrichtung und Marktpositionierung diverser Frauen- und Modezeitschriften, arbeitete also nicht nur als Grafiker, sondern auch als strategischer Berater. Diese Tätigkeit sicherte ihm ein gutes Auskommen.

Widerstand

Weder am Bauhaus noch in Berlin war Franz Ehrlich politisch in Erscheinung getreten. Dabei hätte es Möglichkeiten gegeben. Doch der Kommunistischen Studierendenfraktion (Kostufra), die ab 1930 am Bauhaus die Studierendenzeitung *bauhaus. organ der kostufra* veröffentlichte, hatte er nicht angehört.[17] Ehrlich war zu dieser Zeit kein Kommunist, auch wenn er wie viele Bauhäusler einen linken, fortschrittlichen Gestaltungsanspruch hatte und eine bessere Welt schaffen wollte. Er blieb der Sozialdemokratie verbunden, wenngleich er selbst nicht in der Partei war. Anders als Franz Ehrlich war Willi, sein siebzehnjähriger Bruder, politisch sehr aktiv. Er war Mitglied der SAJ und von Januar 1933 bis zu ihrem Verbot »zweiter Vorsitzender« in Leipzig-Reudnitz. Über illegale Arbeit wurde 1933 in der Leipziger SAJ zwar diskutiert, viel mehr passierte aber nicht. Und so begann Willi Ehrlich, sich beim Kommunistischen Jugendverband Deutschlands (KJVD) zu engagieren – und mit Willi auch Franz

Ehrlich.[18] 1948 beschrieb er seine Rolle mit dem ihm eigenen Hang zur Übertreibung:

> Mit meinem Zurückkommen nach Leipzig begann ein neuer Abschnitt meiner politischen Tätigkeit. Ich versuchte die verschiedensten Familien und freundschaftlichen Bande, die zwischen Mitgliedern der SAJ und des KJV bestanden, zu einheitlichen Aktionen zusammenzufassen. Als Erfolg dieser Arbeit kann das [...] Zusammenwachsen dieser beiden Organisationen mit angesehen werden.[19]

Der KJVD war eine zentralistische Organisation. Dem Zentralkomitee (ZK) unterstanden mehrere Bezirke, den Bezirk Leipzig leitete ein vom ZK geschickter »Oberberater«. Die Stadt war in vier Unterbezirke aufgeteilt, in denen eine Vielzahl von »Straßen-« und »Betriebszellen« aufgebaut wurden. Aus konspirativen Gründen sollten die »Zellen« eine bestimmte Größe nicht überschreiten und die Mitglieder der unterschiedlichen Gruppen sich nicht kennen.

Die illegale Arbeit bestand vor allem aus Netzwerkpflege. Man traf sich auf der Straße, in privaten Räumen oder zu Wanderungen außerhalb Leipzigs. Die Zellenleiter:innen führten theoretische Schulungen durch, verteilten aus der Tschechoslowakei eingeschmuggelte Druckschriften wie *Rote Fahne*, *Weltfront*, *Gegenangriff* und *Die junge Garde* und sammelten Mitgliedsbeiträge, nur einige Pfennige von jedem, ein. Ziel der Untergrundarbeit war nicht der bewaffnete Aufstand, sondern Aufklärung über den Faschismus.

Der KJVD in Leipzig verbreitete dazu kleine, mit Schreibmaschine geschriebene Hand- und Klebezettel mit Parolen wie »Kämpft mit gegen das faschistische Terror-Regime«. Deshalb war der berufliche Hintergrund Ehrlichs ein wichtiger Anknüpfungspunkt für seine Tätigkeit im Widerstand. Da es immer gefährlicher wurde, Druckerzeugnisse über die Grenze zu schmuggeln, sollte nun vor Ort eine eigene Zeitung hergestellt werden. Ehrlich wurde von den Genoss:innen aufgefordert, »an der Gestaltung einer Zeitung des KJVD, die in der Folgezeit laufend herausgebracht werden sollte, aktiv mitzuarbeiten«.[20] Ehrlichs Atelier, so schrieb er es in der Zeit nach dem Zweiten Weltkrieg nieder, wurde ein wichtiger Ort für die lokale Widerstandstätigkeit: »[A]b 1933 [war es] ein Zentrum dieser Arbeit. Ein umfangreiches Zeitschriften-, Flugblätter- und Druckmaterial ist bei mir hergestellt worden, das typografisch und künstlerisch von mir gestaltet wurde.«[21]

Die Gruppe, die die Zeitung herstellen sollte, bestand aus mehreren Personen. Im Mai 1934 begann die Produktion von *Die junge Garde*, von der insgesamt fünf Ausgaben erschienen. Sie bestand meistens aus acht A4-Seiten und wurde in einer Auflage von 400 Stück hergestellt. Anfangs kamen die Texte vom »Oberberater« der KJVD-Bezirksleitung Leipzig, der auch das Geld für Papier und andere zur Produktion notwendige Materialien und Maschinen besorgte. Der erste Oberberater hieß »Rudi«, später übernahm »Hilde« diese Aufgabe.

Die Texte übergab »Rudi« beziehungsweise »Hilde«

an »Emmi«, die eine Reinschrift auf der Schreibmaschine ihres Arbeitgebers anfertigte. Franz Ehrlich war dann dafür zuständig, in Wachsplatten die Überschriften und Schlagzeilen einzuarbeiten, schließlich wurden auf einem Vervielfältigungsapparat in seiner Atelierwohnung die Zeitungen hergestellt und mit einer von »Rudi« besorgten Maschine zusammengeheftet. Die fertigen Exemplare wurden in vier Pakete gepackt und in einem Zigarrengeschäft hinterlegt, um dort von Kurieren abgeholt zu werden. Die Inhalte von *Die junge Garde* sind fast komplett überliefert – und zwar größtenteils in den Akten der Gestapo, die sich in ihrer Anklage auf Parolen wie »Jungwerktätige! Formiert mit uns Jungkommunisten die roten Sturmbataillone der Freiheit, schließt enger die Reihen zum Kampf um die Sowjetmacht!« oder »Kämpft nach dem Beispiel unserer russischen Brüder für die Diktatur des Proletariats!« stützte, um die Umsturzpläne der Gruppe zu belegen.

Aus heutiger Perspektive ist es schwierig, Ehrlichs Rolle in der Gruppe und auch seine Motivation genau einzuordnen – insbesondere, weil die Quellen aus zwei äußerst unterschiedlichen Totalitätsmaschinen entstammen: Auf der einen Seite die Akten der Gestapo, vor der Franz Ehrlich seine Rolle herunterzuspielen versuchte, auf der anderen die aus der SBZ/DDR, als er seine Rolle als Widerstandskämpfer hervorheben wollte. Aufgrund der disparaten Quellenlage bieten sich drei verschiedene Interpretationsmöglichkeiten an: Willi Ehrlich engagierte sich kommunistisch und zog seinen Bruder mit in die illegale

Arbeit hinein – Franz war nur ein Künstler, der die Zeitung gestaltete. Dieses Narrativ verwendete Franz Ehrlich in den Verhören der Gestapo, vor Gericht und später auch im Zuchthaus. Vielleicht vollzog sich bei ihm vor dem Hintergrund der Faschisierung der Gesellschaft aber auch eine politische Radikalisierung, und er war ab 1933 Kommunist. Eine Geschichte in dieser Richtung erzählte er nach 1945.

Die Wahrheit liegt wahrscheinlich in der Mitte: Franz Ehrlich landete bei den Kommunist:innen, weil die Sozialistische Arbeiterjugend nicht gegen den Faschismus ankämpfte. Nach dieser Logik kam Franz Ehrlich nicht aus inhaltlicher Überzeugung zu den Kommunist:innen, sondern aus politischer Alternativlosigkeit.

Verhaftung und Verurteilung

Die Leipziger Widerstandsgruppe flog auf. Auslöser waren Kleinigkeiten. Eine Gruppe Jugendlicher traf sich in einem Schrebergarten, einer Gartennachbarin kam das verdächtig vor, und sie holte die Polizei. Ein andermal brachte eine junge Frau in ihrem Betrieb den KJVD-Klebezettel »Wir sind die Jugend des Hochverrats – wir lassen uns nicht verbieten« an, eine Selbstbeschreibung, die junge Kommunist:innen schon in der Weimarer Republik benutzt hatten, und wurde dabei erwischt.[22]

Jedes Mal bekam die Repressionsmaschine neuen Schwung: Verhaftungen, Hausdurchsuchungen, Verhöre.

Und weil einige der Leipziger Jungkommunist:innen sich nicht allzu streng an die Trennung der einzelnen Zellen und die Regeln der Konspiration gehalten hatten, konnte die politische Polizei zuschlagen. Die Gestapo schrieb in ihrem Abschlussbericht:

> Zusammenfassend kann gesagt werden, dass die gesamte Organisation des illegalen KJVD am Orte [Leipzig] durch kleine Hinweise […] völlig aufgelöst worden ist. […] Zu vorstehendem Vorgang befinden sich […] <u>210 Personen</u> [Unterstreichung im Original] in Haft, die geständig sind, Funktionäre bezw. Mitglieder des illegalen KJVD zu sein.[23]

Auch die beiden Ehrlichs wurden verhaftet: am 16. August 1934 Willi, drei Tage später Franz. Nach mehrtägigen Verhören durch die Gestapo kam Franz Ehrlich in Untersuchungshaft. In seinem Atelier waren noch 10 000 Blatt Flugblattpapier, eine Heftmaschine und Teile von Vervielfältigungsgeräten gefunden worden. Alle geschäftlichen Unterlagen, Zeichnungen, Bilder und Bücher Ehrlichs wurden beschlagnahmt.

1935 gab es eine Vielzahl von Prozessen vor dem Oberlandesgericht Dresden, in denen die Antifaschist:innen, die am Wiederaufbau des verbotenen Kommunistischen Jugendverbandes in Leipzig beteiligt gewesen waren, wegen »Vorbereitung zum Hochverrat« angeklagt wurden. Die meisten von Ihnen wurden zu mehrjährigen Zuchthausstrafen verurteilt. Im Juni 1935, nach neun Monaten Untersuchungshaft, wurde Ehrlich und 20 weiteren Beschuldigten in Dresden der Prozess gemacht. Der 27 Jahre alte

Ehrlich war mit Abstand der Älteste, die anderen waren im Schnitt fünf Jahre jünger. Bis auf Franz und seinen Bruder waren alle schon vor 1933 im KJVD, der Roten Sporteinheit oder der KPD organisiert gewesen oder hatten der kommunistischen Bewegung nahegestanden.

Am vierten Prozesstag wurde das Urteil verkündet. Als strafbare Einzelhandlungen von Franz Ehrlich bewertete das Gericht, dass er »von März 1934 ab zweimal illegale Genossen« in seiner Wohnung beherbergt und im »Technischen Apparat der Bezirksleitung des KJVD von Mai bis Ende Juli 1934 [...] bei der Herstellung von 5 Nummern der Jungen Garde und im August 1934 bei der Herstellung von Flugblättern« mitgearbeitet hatte.[24] Und da das Gericht *Die junge Garde* als die »schärfste Waffe für Auf- und Ausbau der KJVD« ansah, wurde Ehrlich, obwohl er laut Gericht nicht dem Kommunistischen Jugendverband angehörte, wegen »gemeinschaftlicher Vorbereitung zum Hochverrat« zu drei Jahren Zuchthaus und zwei Jahren bürgerlichem Ehrverlust verurteilt.[25]

BLÄTTER AUS DER HAFT

Drei Jahre verbringt Franz Ehrlich in Untersuchungsgefängnissen und Zuchthäusern. Er stellt sich als unpolitischen Künstler dar, gleichzeitig dient Kunst ihm als mentaler Rettungsanker.

Kunst

Nach der Verhaftung und mehrtägigen Verhören durch die Gestapo kam Franz Ehrlich in Untersuchungshaft. Wissend, dass er sich auf eine längere Haftstrafe einzurichten hatte, versuchte er, seine beruflichen Angelegenheiten zu regeln. Aus der U-Haft schrieb er einen Brief an den Verlag Otto Beyer. Auf mehreren Seiten legte er seine Gedanken zur Neugestaltung der Zeitschriften nieder. Das eigentlich Interessante ist aber sein Resümee:

Wir Jungen haben das Unglück in einer Zeit zu leben, die uns nicht braucht. Wir müssen uns unsere Aufgabe selbst stellen und uns selbst Aufträge erteilen. Rein künstlerisch können wir nur für uns und die Bodenkammer arbeiten.

Kunst ist nichts anderes als die geistige Steigerung und Ausnutzung der technischen Mittel, durch die wir Leben zu einer neuen höheren Wirklichkeit. So lange der Wille zur Erkenntnis unserer Lebensbedingungen fehlt, wird es auch keine allgemein gültige Kunstform geben.

Man spricht heute sehr viel von der Schönheit des Arbeitsplatzes. Seine Schönheit ist eine Funktion. Aber darüber hinaus brauchen wir etwas, das nicht nur funktioniert, wir brauchen Kunst.[1]

In der Wirklichkeit der Gestapo-Verhöre und der Untersuchungshaft gab es keine Kunst. Franz Ehrlich wollte malen, er glaubte an die »höhere Wirklichkeit« – auch wenn er nur für sich (und die Bodenkammer) arbeitete. Und so versuchte er, an die dafür notwendigen Materialien zu gelangen. Dabei half seine Gabe, auch unter den schlechtesten Bedingungen zwischenmenschliche Beziehungen aufzubauen, soziale Situationen richtig einzuschätzen und sie für sich zu nutzen.

Ehrlich hatte herausgefunden, dass beim mittäglichen Schichtwechsel des Anstaltspersonals die Pforte nur spärlich besetzt war, und so konnte seine Freundin Elisabeth eine an ihn adressierte Kiste mit Malutensilien im Leipziger Untersuchungsgefängnis platzieren. Allerdings wurde ihm die Kiste nicht ausgehändigt. Stattdessen, so berichtete er später, erklärte ihm ein Untersuchungsrichter auf seine Beschwerde hin: »Wenn Sie ein Raubmörder wären, dann könnte man Ihnen gestatten zu arbeiten, aber was Sie getan haben, da müssen Sie die ganze Härte des Strafvollzuges spüren.«[2]

Zuchthaus

Kurz vor dem Prozess am Oberlandesgericht Dresden wurde Ehrlich ins dortige Untersuchungsgefängnis verlegt, wo er, anders als in Leipzig, zeichnen durfte. Als er nach seiner Verurteilung im Juni 1935 ins Zuchthaus Waldheim verlegt wurde, hatte er laut Aufnahmeprotokoll neben einem Paar feldgrauer Tuchhosen auch »13 Bilder« sowie zahlreiche Malutensilien im Gepäck:[3]

1 Reißbrett; 1 Reißschiene; versch. Holzwinkel; 1 Mappe mit versch. Zeichnungen, Skizzen und Zeichenpapier; 1 Holzkasten mit 3 Lehrbüchern; 1 Schreibheft; 1 Schreibblock; 1 Farbkästchen; 1 Holzkasten mit versch. Tubenfarben; 1 Reißzeug, 1 kleine Papierscheere [sic]; 1 Farbenschale [...]; 3 Farbnäpfchen; 1 Spritzsieb; 7 Fläschchen mit Tusche; 1 Lederetui mit 7 R. Bleistifte; 1 Federhalter; 13 versch. Malpinsel; 1 R. Gummi; 1 Bleistiftspitzer; 1 Schachtel Reißzwecken; 1 wertl. Sachen; 1 Waschfleck[?]; 1 Handspiegel; 1 Nagelbürste; 1 R Zahncreme; 14 versch. [...]farben; 1 kleine Tube grüne Farbe; 20 Bog[en][...]papier; 2 kl. Malpinsel; 1 R. Gummi [...].

Wie vor Gericht gab er auch bei seiner Aufnahme in Waldheim an, »nicht politisch tätig und organisiert gewesen« zu sein und nur »auf Veranlassung seines Bruders Zeichnungen für die Zeitschrift *Die junge Garde* angefertigt« zu haben. Dazu habe ihn »zum Teil eine künstlerische Initiative veranlaßt«, schließlich sei er »seit 1932 als selbständiger freischaffender Künstler tätig«. Der für seine Aufnahme zuständige Beamte notierte als Beobachtung: »Hält sich anscheinend für einen bedeutenden Künstler, ist aber vielleicht politisch doch weniger interessiert.«[4]

Ende August 1935 wurde Ehrlich ins Zuchthaus Zwickau verlegt. Wegen seiner handwerklichen Fertigkeiten musste er dort in der Tischlerei arbeiten. Der Arbeitszwang war Teil der gegenüber Gefängnishaft verschärften Bedingungen im Zuchthaus. Ehrlich versuchte, gute handwerkliche Arbeit abzuliefern, und brachte sich besonders bei Renovierungsarbeiten mit architekturnahen Dienstleistungen ein. Im Gegenzug durfte er malen. Und sonntags, in der wenigen Freizeit, habe er sich »eine bescheidene künstlerische Tätigkeit geschaffen«, berichtete er später.[5]

Surrealistische Selbstreflexion

Aus den Jahren 1935 bis 1937 sind rund 50 Aquarelle überliefert. 1980 stellte die Leipziger Galerie am Sachsenplatz für die Ausstellung *bauhaus 4: Franz Ehrlich – die frühen Jahre* aus Funden in Ehrlichs Archiv eine Serie von 32 Bildern zusammen, die den Titel *Blätter aus der Haft* erhielt. Die meisten der Arbeiten wurden in dieser Ausstellung erstmals gezeigt. Nur einige hatte Ehrlich 1958 schon einmal präsentiert,[6] das Gros der Blätter hatte er, wie im Brief aus der Untersuchungshaft an den Verlag Otto Beyer prognostiziert, nur »für die Bodenkammer« produziert. 1980 wurde die Serie in Einzelblättern verkauft, einige gingen an Privatleute, einige befinden sich heute in öffentlichen Sammlungen, zum Beispiel im Kunstmuseum Moritzburg, im Bauhaus-Archiv Berlin, im Museum der Bildenden Künste Leipzig und in der Stiftung Bauhaus Dessau.

Die aus der Haftzeit überlieferten Blätter sind sehr unterschiedlich und lassen sich grob in drei Gruppen einteilen: konstruktivistische Studien, (Selbst-)Porträts und eher surrealistische Arbeiten, die die Haftbedingungen reflektieren. Die konstruktivistischen Blätter entsprechen dem gängigen Klischee von Kunst aus dem Bauhaus: geometrische Formen, die sich durch den Raum bewegen. Eine Besonderheit stellt eine Arbeit dar, in der konstruktivistische Bildelemente mit der figurativen Darstellung eines Ankers kombiniert sind.[7] Der Anker findet sich insgesamt auf dreizehn Blättern, vor allem in den eher surrealistischen Arbeiten. Dieses Motiv war, wie der Kunsthistoriker Lutz Schöbe in seiner Arbeit über Franz Ehrlich in Erinnerung ruft, »zur Zeit der Christenverfolgung ein heimliches Zeichen für das Kreuz«.[8] Auch das zweithäufigste Motiv, der Schlüssel, der – oft in Kombination mit dem Anker – auf sechs Arbeiten zu sehen ist, hat eine religiöse Konnotation. In der christlichen Ikonografie steht der (goldene) Schlüssel Petri für den Zugang zum Paradies, aber auch für die Vergebung der Sünden. Es bieten sich zwei Interpretationsmöglichkeiten an: Mit Schöbe könnte man davon sprechen, dass diese wenig verklausulierten visuellen Metaphern die Verzweiflung über die Situation und die Hoffnung auf eine bessere Zukunft ausdrücken. Man könnte aber auch mutmaßen, dass in der

Einsamkeit des Gefängnisses in Ehrlich die Erinnerung an die Heiligenbildchen seiner Kindheit erwachte. Ehrlich selbst bleibt diesbezüglich vage. In einem Fernsehinterview sagte er 1980:[9]

> Bei diesen Aquarellen aus dem Zuchthaus, da ist ein Galgen und an dem Galgen, da ist ein Anker aufgehangen. Ja. Eigentlich, das sagt genug. Oder der Anker. Oder der Anker, der den Schlüssel aus dem Meeresgrund holt. Oder die Anker, die mit roten Fahnen durch die Luft fliegen. Eine Möglichkeit, mich abzureagieren, mich zu äußern, ohne dass man mich belangen kann.

Aus heutiger Sicht grenzen einige der Blätter an Kitsch. Auf einem etwa ist eine dunkle Gefängniszelle zu erkennen, hinter deren vergitterten Fenstern eine fröhliche Sonne lacht. Andere Blätter zeigen abstrakte Raumkonfigurationen aus Mauern, zwischen denen in fotorealistischer Manier Hochspannungsmasten, Stahlträger und kahle Bäume auftauchen. Sie erinnern an Arbeiten des Malers Giorgio de Chirico. Doch was bei de Chirico und anderen Surrealisten fiktive Traumbilder waren, sind bei Ehrlich konkrete Erfahrungen. Er hat sich die Gefängnisräume, die er zu Landschaften aus beengenden Wandscheiben abstrahiert, nicht ausgedacht. Auch andere kunsthistorische – und biografische – Referenzen drängen sich bei der Betrachtung der *Blätter* auf. So erinnert *Blatt 1* an Oskar Schlemmers berühmtes Gemälde *Bauhaustreppe* von 1932, nur dass hinter der Figur auf Ehrlichs Aquarell nicht die Architektur Walter Gropius', sondern ein Gefängnishof zu erkennen ist.

Vor dem historischen Hintergrund ihrer Entstehung in Gefängnis und Zuchthaus erscheinen sie nicht kitschig, sondern bedrückend. Besonders die acht (Selbst-)Porträts muten dystopisch an. Auf einigen ist ein Gesicht zu erkennen, auf anderen sind die Köpfe nur eine leere Fläche ohne Mund, Nase und Augen. Sie stehen für ein Leben ohne Sinnesorgane und damit auch ohne Sinn – vielleicht der Grund, warum Ehrlich später pathetisch sagte, die *Blätter aus der Haft* seien »die Bilder der ganzen Belegschaft«, also Repräsentation des Leidens aller Insassen des Zuchthauses gewesen.[10] Die Grausamkeit und Gewalt der nationalsozialistischen Herrschaft wird insbesondere auf Blatt 30 eindringlich dargestellt. Eine zur Betrachter:in gewandte Figur scheint sich in Richtung des linken Bildrandes zu bewegen, wobei sie ihren abgeschlagenen Kopf in den Händen trägt.

JEDEM DAS SEINE

Von 1937 bis 1939 ist Franz Ehrlich im KZ Buchenwald inhaftiert, wo er zum Widerstand gehört. Er arbeitet im Baubüro und gestaltet unter anderem das schmiedeeiserne Tor mit der Inschrift »Jedem das Seine«.

Schutzhaft

Am 25. August 1937 hatte Ehrlich seine dreijährige Zuchthausstrafe abgesessen. Zwei Wochen vor dem Entlassungstermin schrieb seine Lebensgefährtin Elisabeth Haak an die Anstaltsverwaltung, um die Abholung zu planen. Ein paar Tage später wurde ihr mitgeteilt, gegen Ehrlich sei ein Schutzhaftbefehl erlassen worden und er werde ins Schutzhaftlager Buchenwald überführt. Die Schutzhaft war ein Herrschaftsinstrument, das der Gestapo ermöglichte, als Gegner des Nationalsozialismus definierte Personen willkürlich und auf unbestimmte Zeit in ein Schutzhaftlager, wie Konzentrationslager anfangs genannt wurden, einzuweisen. Rechtsmittel gegen eine solche Anordnung gab es nicht.

Eigentlich hatte Ehrlich, so hieß es in seiner Zuchthausakte, »allgemein keinen ungünstigen Eindruck« gemacht. Seine Arbeitsleistungen wurden als zufriedenstellend eingeschätzt, und politisch war er nicht auffällig geworden. Bemängelt wurde allerdings, er sei zu »temperamentvoll und selbstbewußt« und überdies ein »großer Schwätzer«, dem es trotz Verwarnungen durch verschiedene Beamte nicht gelänge, »seinen Mitteilungsdrang zu zügeln«, und manchmal sogar »anmaßend und frech«.[1] Dass seine Führung im Zuchthaus für den Schutzhaftbefehl überhaupt relevant war, ist allerdings ohnehin unwahrscheinlich.

Ehrlich wurde also nicht auf freien Fuß gesetzt, sondern nach seiner formalen Entlassung für eine weitere Woche im Zuchthaus eingesperrt und dann mit einem Sammeltransport nach Buchenwald gebracht. Am 2. September 1937 kam er im Lager auf dem Ettersberg bei Weimar an. Dort erhielt er die Häftlingsnummer 2318.

Die Logik des KZs

Als Ehrlich in Buchenwald ankam, war das Konzentrationslager gerade einmal sechs Wochen alt. Das Gelände am Nordhang des Ettersbergs war in diese Zeit größtenteils noch bewaldet. Die Rodungsarbeiten und den Aufbau des Lagers mussten die Gefangenen unter miserablen Bedingungen erledigen.

Die SS verfolgte seit 1935 den Plan, moderne Konzentrationslager aufzubauen, die die vielen im Zuge der faschistischen Machtübernahme entstandenen »frühen Lager« ersetzen sollten. In Oranienburg bei Berlin entstand das KZ Sachsenhausen als zentrales Konzentrationslager für Nord-, bei München das KZ Dachau für Süd- und für

Mitteldeutschland das KZ Buchenwald. Laut Hannah Arendt waren diese Lager Instrumente des »totalen Herrschaftsapparat[es], in denen Spontaneität als menschliche Verhaltensweise« abgeschafft und der Mensch »in ein Ding« verwandelt werden sollte.[2] Sie dienten ebenso der umfassenden »Säuberung« der Gesellschaft wie der Vorbereitung des kommenden Krieges, der Umsetzung nationalsozialistischer Bauvorhaben und der Ausbeutung der Arbeitskraft der Gefangenen. Aufbau, Organisation und Betrieb oblagen dem Inspekteur der Konzentrationslager und Führer der SS-Wachverbände, SS-Gruppenführer Theodor Eicke.

Die innere Verwaltung und Struktur der Lager entsprachen dem »Dachauer Modell«, das Eicke in seiner Zeit als Kommandant des KZs nördlich von München entwickelt hatte. Integraler Bestandteil war eine »Häftlingsselbstverwaltung«, die »Funktionshäftlinge« mit erheblichen organisatorischen und disziplinarischen Vollmachten ausstattete.[3] Die SS bestimmte einzelne Gefangene zu Funktionshäftlingen. An der Spitze dieser Hilfstruppe stand ein »Lagerältester«, jede der »Block« genannten Unterkunftsbaracken hatte einen »Blockältesten«, den Arbeitskommandos stand jeweils ein in der Lagersprache »Kapo« genannter Aufseher vor. Und auch die Schreibstube, die Arbeitsstatistik, die Krankenbauten, Küchen, Magazine, die Werkstätten und das Baubüro waren mit Funktionshäftlingen besetzt. Aufgrund ihrer »Funktion« hatten sie Privilegien, die im Wesentlichen darin bestanden, der Gewalt und den Erniedrigungen durch die SS ein stückweit weniger ausgesetzt zu sein. Gleichzeitig drohte den Funktionshäftlingen wie allen anderen Gefangenen, dass sie jederzeit bestraft oder ermordet werden konnten.

Die innere Verwaltung und der Arbeitseinsatz musste also von den Gefangenen selbst organisiert werden. Dieses Prinzip ist ein Beispiel für jene Kombination von brutaler Perfidie und zweckrationalem Pragmatismus, die der KZ-Logik immanent war – und ohne die der Betrieb der Konzentrationslager, die Aufrechterhaltung von Disziplin und Ordnung nicht möglich gewesen wäre. Die SS selbst beschränkte sich auf Zielvorgaben und Kontrolle.

Die Beteiligung an der Häftlingsverwaltung, die Übernahme von delegierten Herrschaftsbefugnissen, war zugleich die Bedingung für Widerstand. So versuchten die »Politischen«, die meist schon mehrere Jahre in frühen Lagern wie Sachsenburg oder Lichtenburg verbracht hatten, möglichst viele Funktionen unter ihre Kontrolle zu bringen. Dafür mussten sie sich gegen die sogenannten »Berufsverbrecher« durchsetzen, die von der SS anfangs bevorzugt mit entsprechenden Aufgaben betraut wurden. In Buchenwald gelang die Übernahme der wesentlichen Funktionen durch die »Politischen« innerhalb der ersten Jahre. So konnten sie – im Rahmen des im KZ Möglichen – positiv auf die Lebensbedingungen der Gefangenen einwirken.[4]

Ende 1937 waren 2561 Personen in Buchenwald inhaftiert, 49 Häftlinge waren in dem halben Jahr seit der Gründung des Lagers ermordet worden.[5] Ehrlich wurde zunächst in der Baracke Block 10 untergebracht. Zwar war er schon seit drei Jahren in Haft, aber die Bedingungen in Buchenwald waren ungleich brutaler und tödlicher als im Zuchthaus. Der Tag eines Gefangenen begann gegen 4:30 Uhr mit dem Wecken. Um 5:30 Uhr ging es zum Zählappell, dann wurde gearbeitet, meist 12 bis 14 Stunden, sieben Tage die Woche. Bäume mussten gefällt und über weite Strecken getragen, Wurzeln mit Haken, Spaten, Schaufeln oder bloßen Händen ausgegraben werden. Ohne größeres technisches Gerät planierten die Gefangenen das Gelände und bauten Baracken auf. Ehrlich war einem der härtesten Kommandos zugeteilt, dem Steinbruch. Hier mussten die Gefangenen mit primitivsten Mitteln Kalksteine brechen, behauen und mit Loren auf die Baustellen transportieren. Die schwere körperliche Arbeit wurde von Schlägen und Tritten der SS-Wachleute begleitet.[6] Nach etwa drei Wochen wechselte Ehrlich ins Werkstättenaufbaukommando, das die von der SS als notwendig erachteten Werkstätten einrichtete. In kurzer Zeit entstanden neben den Kolonnen der Maurer, Zimmerleute, Schlosser, Maler, Klempner, Fliesenleger, Dachdecker, Rohrleger, Elektriker etc. zahlreiche spezialisierte Werkstätten wie Schlosserei, Polsterei, Schnitzerei, Schmiede und Tischlerei.

In einem autobiografischen Text erklärte Franz Ehrlich gegen Ende seines Lebens, wie er in das Werkstättenaufbaukommando gelangt war. Demnach habe er den Wechsel des Kommandos »eigenmächtig«, also ohne Befehl der SS, vorgenommen, weil er die Arbeit im Steinbruch nicht mehr lange überstanden hätte oder »an der Lore abgeschossen worden« wäre.[7] Seinem Bericht zufolge erhielt er dabei Unterstützung von anderen politischen Häftlingen: »Der Kapo, der mich stillschweigend im Kommando ließ, war ein Chemnitzer Genosse, der mit anderen Genossen aus dem Lager Sachsenburg und Lichtenburg kam. [...] Von diesen Genossen [...] bin ich gedeckt worden.«[8] Ehrlichs Ausführungen lesen sich wie eine Heldengeschichte, das Erlebte scheint überlagert von dem in der DDR kultivierten Idealbild des kommunistischen Widerstandskämpfers, dem die Erzählung zu entsprechen versuchte. Ein »eigenmächtiger« Wechsel in ein anderes Arbeitskommando ist schwer vorstellbar, weil das unaufgeforderte Verlassen eines Kommandos mit dem Tode bestraft werden konnte.

Plausibler ist, dass der Kapo Ehrlich bereits kannte oder von anderen Gefangenen von dessen Qualifikationen gehört hatte und deshalb den Wechsel initiierte. Denn um die eigene Position zu sichern, war den Funktionshäftlingen ein effizienter Arbeitsablauf wichtig. Ein gelernter Schlosser und Tischler, der überdies Entwürfe und technische Zeichnungen anfertigen konnte, war der Logik des KZs entsprechend im Werkstättenaufbaukommando besser eingesetzt als im Steinbruch.

Baubüro

Wegen seiner Vorkenntnisse wurde Ehrlich der Tischlerei zugeteilt, die gerade den Auftrag bekommen hatte, eine Baracke als vorläufige Wohnung des Lagerkommandanten SS-Standartenführer Karl Otto Koch einzurichten. Ehrlich war nicht nur an der Ausführung beteiligt, sondern entwarf selbst Teile der aufwendigen Ausstattung. Wie er später berichtete, sei die Gestaltung der Kommandantenwohnung »in der ganzen SS bis zum Gruppenführer Eicke eine Sensation« gewesen.[9] Kurz darauf wurde für Koch ein »Kommandantenhaus« mit Wintergarten und 360 Quadratmetern Wohnfläche errichtet. Die Villa war der Auftakt für den Bau einer »SS-Führersiedlung«, die vom Baubüro Buchenwald schon seit Gründung des Lagers geplant worden war.[10] In der Folge entstanden neun ca. 205 Quadratmeter große »Führerhäuser«. Mehrere dieser Gebäude waren jeweils mit einem durchlaufenden Sockel verbunden, der als Rustika aus grob behauenem Kalkstein ausgeführt wurde. Den wehrhaften Charakter der Anlage unterstrich ein kleiner Eckturm. Die auf dem Sockel sitzenden zweigeschossigen Häuser waren in Holztafelbauweise ausgeführt und hatten hohe Satteldächer. Die groben Planken der Holzverkleidung standen an den Ecken über und erinnerten so an rustikale Blockhäuser – eine Anlehnung an den vom Nationalsozialismus bevorzugten Heimatschutzstil. Dieser war wie die klassische Moderne aus der Reformbewegung des späten 19. und frühen 20. Jahrhundert hervorgegangen. Dem internationalen Stil und der technikzugewandten Fortschrittsgläubigkeit, wie sie das Dessauer Bauhaus vertrat, stellte die Heimatschutzbewegung regionale Bautraditionen und romantisierende Neuschöpfungen entgegen.[11]

Ehrlich arbeitete auch an der Inneneinrichtung der Führerhäuser mit. In einer wahrscheinlich Ende 1939 von ihm verfassten Übersicht mit dem Titel »Handwerk in Buchenwald« zählte er zahlreiche Gegenstände auf, die er für die Häuser der SS-Führer entworfen bzw. ausgeführt hatte, darunter verschiedene Möbelstücke, schmiedeeiserne Deckenleuchten sowie Wand- und Heizkörperverkleidungen.[12] Die Monstrosität der Zwangsarbeit, die die Gefangenen in den Werkstätten zu leisten hatten, illustriert der Bericht Ehrlichs über eine Begebenheit anlässlich der Einweihung des gerade fertiggestellten »Führerheims«, eines Veranstaltungsraums der SS. Die Lagerkommandantur feierte mit geladenen Gästen einen Julklapp. Für diesen vorweihnachtlichen Brauch hatte das Häftlingskommando den Saal »mit einer Bühne mit allen technischen Einrichtungen und einer kompletten Beleuchtungsanlage ausgestattet, so daß mit den Gästen vom Staatstheater Weimar […] eine für die SS sensationelle Aufführung zustande kam«.[13] Bei dieser Veranstaltung überreichten SS-Leute dem anwesenden Inspekteur der Konzentrationslager Eicke und dem Lagerkommandanten Koch Päckchen, in denen sich je ein Schrumpfkopf befand.[14] Diese hatten Häftlinge aus den Köpfen von zwei »auf der Flucht« erschossenen Gefangenen in der Häftlingsküche herstellen müssen. Ehrlich selbst fiel später die Aufgabe zu, das Arbeitszimmer Kochs zu gestalten und dort einen Schrumpfkopf aufzustellen. »Ich habe ihn zwischen zwei Fenster platziert«, berichtete er, und »an der gegenüberliegenden Wand auf einem roten Teppich ein 2 m langes Schwert« angebracht, das er zu diesem Zweck extra schmieden ließ. Komplettiert wurde diese Innenraumgestaltung durch »Möbel aus Eiche«, die »mit Zuckersäure ausgewaschen« waren, damit »sie wie ausgekochte Knochen wirkten«.[15]

Ehrlichs Arbeit wurde von der SS goutiert, nach wenigen Monaten wurde er von der Tischlerei in das übergeordnete Baubüro abkommandiert. Geleitet wurde dieses von SS-Untersturmführer Robert Riedl, dem Lagerarchitekten. Der 25-jährige Riedl hatte eine Höhere Technische Lehranstalt für Hoch- und Tiefbau als Techniker abgeschlossen und Berufserfahrung in zwei Architekturbüros sowie einem Stadtbauamt in Oberfranken gesammelt, bevor er ab 1935 hauptamtlich im Kommandanturstab des KZ Dachau arbeitete. Im Jahr darauf wurde er Bauleiter des KZ Sachsenhausen und dann des KZ Buchenwald. Als Leiter des Baubüros Buchenwald, das als »Baubüro des Inspekteurs der Konzentrationslager« firmierte, war er in alle Bauvorhaben in Konzentrationslagern und für die SS-Totenkopfverbände involviert.

Im Fokus stand Anfang 1938 vor allem der Bau des Lagers in Buchenwald. Als der Aufbau auf dem Ettersberg begann, war das nördlich von Berlin gelegene KZ Sachsenhausen gerade als »Muster- und Vorzeigelager der Reichshauptstadt« fertiggestellt worden.[16] Der für den Entwurf verantwortliche Architekt Bernhard Kuiper rühmte es als das »modernste, schönste und größte Konzentrationslager« Deutschlands.[17] Riedl wie auch Lagerkommandant Koch wollten, dass Buchenwald mindestens ebenso »schön« und »modern« werden würde. Die Lage in unmittelbarer Nachbarschaft zur Klassikerstadt Weimar und auf dem Ettersberg, einem Spaziergebiet von Johann Wolfgang Goethe – die sogenannte Goethe-Eiche wurde bei den Rodungsarbeiten ausgespart und stand im Gefangenenlager –, bot aus Sicht der SS die Möglichkeit, etwas Repräsentatives zu schaffen. Der Soziologe und ehemalige Buchenwaldgefangene Eugen Kogon schrieb dazu 1946 in seinem Buch *Der SS-Staat*: »[I]m großen wie im kleinen immer das gleiche: Gefühle und Gemeinheit, Sentimentalität und Brutalität, Kulturromantik und Barbarei friedlich gepaart!«[18]

Auf dem Ettersberg entstand innerhalb von etwas mehr als einem Jahr eine nationalsozialistische Idealstadt, bestehend aus Häftlingslager, Kommandantur, SS-Kasernengelände sowie zwei Siedlungen, in denen die sich als Elite des deutschen Volkes verstehenden SS-Führer mit ihren Familien in unmittelbarer Nachbarschaft zu den hinter Stacheldraht eingesperrten Häftlingen lebten.

Ende 1938 wechselte Lagerarchitekt Robert Riedl ins SS-Verwaltungsamt nach Berlin, sein Nachfolger wurde Wolfgang Grosch. Grosch stammte aus dem nationalliberalen Milieu Weimars und hatte in Dresden und Stuttgart Architektur studiert. 1931 war er der NSDAP und 1934 der SS beigetreten. Für das Baubüro gab es auch weiterhin große Aufgaben. Im Gefangenenbereich wurden die bestehenden Holzbaracken um zweistöckige gemauerte Blocks ergänzt. Vor allem aber wurde in den Bereichen für die Offiziere und Mannschaften gebaut. Weitere Kasernen und eine Vielzahl von Ein- und Zweifamilienhäusern in der bereits 1938 begonnenen zweiten SS-Siedlung wurden ebenso errichtet wie eine 1600 Quadratmeter große Reithalle, ein eher an eine Kurklinik als an ein Krankenhaus erinnerndes SS-Truppenlazarett, ein Führerkasino sowie Bade- und Sportanlagen.[19] Diese Areale waren integrale Bestandteile des Konzentrationslagers. Das Häftlingslager diente der Exklusion der als »unnütz« oder »gemeinschaftsfremd« definierten Menschen, in den SS-Bereichen wurde den SS-Leuten ein gutes Leben ermöglicht und so eine positive Vision der zukünftigen Volksgemeinschaft vermittelt.

Das Baubüro war ein herausgehobenes Kommando. Mit der Realität der Mehrheit der Gefangenen hatten die Arbeitsbedingungen nur wenig zu tun, bis Kriegsbeginn gab es dort sogar ein Radio. Zudem hatten die Häftlinge Zugang zu aktueller Literatur und Fachzeitschriften, um sich über die Entwicklungen im Bauwesen zu informieren. Ehrlich war ein wichtiger Mitarbeiter.

Typografischer Widerstand

Die heute bekannteste Arbeit Ehrlichs aus dieser Zeit ist das schmiedeeiserne Tor des Häftlingslagers mit der Inschrift »Jedem das Seine«, das Anfang 1938 gefertigt wurde. Das zweiflügelige Tor besteht aus vertikal verlaufenden Stäben und einer Gitterstruktur aus Flacheisen, so dass man durch das Tor in das Lagergelände blicken kann. In den Flügeln ist eine Türöffnung ausgespart. Den oberen Abschluss der Tür bildet der Schriftzug »Jedem das Seine«. Die leuchtend roten Buchstaben stechen aus dem ansonsten weißen Tor heraus.

Nach dem Krieg fand die Gestaltung des Tores, das viele Jahrzehnte grün übertüncht war, wenig Beachtung. Erst eine Ausstellung im Jahre 2009 machte einer breiteren Öffentlichkeit bekannt, dass es sich hierbei um das Werk Franz Ehrlichs und damit eines »Bauhäuslers« handelt.[20] Seitdem hat sich die Lesart durchgesetzt, die Verwendung der am Bauhaus orientierten Typografie habe einen Akt des Widerstands oder zumindest der Resistenz – die der Historiker Wolfgang Broszat als eine Form der »wirksame[n] Abwehr, Begrenzung, Eindämmung der NS-Herrschaft oder ihres Anspruches« definiert – dargestellt.[21] Ehrlichs Schriftgestaltung wird als Kunstwerk verstanden, das auf subtile Weise die erniedrigende Botschaft der SS untergraben habe.[22] Die Historikerin Mary Fulbrook beschreibt die Schrift als »tanzende [...] Buchstaben«, welche die Gefangenen an diesem Ort des Leidens und des Sterbens an die Möglichkeit von »Kunst«, »Kreativität« und »sogar Schönheit« erinnert hätten.[23]

Eine solche Interpretation geht von einem unüberwindbaren Gegensatz von Bauhaus und Buchenwald aus und vernachlässigt die Bedeutung moderner Gestaltung im Nationalsozialismus. Zwar kann der von Ehrlich gestaltete Schriftzug »Jedem das Seine« durchaus als modern gelten, wie der Typograf Gerd Fleischmann ausführt:

> Bauhaus, vor allem [...] Joost Schmidt, stecken im J, dem runden M und dem runden N, wo Ehrlich einen (nicht ganz verständlichen und statisch auch nicht notwendigen) Kompromiß mit dem kleinen Anstrich eingegangen ist. Dazu paßt auch das runde A. Das M und N hat auch Bayer in seinem Entwurf einer Einheitsschrift. Das Gerundete E findet sich in Systemschriftversuchen von Schwitters und Tschichold.[24]

Doch Ehrlichs Schrift steht damit nicht per se im Widerspruch zum Nationalsozialismus und dessen Ästhetik. Selbst wenn traditioneller Architektur in der Regel der Vorrang gegeben wurde, existierte, vor allem im industriellen Bereich, im »Dritten Reich« durchaus moderne Architektur und Gestaltung, von Gebrauchsobjekten wie Geschirr von Trude Petri und Glaswaren von Wilhelm Wagenfeld zu den Industriebauten von Egon Eiermann und Ernst Neufert. Neufert, einer der ersten Studierenden am Weimarer Bauhaus und späterer Mitarbeiter von Walter Gropius, wurde 1943 Reichsbeauftragter für Baunormung – war also zuständig für Rationalisierung, Normung und Typung des deutschen Bauwesens – und stand sogar auf Hitlers »Gottbegnadeten-Liste«. In der Häftlingsbibliothek des KZ Buchenwald gab es in der Abteilung »Architektur und Landschaft« neben Albert Speers *Neue deutsche Baukunst* auch *Städtebau* und *Kommende Baukunst* von Le Corbusier.[25]

Dass die Verwendung einer Bauhaustypografie als Akt ästhetischer Sabotage von der SS nicht bemerkt worden wäre, ist wenig plausibel. Der Entwurf für das Torgebäude wurde nicht nur von den mittleren SS-Führern in Buchenwald kontrolliert, sondern auch auf der höchsten Ebene in der SS-Zentrale diskutiert. Selbst der Verwaltungschef der SS, Oswald Pohl, mischte sich in die Gestaltung des Torgebäudes ein. Überliefert ist ein Brief vom 15. September 1937, in dem er schrieb:
> Der Mittelteil des geplanten Gebäudes entspricht nicht den Anforderungen, die ich bezüglich der architektonischen Gestaltung stellen muß. [...] Ich bitte deshalb, die Planung des Mittelteiles nochmals einer eingehenden Überarbeitung zu unterziehen.[26]

Die moderne Typografie kann der SS also kaum entgangen sein. Wahrscheinlich war es schlicht so, dass der Schriftzug den Verantwortlichen gefiel. Franz Ehrlich berichtete: »Das Tor war so zur Zufriedenheit der SS ausgefallen, daß wir das Tor für Sachsenhausen ebenfalls entwerfen und ausführen durften.«[27] Für den dort verwendeten Schriftzug »Arbeit macht frei« wurde allerdings eine weniger elegante Schriftart gewählt.

Der Widerstand der politischen Gefangenen, an dem Ehrlich mitwirkte, war vor allem pragmatisch und bestand aus verschiedenen sozialen Handlungen,[28] die die Lebensbedingungen der Gefangenen verbesserten, die Überlebenschancen erhöhten und sich gegen die totale Herrschaft der SS im Lager richteten. Heute fällt es schwer, diesen Widerstand als solchen zu erkennen, denn der Grat zwischen Widerstand und Kollaboration war sehr schmal. Ehrlich führte aus, dass die Häftlinge des Baubüros durch die »Gestaltung sämtlicher Planungs- und Bauarbeiten« ihre Positionen »zu Vertrauensstellungen« ausbauten, insbesondere durch »Gewinnung des Vertrauens des Lagerkommandanten Koch«.[29] Die »Roten« dienten sich der SS an, übernahmen die Häftlingsverwaltung, um Handlungsspielräume zu gewinnen, die Intentionen der SS zu unterlaufen oder abzumildern. Eugen Kogon meinte, dieses Vorgehen sei die Voraussetzung für den »Kampf um die Selbsterhaltung der antifaschistischen Kräfte« gewesen.[30] Sie schützten die eigene Gruppe und gaben Häftlingen ein Stück weit ihre Würde zurück. Der spanische Schriftsteller und ehemalige Buchenwaldhäftling Jorge Semprún schrieb: Die »deutschen Kommunisten […] sind übrigens fähige Männer, verbissene Arbeiter mit einem bemerkenswerten Sinn für Organisation. Man darf ihnen zutrauen, die Maschine in Gang zu halten.«[31] Durch die Ausübung der von der SS delegierten Herrschaftsbefugnisse sei die »internationale kommunistische Organisation in Buchenwald«, so Semprún weiter, zu einer »illegalen Gegenmacht« geworden.[32]

Faktisch jedoch hatten die Häftlinge keine Macht, auch wenn sie sich, wie der ehemalige Sachsenhausenhäftling Harry Naujoks schrieb, »bewegten […], als hätten wir gewaltigen Einfluß, gewaltige Macht. Diese Macht beruhte auf Täuschung«.[33] Um zu überleben, passten sie ihr Verhalten der Logik des KZs an, täuschten, blufften und stapelten hoch. Zur Strategie der politischen Häftlinge gehörte von Anfang an auch, mit guter handwerklicher Arbeit die ökonomischen Interessen der SS zu bedienen. Bereits in der Aufbauphase des Lagers verbrachte ein Teil der Gefangenen seine Arbeitszeit mit der Herstellung kunsthandwerklicher Objekte, an deren Verkauf sich die Mitglieder der Lager-SS persönlich bereicherten. Die Werkstätten »besorgten für die Wohnungen der SS-Führer die künstlerische Inneneinrichtung, verfertigten unzählige Geschenke, die sich die Clique gegenseitig spendete, und schufen die Prunkfassade des Lagers«, so Kogon.[34]

Franz Ehrlich entwarf in diesem Kontext schmiedeeiserne Kerzenleuchter, gepolsterte Sessel und mit handgeschnitzten Runen verzierte Kinderwiegen.[35] Ihre Produktion war Teil des im KZ von den Politischen betriebenen Widerstands, der darauf abzielte, möglichst viele Häftlinge mit qualifizierten Arbeiten in den Werkstätten zu beschäftigen und vor todbringender Arbeit zu bewahren. »Alles«, schrieb Ehrlich rückblickend, »geschah mit dem Gefühl, daß ein Revolver im Nacken sitzt.«[36] Und mancher bezahlte die Beteiligung am Lagerwiderstand mit seinem Leben. Zum Beispiel Rudi Opitz,[37] der gemeinsam mit Ehrlich aus dem Zuchthaus Zwickau nach Buchenwald gekommen war. Er arbeitete im Fotolabor der Lager-Gestapo und wollte bei seiner Entlassung im Sommer 1939 Aufnahmen von Erschießungen aus dem Lager schmuggeln. Er wurde ertappt und ermordet.

SS-NEUBAULEITUNG

Nach seiner Haftentlassung arbeitet Franz Ehrlich weiter im Baubüro des KZ Buchenwald, nun als Angestellter. Er plant Kasernen für die Waffen-SS, entwirft eine Bärenburg und einen altgermanischen Falkenhof.

Falsche Freiheit

Die Schutzhaft, in der sich Franz Ehrlich seit Herbst 1937 befand, war nicht befristet. Der Schutzhäftling war auf unbestimmte Zeit der Willkür der SS ausgeliefert. Zu dieser Willkür gehörte auch, dass Gefangene nach Gutdünken der SS aus dem KZ Buchenwald entlassen wurden. So zum Beispiel im Rahmen einer großen »Gnadenaktion« anlässlich des fünfzigsten Geburtstages von Adolf Hitler im April 1939. Im Zuge dieser Amnestie wurden einige hundert der fast 8700 KZ-Häftlinge »probeweise« freigelassen,[1] darunter auch die Mehrzahl der Gefangenen, mit denen Franz Ehrlich bis dahin im Baubüro zusammengearbeitet hatte. Warum er nicht unter den Freigelassenen war, ist genauso unklar wie der Grund für seine Entlassung ein halbes Jahr später am 14. Oktober.

Damit hören die Unklarheiten nicht auf. Denn nach der Entlassung blieb Franz Ehrlich im Baubüro, nur eben nicht mehr als Häftling, sondern als Zivilangestellter. Inwieweit war sein Verbleib in Buchenwald freiwillig? Hatte er ein Angebot zur Mitarbeit bekommen, oder war ihm diese zur Auflage gemacht worden? Die Grenze konnte fließend sein, schließlich erfolgte eine Entlassung aus dem KZ immer »auf Probe« und wurde von der SS als »letzte Warnung« tituliert – die Entlassenen hatten ihre Treue zum nationalsozialistischen Staat unter Beweis zu stellen.[2]

Man muss sich vor Augen führen, was vermutlich passiert wäre, wenn Ehrlich sich gegen eine Mitarbeit im Baubüro entschieden hätte. Er wäre dann am 15. Oktober 1939 nach Leipzig zurückgekehrt, alle drei Tage hätte er sich bei der Polizei melden müssen, wo er schikaniert worden wäre. Als entlassener KZ-Häftling hätte er keinen Wirkungsraum als Gestalter gehabt, sondern in irgendeiner Fabrik arbeiten müssen. Vielleicht hatte Ehrlich aber auch schlicht gar keine Wahl. Zwar kam es vor, dass KZ-Gefangene, denen mit der Entlassung das Angebot gemacht wurde, für die SS zu arbeiten, dieses ablehnten, aber womöglich wäre Ehrlich dann nicht entlassen worden, sondern weiter KZ-Häftling geblieben.

All diese Fragen lassen sich nicht eindeutig beantworten. Sicher ist: Die Totalitätsmaschine Buchenwald ließ Ehrlich nicht los. Er arbeitete weiter für die SS und wirkte am Ausbau des KZs mit. Für uns Autoren ist der Übergang vom Häftling zum Zivilangestellten schwer nachvollziehbar – und seine Rolle nicht eindeutig. Auch nach dem Krieg musste sich Ehrlich für seine Tätigkeit als Zivilangestellter in der SS-Neubauleitung wiederholt rechtfertigen. Er bezeichnete sich dann als »Zivilhäftling« und argumentierte, dass er diese Position im »Parteiauftrag« der in der Illegalität operierenden KPD angenommen habe und weiterhin am kommunistischen Lagerwiderstand beteiligt gewesen sei.[3]

Durch die Entlassung verbesserten sich Ehrlichs äußere Lebensumstände erheblich. Er wohnte nun in einer Wohnung in Weimar, und am 28. Dezember 1939, seinem 32. Geburtstag, heiratete er seine langjährige Lebensgefährtin Elisabeth Haak. An den Wochenenden unternahmen sie Ausflüge ins Weimarer Land und den Thüringer Wald.[4] Seine Arbeitsstelle war die SS-Neubauleitung Weimar-Buchenwald, wie das vormalige Baubüro nun hieß. Die Projekte, an denen Ehrlich mitwirkte, waren umfangreich, in seinem Nachlass befinden sich Fotos und Zeichnungen aus dieser Zeit. Sie zeigen nicht nur hochwertige Inneneinrichtungen, sondern auch Hochbauten, unter anderem Wohnhäuser der SS-Siedlung II, die einige Kilometer entfernt vom KZ entstand, sowie Erholungs- und Ferienheime, Waldgaststätten und Ferienhäuser für SS-Führer.

Altgermanische Moderne

Ein Beispiel für seine Tätigkeit in dieser Zeit ist der Falkenhof von Buchenwald, an dem Ehrlich bereits als Häftling gearbeitet hatte. Über die Entstehung des Falkenhofs berichtete er: »Eines Tages erhielten wir den Auftrag vom

Lagerkommandanten, Standartenführer Koch, zum Bau eines Falkenhofes. [...] Niemand von uns hatte eine Ahnung wie so etwas auszusehen hat und welche Funktionen zu erfüllen sind.«[5]

Referenz war Görings Reichsfalkenhof bei Braunschweig, nur dass die Anlage, wie Ehrlich schrieb, im KZ »selbstverständlich schöner sein« sollte. In einer Broschüre über den Falkenhof, die die Kommandantur Buchenwald 1941 herausgab, hielt sie stolz fest:

> Die altehrwürdige Kunst der Deutschen Falknerei ist wieder zu Ehren gekommen. Wir erhalten damit nicht nur eine schöne, ja einzigartige Jagdart, sondern weisen ihr auch dadurch ein bestimmtes Wirkungsfeld im Dienste des edlen Weidwerkes an den freiesten Geschöpfen der Natur, den Herren der ewig blauen Höhen der Luft, den kühnen und blitzschnellen Raubvögeln zu.[6]

Für die Pflege und Versorgung der Tiere wurde ein eigenes Häftlingskommando gebildet. Während sich die Ernährungssituation der Gefangenen im Lauf der nächsten Jahre verschlechterte, blieb sie für die Vögel konstant: Für sie gab es Hunde-, Katzen- und Pferdefleisch und »ab und zu [...] das unbedingt notwendige Geflügel, wie Tauben, Krähen und Häher, denn sie brauchen von Zeit zu Zeit frisches Blut«.[7]

Der Falkenhof Buchenwald bestand aus mehreren Blockhäusern für die Unterbringung von Falken, Adlern, Habichten und anderen Vögeln. Die Gebäude wurden aus ungeschälten Eichenstämmen errichtet, die bei der Rodung des Bauplatzes für die SS-Kasernen angefallen waren. Sockel, Böden und Wege waren mit großen Natursteinplatten belegt. Auffälligstes Gebäude war das hoch gestreckte Adlerhaus, auf dessen Giebelspitze eine große geschnitzte Adlerfigur saß. Das vorgezogene Dach bildete mit zwei Säulen aus ebenfalls ungeschälten Eichenstämmen eine Vorhalle, die an den Pronaos eines griechischen Tempels erinnerte.

Besonderes Schmuckstück der Anlage war eine Kaminhalle mit einem, so beschrieb es Ehrlich, »altgermanischen Schornstein und altgermanischen Möbeln«.[8] Die Wände waren mit dunklem Holz verkleidet, dessen glänzende Oberfläche der Textur von Baumrinde nachempfunden war. Über einer Sitzbank hingen das Geweih eines Hirschs und die Hörner eines afrikanischen Spießbocks, wie auch immer diese nach Buchenwald gelangt waren. In einer Ecke stand ein ausgestopfter Braunbär. Die Möbel waren aus Holzlatten gefertigt, deren Serialität und Scharfkantigkeit nichts »Germanisches«, sondern eher etwa Industrielles ausstrahlten. Allenfalls die sichtbaren Köpfe der Schmiedenägel hatten etwas Altertümelndes. Vielmehr erinnert die Art und Weise, wie Ehrlich die Latten zu Stuhl und Tisch zusammenfügte, an Ikonen der Moderne: an die Möbelserie etwa, die Gerrit Rietveld 1923 für das Katholische Militärkrankenhaus in Utrecht gestaltet hatte, oder an Marcel Breuers Lattenstuhl *ti 1a* von 1922/24.

»Germanisch« waren die Oberfläche der Wandverkleidung, der Braunbär und das Hirschgeweih – der Rest war modern. Dieses Spannungsverhältnis bestimmt die Entwürfe, die Ehrlich in Buchenwald anfertigte: Einige – zum Beispiel die repräsentativen Architekturprojekte und Einrichtungsobjekte wie Leuchten und Kerzenständer – waren historisierend gestaltet, versuchten in Form und Material auf etwas vermeintlich Archaisches zu verweisen. Die meisten seiner Schränke, Tische, Stühle, Lampen, Vasen, Krüge, Schalen aus dieser Phase waren aber im Kern modern, das heißt formal reduziert und auf die Funktion fokussiert.[9] Teilweise war die moderne Grundform aber mit nationalsozialistischer Symbolik überlagert. Das entspricht dem, was der Designtheoretiker Gert Selle als »einzige selbständige Leistung der nationalsozialistischen Politik im Designbereich« bezeichnet. Diese habe »in der Umformung des Vorgefundenen« bestanden, um es als »Produkt und Symbol des faschistischen Fortschritts erscheinen« zu lassen.[10]

Dass ein Großteil der Objekte, die Ehrlich im KZ gestaltete, im Kern modern waren, ist vielleicht auch der Grund, warum er die Zeichnungen aus dem Baubüro mit nach Hause nahm und sein Leben lang aufbewahrte. Womöglich empfand er sie nicht als nationalsozialistisch kontaminiert, sondern identifizierte sich mit ihnen. Zumindest versah er einige Pläne nach dem Krieg mit seinem Architekten-Stempel. Vergleicht man Ehrlichs Arbeiten vor, während und nach seiner Zeit im KZ, entdeckt man letztlich mehr Kontinuitäten als Brüche. So gesehen, sind zum Beispiel die Kastenmöbel, die er für die Einrichtung von SS-Objekten gestaltete, Vorläufer der berühmten

Möbelserie 602 – nur eben mit schmiedeeisernen Beschlägen dem nationalsozialistischen Zeitgeschmack angepasst.

Im Nachlass Ehrlichs findet sich ein Entwurf für ein Tiergehege.[11] Der Plan zeigt mittig ein dreieckiges bewaldetes Grundstück, durch das ein leicht geschwungener Rundweg zu Gehegen für, so die Beschriftung, »Rotwild«, »Schwarzwild«, »Hirsch« und »Bären« führt. Über einer Kompassrose und dem serifenlosen, also modernen Schriftzug »Tiergehege Buchenwald« befindet sich eine junger Hirsch. Im Plankopf der SS-Neubauleitung steht »Ehrlich«, datiert ist das Blatt auf den 5. Juni 1940. Zudem sind darauf drei Ansichten dargestellt: das Eingangsgebäude aus Naturstein, das »Futterhaus« in Blockbauweise sowie, besonders markant, die »Bärenburg«. Der Grundriss erinnert an die Reliefs, die Ehrlich in seiner Zeit am Bauhaus hergestellt hatte, zwei abstrakte Formen aus sich durchdringenden Kreisen und Rechtecken. Ehrlich hatte die Bärenburg nicht als Simulation einer möglichst organischen Naturform konzipiert, sondern eher als abstrakte Skulptur mit klaren Ecken und Kanten. Gekrönt werden sollte sie mit einer Art Kletterbaum. Allerdings wich die tatsächlich errichtete Anlage von dem Plan ab, der Kletterbaum wurde nicht ausgeführt, und die Bärenburg erscheint aufgrund ihrer wenig scharfkantigen Ausführung sowie einer sehr heterogenen, stark strukturierten Oberfläche doch eher wie die Nachahmung einer Felslandschaft als wie eine abstrakte Skulptur.

Faschistischer Themenpark

Das KZ Buchenwald war kein geheimer, vor der Öffentlichkeit verborgener Ort. Falkenhof und Zoo waren gegen Eintritt zugänglich, Familien aus der Region kamen am Wochenende, Besucher:innen Weimars und ausländischen Gästen Thüringens wurden die Anlagen gezeigt. Der Zoo lag auch nicht abseits des Häftlingslagers, sondern direkt am Stacheldrahtzaun; die im KZ eingesperrten Menschen wurden genauso ausgestellt wie die Tiere.

Im Häftlingslager wurde gegenüber der Bärenburg ebenfalls 1940 ein Krematorium errichtet, da sich die Situation der Gefangenen im Lager massiv verschlechterte. Ab Ende 1938 waren neue Häftlingsgruppen, »Juden«, »Asoziale« und später polnische Kriegsgefangene, nach Buchenwald verschleppt worden. Ende 1939 hatte das KZ 11 807 Häftlinge, im gesamten Jahr waren 1235 Gefangene gestorben. Im Jahr darauf kamen 1772 Häftlinge ums Leben.[12] Weil der Transport der Leichen mit Lastkraftwagen nach Weimar und Jena nicht mehr wirtschaftlich war, baute die SS das Krematorium. Dass Ehrlich auch hieran beteiligt war, ist nicht belegt, aber durchaus denkbar. Das Krematorium war kein reiner Zweckbau, sondern aufwendig mit Schiefer gedeckt, mit Blumenkästen versehen, und »Details, wie eine Holzstütze im Hofbereich, erfuhren eine fast liebevolle, handwerklich solide Gestaltung«, so dass es, wie die Architektin Karina Loos resümiert, »wie ein Schmuckstück« glänzte.[13] Am höchstgelegenen Platz des Häftlingslagers errichtet, mit hohem Dach und Schornstein, war es weithin gut sichtbar – und vom Bärengehege aus nicht zu übersehen.

Bärenburg, Tiergehege und Krematorium sind Beispiele für eine ikonische Architektur, die die Kernideen des KZs symbolisch ausdrücken: »Jedem das Seine« meint eben nicht nur das Krematorium für die ermordeten Gefangenen, sondern auch den Zoo für die mordenden SS-Leute, beides vor den Augen der Bevölkerung. Man kann sich Zoo und Falkenhof als faschistischen – um einen heute gebräuchlichen Ausdruck zu verwenden – Themenpark vorstellen und das KZ insgesamt als nationalsozialistische Idealstadt. In dieser Idealstadt waren das Häftlingslager, die Werkstätten und Wirtschaftsbereiche mit den umgebenden SS-Kasernen, Siedlungen und Sozialbereichen systemisch verschmolzen: Die nationalsozialistische Utopie eines zukünftigen, von einer deutschen Elite dominierten Europa.

Die Konzentrationslager der zweiten Hälfte der dreißiger Jahre waren Prototypen des faschistischen Moderneentwurfs und erste Verwirklichung der nationalsozialistischen Vorstellung von Fortschritt: (zweck)rational geplant, ökonomisch produktiv und rassistisch fundiert. An ikonischen Architekturen wie dem Zoo, dem Falkenhof, dem Krematorium oder dem Eingangstor zeigt sich, dass die Formensprache der Moderne, angereichert mit Symbolen des Nationalsozialismus (also SS-Runen und Ähnlichem) sowie Referenzen an ein imaginiertes arisch-germanisches Deutschtum (Schmiedeeisen, Geweihe, unbehandelte Holzstämme), zum gestalterischen Repertoire gehörte, mit dem die »Fortschrittlichkeit« der Nationalsozialisten ausgedrückt werden sollte.

DIE TiToTalitäre TiToTalitätsbaumaschine

Das »moderne« KZ war also die Maschine, in der eine Miniatur der großen nationalsozialistischen Utopie erzeugt wurde. Dieser dystopischen Maschine, in der Franz Ehrlich selbst ein kleines Zahnrad war, widmet er 1939 eine künstlerische Arbeit mit dem Titel *DIE TiToTalitäre TiToTalitätsbaumaschine*. Die aquarellierte Zeichnung ist voller symbolischer Andeutungen, die nicht immer eindeutig zu decodieren sind. Sie zeigt einen Mast, ein Segel, einen Schiffsschornstein, eine Pumpe, die mit großen Schaufeln Wasser aus dem Untergrund holt, als wäre das KZ ein Schiff, mit dem die Moderne auf Grund gelaufen ist. Zu sehen sind außerdem eine Maurerkelle, ein Zementsack, eine Axt, ein Zimmermanns- oder Maurerhammer sowie eine Reißschiene, wie sie Architekt:innen früher zum Zeichnen verwendeten – Gegenstände, die auf Ehrlichs Arbeit im Baubüro verweisen. Ein kahler Baum, ähnlich dem, der in den Zeichnungen des Bärenzwingers auftaucht, vielleicht aber auch die Goethe-Eiche im Zentrum des Häftlingslagers, wird von einer Greifschaufel gepackt. Er könnte ebenso für Tod und Zerstörung stehen wie die aus Ziegelsteinen gemauerte Wand, deren Rundbögen an die Ofentüren im Krematorium erinnern. Oberhalb des Mauerbogens befinden sich der schiffsartige Schornstein, aus dem Rauch aufsteigt, sowie ein Kessel, aus dem nicht nur Rauch, sondern auch Gebäude gepustet werden – Massenmord und Bauproduktion hängen miteinander zusammen.

Unmittelbar neben der Reißschiene ist eine kleine technische Zeichnung dargestellt, die wie viele von Franz Ehrlich angefertigte Pläne mit »eh« signiert ist. Von ihr breitet sich eine Maßkette über fast das ganze Blatt aus, bis sie sich schließlich in einen Mast verwandelt, an dem ein Segel angedeutet ist. An der Spitze des Mastes weht eine blassrote Fahne. Als Gegenüber der blassroten Fahne schwimmt im Grundwasser am unteren Bildrand ein Fisch – wie die auf den *Blättern aus der Haft* häufig vorkommenden Anker und Schlüssel ein Erkennungszeichen aus der Zeit der Christenverfolgung im Römischen Reich.

Im Zentrum des Blattes befindet sich der Ausschnitt einer Gebäudefassade: Flachdach, grober Putz und ein weißes Sprossenfenster – vielleicht das Baubüro? Vom Dach aus erhebt sich schemenhaft ein Turm, der durch eine filigrane Konstruktion mit dem Mast verbunden ist. Sie erinnert an das Schaltzeichen für elektrischen Widerstand, von ihrer Mitte führt eine dünne, gestrichelte Linie zum Lautsprecher.

Zur Maschine werden all diese Einzelteile durch eine raumgreifende Mechanik, in der weitgespannte Riemen auf verschiedene Räder Kraft übertragen. Die Achsen dieser Räder haben unterschiedliche Farben, eine ist grün, eine ist rot, und drei sind schwarz. Damit spielte Ehrlich möglicherweise auf verschiedene Gruppen innerhalb des

KZs an: Auf ihrer Häftlingskleidung trugen die »Berufsverbrecher« einen grünen Winkel, die politischen Gefangenen einen roten. Die schwarzen Achsen verweisen wahrscheinlich auf die Farbe der SS-Uniformen. Die verschiedenen Gruppen hielten gemeinsam, wenn auch in sehr unterschiedlichen Rollen, die schreckliche Maschine am Laufen.

Beschriftet ist die Zeichnung mit »Für das Jahr 1939«. Wahrscheinlich stammt sie nicht aus seiner Haftzeit, sondern wurde zum Jahresende als eine Art Rückblick angefertigt. Grundsätzlich ist schwer vorstellbar, wie und wann Ehrlich als Häftling die Zeit, die Materialien und den Ort für eine solche Arbeit gefunden hätte. Auf dem 43,1 × 35,9 Zentimeter großen Blatt findet sich im unteren Bildteil ein schwarzer Pfeil, der auf die titelgebende Bezeichnung »DIE TiToTalitäre – TiToTalitätsbaumaschine« zeigt, sowie ein weißer Pfeil in Richtung des in der unteren rechten Bildhälfte platzierten zusätzlichen Schriftzugs »TiToTale«.

Die formale Sprache des Blattes weist Ähnlichkeiten mit früheren Arbeiten Ehrlichs am Bauhaus auf. Schließlich ist die dargestellte Maschine ein kinetisches Objekt. Aber dieses kinetische Objekt ist kein mehr oder weniger abstrakter Platzhalter für eine bessere Zukunft, wie 1928 in Ehrlichs *studie zu einer mechanischen schaufensterplastik*, es ist kein Anwendungsbeispiel wie der *entwurf zu einem mechanisch bewegten schaufenster* oder das bewegliche Modell für das Totaltheater von Gropius. Und anders als das aus den Resten dieses Modells gebaute *Ta-*

Ti-To-Tal-Theater ist die Zeichnung kein humorvoller Kommentar zum unmittelbaren Arbeitsumfeld, der dem Chef als Geburtstagsgeschenk überreicht wird: *DIE TiToTalitäre TiToTalitätsbaumaschine* ist ein Versuch der Dokumentation eines Herrschafts- und Vernichtungsinstruments. Die abstrakten Platzhalter der konstruktivistischen Maschinen, die sich frei durch den Äther bewegenden schwarzen Quadrate und roten Dreiecke wurden durch konkrete Erfahrungen ersetzt, sind Hammer und Kelle, Pumpe und Lautsprecher, Kessel und Krematorium, Fisch und Fahne geworden.

Die Zeichnung zeigt so die Parallelen und die Differenzen zwischen den Zukunftsvisionen der ungleichen Moderneentwürfe von Bauhaus und Buchenwald. Bislang gibt es nur einen Hinweis, dass Ehrlich selbst das Bauhaus und Buchenwald in eine direkte Verbindung brachte. 1980 notierte er, das Zusammengehörigkeitsgefühl der politischen Gefangenen in Buchenwald sei »der Gemeinschaft des Bauhauses nicht unähnlich« gewesen.[14]

Aber vielleicht ahnte er schon am Jahreswechsel 1939/40, als er (vermutlich) *DIE TiToTalitäre TiToTalitätsbaumaschine* anfertigte, dass Bauhaus und Buchenwald die beiden großen Bezugspunkte in seinem Leben bleiben würden: die »Gemeinschaften«, die seine Identität und Außenwahrnehmung prägen sollten.

DER PERFEKTE LAGERARCHITEKT?

Franz Ehrlich geht nach Berlin, in die Zentrale des SS-Bauwesens. Womit er dort beschäftigt war, lässt sich nur teilweise nachvollziehen. Das eröffnet Raum für Spekulationen.

Weg aus Buchenwald

In der SS-Neubauleitung Buchenwald hatte Ehrlich seine erste verantwortliche Stellung als Architekt, Innenarchitekt und Möbeldesigner. Er sammelte praktische Berufserfahrung, um im nationalsozialistischen Deutschland beruflich Fuß fassen zu können. Außer der Gesellenprüfung, einem ohne Diplom abgebrochenen Studium am verpönten Bauhaus sowie dem kurzen Engagement beim Verlag Otto Beyer in Leipzig hatte er keine Referenzen vorzuweisen.

Parallel zur Arbeit in Buchenwald war er wieder als freier Grafiker für den Leipziger Verlag tätig, wie ein an »Ehrlich, Weimar-Buchenwald« adressiertes Schreiben vom Februar 1941 belegt, in dem der Verlag für die Gestaltung von zwei Seiten der *Deutschen Moden-Zeitung* dankt und die Überweisung eines Honorars von 25 Reichsmark ankündigt.[1] Welchen Umfang diese Mitarbeit hatte und wie lange sie andauerte, lässt sich nicht ermitteln. Außer diesem Brief und einer Skizze, die mehrere modisch gekleidete Frauen zeigt, gibt es dazu keine Unterlagen. Vielleicht war die Arbeit für Beyer Teil von Ehrlichs Versuch, sich eine neue Existenz außerhalb des KZs aufzubauen. Erfolgreicher war eine andere Initiative: Von der SS-Neubauleitung Weimar-Buchenwald aus bewarb Ehrlich sich für eine Stelle beim SS-Hauptamt Haushalt und Bauten in Berlin, also der damaligen Zentrale des von Oswald Pohl geleiteten SS-Bauwesens. Damit begann das undurchsichtigste Kapitel in Ehrlichs Leben.

In seinem Nachlass findet sich ein (unvollständiges) Anschreiben, das höchstwahrscheinlich Teil seiner Bewerbung bei der SS in Berlin war. Darin präsentiert er sich als erfahrener Lagerarchitekt: »Jetzt städtebauliche Planung, Entwurf und Ausführung von Hochbauten, Gestaltung von Feierräumen, Dienstwohnungen, Führerheim, Speisesäle, Kantinen, Sport- und Badeanlagen, Falkenhof.«[2] Auch in einem handschriftlich verfassten Lebenslauf, vermutlich ebenfalls Bestandteil dieser Bewerbung, listet er die als Architekt im KZ Buchenwald erworbenen Kompetenzen auf. Er habe »selbständig die Planung der hiesigen Gesamtanlage, unter anderem eine Wohnsiedlung für 200 Wohnungen, sowie alle repräsentativen der Kameradschaft und der Erholung dienenden Bauten« bearbeitet.[3] Diese Kenntnisse sollten wohl seine Gehaltsvorstellungen rechtfertigen: »Meine Bezüge betragen RM 390,– Gehalt und RM 50,– Baustellenzulage. Ich kann in der von Ihnen ausgeschriebenen Stellung wohl mit einer Verdopplung rechnen.«[4] Im Vergleich zum damaligen monatlichen Durchschnittsgehalt von unter 200 Reichsmark war das sehr viel Geld.

Seine Zeit am Bauhaus spielt in dem Lebenslauf eine untergeordnete Rolle. Es klingt, als habe er dort lediglich studiert, weil er durch den »Zwang in einer Werkstatt neben dem Unterricht praktisch zu arbeiten die Möglichkeit hatte Teile meines Lebensunterhaltes den ich selbst beschaffen mußte zu verdienen«.[5]

Vielleicht kam Ehrlich nicht von sich aus auf die Idee, sich zu bewerben. Gleichzeitig wechselte nämlich auch Wolfgang Grosch, der Chef des Baubüros Buchenwald, in die Zentrale des SS-Bauwesens nach Berlin. Es kann gut sein, dass Grosch einen bewährten Mitarbeiter an seine neue Arbeitsstelle mitnehmen wollte. Bemerkenswert ist, dass in Ehrlichs schriftlichen Äußerungen aus der Nachkriegszeit der Name Grosch nicht auftaucht, während er dessen Vorgänger Robert Riedl zumindest erwähnt und über SS-Hauptscharführer Fritz Pfaff, der ebenfalls im Baubüro Buchenwald arbeitete, berichtet, dass dieser »nichts verstand, faul und unsicher« war.[6]

Vielleicht ist der Grund für das Schweigen über Grosch, dass sich die beiden näher standen, als Ehrlich es nach dem Krieg zugeben konnte. Es ist gut vorstellbar, dass Ehrlich und Grosch eine Art kollegiales Verhältnis hatten, vielleicht verband sie das fachliche Interesse für Architektur. Für eine gute Beziehung der beiden würde sprechen, dass, wie ein Neffe Ehrlichs berichtet, mindestens ein SS-Mann, den er als »Bauleiter« bezeichnet, an Ehrlichs Hochzeit mit Elisabeth Haak im Dezember 1939 teilnahm und »ihm eine Torte geschenkt [hat]! [...] Ob das der Bauleiter privat gemacht hat, ob das die SS offiziell gemacht hat, ob das ein Törtchen war oder eine Torte«, wusste der Neffe nicht.[7] Dass es sich bei dem SS-Mann um Grosch handelte, ist zwar nicht belegt, aber wahrscheinlich. In jedem Fall kam mindestens ein SS-Mann zu Ehrlichs Hochzeit.

Ehrlichs Bewerbung war erfolgreich. Im Frühjahr 1941 trat er eine Stelle in der Bauverwaltung der SS in Berlin an, die zunächst im SS-Hauptamt Haushalt und Bauten angesiedelt war und ab 1942 zum neu gegründeten SS-Wirtschaftsverwaltungshauptamt gehörte. Was Ehrlich antrieb, als Zivilangestellter der SS nach Berlin zu gehen, lässt sich nicht mehr nachvollziehen. Vorstellbar ist, dass Grosch ihn mitnahm oder Riedl ihn holte, weil Ehrlich sich als Mitarbeiter bewährt hatte. Möglich ist auch, dass er als entlassener Häftling das Gefühl hatte, keine andere Chance zu haben. Für Ehrlich war Ende 1940 sicher nicht absehbar, dass das »Tausendjährige Reich« nur noch gut vier Jahre bestehen würde.

Der »Aufstieg« vom zwangsarbeitenden Häftling zum angestellten Mitarbeiter im Baubüro ist ein heute schwer verständlicher Rollenwechsel. Der Übergang in die Zentrale des SS-Bauwesens in Berlin ist für uns Autoren hingegen eine klare Grenzüberschreitung.

Ehrlichs neuer Arbeitsplatz befand sich in einem großen, kurz vor dem Krieg für das SS-Hauptamt Haushalt und Bauten sowie das SS-Hauptamt Verwaltung und Wirtschaft errichteten Gebäudekomplex im Südwesten Berlins. Von hier aus wurden die komplette SS, die Waffen-

SS und das Konzentrationslagersystem verwaltet, die expandierenden wirtschaftlichen Aktivitäten, SS-Betriebe und die Häftlingszwangsarbeit gesteuert sowie die Besiedlung der zur »Eindeutschung« vorgesehenen besetzten Gebiete und die Vertreibungs- und Vernichtungspolitik bis hin zur »Endlösung der Judenfrage« vorbereitet, geplant und koordiniert. Der Bauhäusler, Antifaschist und KZ-Häftling war nun also alltäglich mit den Schreibtischtäter:innen zusammen.

Ehrlichs Anstellung bei der SS wurde nach dem Krieg von einigen ehemaligen Häftlingen als Verrat gewertet. Ehrlich hingegen wollte seine Tätigkeit in Berlin als Weiterführung des im KZ begonnenen Widerstands verstanden wissen. Doch das Wenige, das überliefert ist, vermittelt eher den Eindruck, dass Ehrlich zum Kollaborateur geworden war.

Gehobene Innenausstattung

In Berlin angekommen, zog Ehrlich mit seiner Frau Elisabeth in »eine schöne Villa«, so Elisabeths Mutter über die von den beiden gemietete Wohnung im gutbürgerlichen Lichterfelde, unweit von Ehrlichs neuem Arbeitsplatz.[8] In Berlin führten sie nun ein »normales« Leben, machten sogar Urlaub. 1942 reisten sie beispielsweise für ein paar Tage in den Spessart. Auch ihre Wohnung richteten sie nicht provisorisch, sondern für einen längeren Zeitraum ein. »Franz ließ nach seinen Zeichnungen Möbel anfertigen. [...] Wenn nicht Krieg gewesen wäre, hätte man froh sein können«, so die Schwiegermutter weiter. Es ist anzunehmen, dass es sich dabei um Einrichtungsgegenstände handelte, die Ehrlich in Buchenwald entworfen und von Gefangenen hatte anfertigen lassen; zumindest finden sich in seinem Nachlass einige Möbelstücke aus Buchenwald.

Ehrlich befasste sich im SS-Bauwesen vermutlich hauptsächlich mit Innenarchitektur.[9] Seine Beteiligung an zwei konkreten Projekten kann als gesichert gelten: Gut Comthurey, ein biodynamisches SS-Mustergut bei Fürstenberg/Havel, das Oswald Pohl als Hauptwohnsitz diente, und repräsentative Büroräume für das SS-Personalhauptamt in Berlin-Charlottenburg. Von Letzterem finden sich in Ehrlichs Nachlass Fotografien, die Max Krajewsky angefertigt hatte, damals einer der wichtigsten deutschen Architekturfotografen. Die Beauftragung eines renommierten Fotografen spricht dafür, dass die SS mit der Gestaltung sehr zufrieden war und sie anderen Akteuren oder Institutionen präsentieren wollte. Sie waren nicht nur ein Beleg der Leistungsfähigkeit der SS-Raumgestalter, sondern auch der Werkstätten in den Konzentrationslagern, in denen, wie Kogon ausführt, Möbel, Einrichtungsgegenstände und sonstiger »Luxusbedarf der SS-Führer« produziert wurden.[10]

Über die Jahre waren die vielen spezialisierten Werkstätten in Buchenwald enorm angewachsen. 1940 wurden sie mit den Werkstätten der anderen KZs in einer SS-eigenen GmbH, den Deutschen Ausrüstungswerken, zusammengefasst. In der Tischlerei Buchenwald, in der Ehrlich in der Aufbauphase gearbeitet hatte und in der inzwischen mehrere hundert Häftlinge beschäftigt waren, begann »die serienmäßige Anfertigung von Einrichtungen f. SS-Kasernen und Häftl.Lager«, berichtete der ehemalige Häftling Otto Horn. Es wurden aber auch »12 kompl. Zimmereinrichtungen für die Aufseherinnen« des Frauen-KZ Ravensbrück sowie »Luxusmöbel u. dergl.« produziert. Auch die Möbel »aus Edelhölzern« für das Gut Comthurey wurden hier angefertigt – ebenso wie die Einrichtung für das »Führerheim K.L. Auschwitz«.[11]

Als Beispiel für seine Aktivität im Widerstand während seiner Zeit als Angestellter in der SS-Zentrale in Berlin nannte Ehrlich »Designer für die Häftlingszwangsarbeit« und »Aufbau einer Organisation durch die deutschen Ausrüstungswerke zur Aufnahme aller gefährdeten politischen Häftlinge«.[12] Seiner Darstellung nach setzte er also das fort, was er schon im KZ gemacht hatte: Durch seine Entwürfe und die Weckung von Konsumwünschen bei der SS wollte er KZ-Gefangenen Arbeitsplätze in den Werkstätten sichern, wo ihre Überlebenschancen höher waren als in anderen Arbeitskommandos oder Außenlagern.

Mit welchen Aufgaben Ehrlich neben dem Gut Comthurey und dem SS-Personalhauptamt während seiner zweijährigen Tätigkeit für die SS befasst war, ist unbekannt. Es gibt noch ein paar Entwürfe für Ferienhäuser und Ähnliches, die man dieser Phase zuschreiben kann, mehr nicht. Auch die schriftlichen Äußerungen sind sehr rar.

Zudem sind die wenigen Dokumente in Ehrlichs Nachlass die einzigen Quellen, sonstige aussagekräftige archivalische Überlieferungen sind für diese Zeit bisher nicht bekannt. Es gibt also nur die Pläne, Entwürfe und Ideenskizzen, die Ehrlich von seinen Arbeitsplätzen mit nach Hause nahm und nehmen durfte, weil sie nicht der militärischen Geheimhaltung unterlagen. Anscheinend waren sie ihm dennoch wichtig, denn sie dokumentierten sein gestalterisches und architektonisches Schaffen.

So könnte man auf Grundlage der Fülle von über 160 Ideenskizzen, Entwurfs- und Ausführungszeichnungen, die er für die SS angefertigt und zeitlebens in seinem Archiv verwahrt hat, zu dem Schluss kommen, dass Franz Ehrlich in Berlin zwar als Innenarchitekt für die SS tätig war und schöne Möbel für sie entwarf, aber mit ihren Verbrechen nichts zu tun hatte.

Neuordnung Europas

Aber das ist nicht die einzige mögliche Interpretation. Zwar liegen keine Pläne, Skizzen oder Akten vor, aus denen sich eine tiefere Verstrickung Ehrlichs in die Verbrechen des SS-Bauwesens ableiten lassen, die von Ehrlich dokumentierten Innenausbauten können jedoch kaum seine Arbeitszeit in der SS-Zentrale ausgefüllt haben – insgesamt verblieb er dort zwei Jahre. Dass sich in seinem Nachlass keine inkriminierenden Pläne finden, ist nicht verwunderlich. Schließlich ist es sehr unwahrscheinlich, dass Ehrlich Derartiges hätte an sich nehmen können und dann auch noch zeit seines Lebens bei sich zu Hause aufbewahrt hätte. Die Bauakten der überwiegenden Mehrheit der Konzentrationslager wie auch die Unterlagen des SS-Bauwesens gingen größtenteils kriegsbedingt verloren. Es stellt sich weiterhin die Frage, ob Ehrlich noch mit anderen Vorhaben der SS – beispielsweise dem Bau weiterer Konzentrations- und Vernichtungslager – in Berührung kam.

Das SS-Wirtschaftsverwaltungshauptamt (WVHA), Ehrlichs Arbeitsplatz, war ein zentraler Akteur der von den Nationalsozialisten angestrebten »Neuordnung Europas«. Mit dem Überfall auf die Sowjetunion am 22. Juni 1941 begann die Besiedlung des »neuen Ostraums«, wie die besetzten sowjetischen Gebiete genannt wurden. Das SS-Hauptamt Haushalt und Bauten, eine Vorgängerinstitution des WVHA, war von Anfang an in die umfangreichen Planungen involviert und eine Art Avantgarde der Kolonialisierung. Im Fokus des SS-Bauwesens standen zunächst Kriegsgefangenenlager sowie SS- und Polizeistützpunkte. Mit diesen »Wehrburgen, Wehrplätze[n] und Wehrposten«[13] wollte die SS die schrittweise »Eindeutschung« der eroberten Gebiete absichern. Zur Durchführung der unzähligen großen Bauvorhaben sollte wiederum die Arbeitskraft von Gefangenen ausgebeutet werden.[14] »Sonderbeauftragter für die Errichtung von Kriegsgefangenenlagern bei der Zentralen Bauinspektion der Waffen-SS und Polizei in Lublin« wurde Wolfgang Grosch,[15] unter dem Ehrlich im Baubüro Buchenwald gearbeitet hatte. Groschs Aufgabe bestand darin, schnellstmöglich Lager in Lublin-Majdanek und Auschwitz-Birkenau zu errichten. Innerhalb kürzester Zeit explodierten die Planungen: Waren im Sommer 1941 noch Lager für 25 000 bis 50 000 Gefangene vorgesehen, wurde Ende 1942 mit einer Belegungsstärke von 200 000 Häftlingen für Birkenau und 150 000 für Majdanek geplant.[16]

Vorher unbedeutende Architekten machten in der SS steile Karrieren und wurden Generalplaner in den zu kolonialisierenden Gebieten Osteuropas.[17] Robert Riedl, unter dem Ehrlich im Baubüro Buchenwald gearbeitet hatte, wurde Leiter der Bauinspektion Russland-Mitte, Fritz Blaschek, der Leiter des Amtes »Künstlerische Fachgebiete« im SS-Wirtschaftsverwaltungshauptamt und damit Chef von Ehrlich, ging Mitte 1942 nach Riga, wo er die Planung der Stützpunkte für Polizei und SS vorantreiben sollte. Die Abteilung, der Ehrlich offiziell zugeordnet war, war auch für alle die Besiedlung der besetzten Gebiete betreffenden Fragen – von der Stadtplanung bis zur Innenarchitektur – verantwortlich. Blaschek galt als Siedlungsexperte der SS. Und Fritz Ertl, Kommilitone von Ehrlich am Bauhaus, verantwortete als stellvertretender Chef der SS-Zentralbauleitung in Auschwitz den Hochbau, bis hin zum Bau der Gaskammern. (Zweck-)Rationalität, Funktionalität, Effektivität – Tugenden der Moderne, die auch beim Bau von Konzentrations- und Vernichtungslagern und bei der »Neuordnung« eines ganzen Kontinents nützlich waren.

War Ehrlich in Bauvorhaben dieser »Neuordnung« involviert? In einem Fragebogen der SED behauptete er 1947, nach seiner Entlassung aus dem KZ »Verbindungsmann aller KZ untereinander«[18] gewesen zu sein. Damit meinte er wohl, dass er den kommunistischen Widerstand zwischen den verschiedenen KZs koordinierte. Wahrscheinlich stand er mit Werkstätten in Sachsenhausen und Buchenwald in Kontakt, die die von ihm entworfenen Inneneinrichtungen produzierten. Was aber meinte er mit »aller KZ« – war er auch am Aufbau der KZs im Osten beteiligt? Dafür spricht sowohl die Verbindung zu Grosch als auch der Umstand, dass Ehrlichs Abteilung unter anderem für die innenarchitektonische Gestaltung und Möblierung von Wohn- und Gemeinschaftsräumen der SS verantwortlich war. In der Abteilung, die neben Ehrlich nur zwei weitere Mitarbeiter hatte, wurden auch, wie der Architekturhistoriker Robert Jan van Pelt meint, verschiedene Inneneinrichtungen für das KZ Ausschwitz geplant.[19] Und der ehemalige Häftling Otto Horn, der in der Tischlerei in Buchenwald Zwangsarbeit geleistet hatte, berichtete, dort sei die Einrichtung für das Führerheim im KZ Auschwitz hergestellt worden.[20]

Mittels einer weiteren, ebenfalls nur kurzen schriftlichen Äußerung von Ehrlich kann man die Interpretationskette weiter ausbauen. Die Stelle findet sich in einem undatierten Text, in dem Ehrlich unter anderem von ersten Tötungsversuchen durch Lagerärzte und von »fahrbaren Krematorien« der Erfurter Firma Topf & Söhne berichtet, die zur »Liquidierung von ganzen Gemeinden in Polen bestimmt sind«.[21] Das Papier ist dünner und stärker vergilbt als das der autobiografischen Darlegungen aus den späten siebziger und frühen achtziger Jahren. Möglicherweise stammt der Bericht aus den Fünfzigern, als Ehrlich unter großem Rechtfertigungsdruck stand. Von besonderem Interesse ist das Ende des Textes – mit dem er offensichtlich seine Widerstandtätigkeit in der SS-Bauzentrale veranschaulichen wollte. Er schreibt: »Größtmögliche Verhinderung des Baues von Vernichtungsanlagern während der Zeit bis 1943, Verhinderung bis zu diesem Zeitpunkt aller systematischen Vernichtung.«[22] Wie er das erreicht haben will, erläutert Ehrlich nicht. Aber der Bericht belegt, dass er damals angab, Einblicke in, ja sogar Einflussmöglichkeiten auf die Vernichtungsmaschinerie gehabt zu haben. Gut möglich, dass er nach dem Krieg versuchte, durch derartige Behauptungen seine Tätigkeit im SS-Bauwesen der Erzählung vom antifaschistischen Widerstandskämpfer anzupassen. Dennoch konterkariert die Behauptung sein Narrativ vom »Zivilhäftling«, der für die SS gezwungenermaßen innenarchitektonische Projekte realisieren musste. Wer nur gehobene Innenausstattung plant, kann nicht – wie auch immer – den Bau von Vernichtungsanlagen verhindern. In einem anderen Zusammenhang erklärte Ehrlich direkt nach dem Krieg, dass er in seiner »letzte[n] Stellung«, also im SS-Bauwesen, »im Range eines Oberregierungsrates« gearbeitet habe – eine in der Hierarchie der staatlichen Verwaltung mit Verantwortung und Entscheidungsbefugnis verbundene Position.[23]

In einem Mitte der siebziger Jahre verfassten Lebensbericht findet sich eine weitere merkwürdige Passage.[24] Eigentlich handelt das fünfseitige Dokument von Ehrlichs ersten vier Monaten in Buchenwald und endet Weihnachten 1937. Völlig unvermittelt berichtet er dann jedoch im letzten Absatz über die »Ausarbeitung von Polizei- und SS-Stützpunkten in der Sowjetunion«. Diese Gebäude sollten, so Ehrlich, »durch KZ-Häftlinge […] realisiert werden«. Weiter heißt es, dass »3 verschiedene Stützpunkte« ausgearbeitet worden seien, »die kurioser Weise nach den Vorstellungen der SS in altrussischer Bauweise, nämlich als Blockbauten, ausgeführt werden sollten. Sie glichen aber mehr amerikanischen Forts, wie sie in Indianerfilmen zu sehen sind.«

Im Kontext dieses Augenzeugenberichtes, in dem er über mehrere Seiten selbst Erlebtes schildert, erscheint es unwahrscheinlich, dass Ehrlich am Ende Gerüchte kolportierte oder Erfahrungen von Dritten referierte. Plausibel wäre, dass er an den Planungen dieser »Blockbauten« beteiligt war. Gerade weil die Stelle, an der er über diese SS-Planungen im Osten berichtet, aus dem Zusammenhang fällt – eigentlich handelt der Text von Buchenwald 1937 –, scheint es, als würde sich bislang Unsagbares bahnbrechen – im Sinne von Hannah Ahrends berühmtem Satz: »Da ist irgend etwas passiert, womit wir alle nicht fertig werden.«[25] Es erscheint vorstellbar, dass Ehrlich an den Tatorten des Holocaust arbeitete oder zumindest zeitweise anwesend war. Aber das sind Spekulationen aus dem Hier und Heute.

Wie tief Ehrlich in die Planung der nationalsozialistischen Vernichtungsmaschine verstrickt war, wissen wir nicht. Zumindest war er durch seine Tätigkeit in Buchenwald für die Planung und den Bau von Konzentrations- und Vernichtungslagern qualifiziert. Dass er über seine Arbeit für die SS nie detaillierter Rechenschaft abgelegt hat, eröffnet Raum für Mutmaßungen. Diese Unschärfe schwebte später wie ein Damoklesschwert über ihm.

IM STRAFBATAILLON 999

1943 wird Franz Ehrlich als »bedingt wehrwürdig« in die Strafdivision 999 eingezogen und in Griechenland stationiert. Dort beteiligt er sich, seinen Erzählungen nach, an Planungen für einen Aufstand. 1945 wird ihm das Eiserne Kreuz verliehen.

Bataillonszeichner

Nach dem Scheitern der Blitzkriegsstrategie und den Verlusten der Wehrmacht an der Ostfront wurden alle verfügbaren Kräfte mobilisiert. Ab Oktober 1942 wurden auch bis dahin als »wehrunwürdig« eingestufte Männer einberufen. Als »wehrunwürdig« galt unter anderem, wer zu einer Zuchthausstrafe verurteilt worden war – selbst wenn er diese bereits verbüßt hatte.[1] In der Mehrzahl handelte es sich dabei um politische Straftäter und, wie man damals sagte, »Berufsverbrecher«. Für die nun zu »bedingt wehrwürdig« erklärten Rekruten stellte die Wehrmacht die Strafdivision 999 als Sonderverband des Heeres auf. Ehrlichs Bruder Willi war bereits im November 1942 eingezogen worden, er selbst erhielt ab Februar 1943 seine militärische Ausbildung zum Schützen, dem niedrigsten Mannschaftsgrad der Infanterie.[2] Mit seiner Einheit, dem IV. Bataillon 999, wurde er in Amaliada im Nordwesten des Peloponnes stationiert.

Ehrlichs Berichte über seinen Dienst im Strafbataillon 999, wo er als Melder und Zeichner beim Bataillonsstab eingesetzt wurde, weisen ähnliche Widersprüchlichkeiten auf wie seine Angaben zu seiner Zeit bei der SS. Als Soldat im Strafbataillon 999 gab es mehrere Möglichkeiten für Widerstand: die Wehrkraft von innen zersetzen, militärische Aktionen sabotieren oder zu den Partisan:innen überlaufen. Zudem sollten sich antifaschistische Soldaten möglichst viel militärisches Wissen aneignen, um für einen kommenden Aufstand gerüstet zu sein.

Ehrlichs Selbstdarstellung nach dem Krieg entsprach dem später in der DDR üblichen Narrativ vom antifaschistischen 999er. Er beschrieb sich als äußerst kompetenten Soldaten, der durch »besonderen Divisionsbefehl mit der Bearbeitung der taktischen Aufgaben des IA beauftragt« worden sei.[3] »Ia« war in der Wehrmacht die Bezeichnung für den ersten Generalstabsoffizier – also eine weit höhere Position als die eines einfachen Schützen. Durch seine Tätigkeit im Stab habe er »den taktischen Einsatz aller Waffen einer Division beherrschen gelernt. Meine erworbenen Kenntnisse darüber waren so umfangreich, dass ich vom Kommandeur wiederholt zum Offiziers-Unterricht eingesetzt wurde.«[4] Detaillierte Beschreibungen des Unterrichts für die Offiziere oder von dessen Inhalt blieb Ehrlich allerdings ebenso schuldig wie tiefer gehende Ausführungen zu seiner Rolle als »Ia« und als »Begleiter des Kommandeurs«. Glaubwürdig ist seine Aussage, dass er »mit Marschkompaß und Schrittmaßen eine Karte des Verteidigungsbereiches« angefertigt habe.[5]

Mit seiner Arbeit waren seine Vorgesetzten offensichtlich sehr zufrieden, er wurde zum Oberschützen befördert. Durch herausragende Leistungen habe er sich eine Vertrauensstellung beim Kommandeur erarbeitet. Diesen Status habe er nicht zur Verbesserung der eigenen Situation angestrebt, sondern um einen Aufstand der 999er vorzubereiten, so Ehrlich. Seine proaktive Eingliederung in die Wehrmacht und sein Andienen bei den Offizieren sei also – wie schon die Tätigkeit bei der SS – nicht Opportunismus, sondern nur Täuschung und Tarnung gewesen.

Antifaschistischer Aufstand

Im Frühjahr 1944 planten Soldaten des Strafbataillons 999 gemeinsam mit Partisan:innen auf der Peloponnes einen Aufstand. Die antifaschistischen Wehrmachtsangehörigen bildeten auf mehreren Stützpunkten konspirative Gruppen; Ziel war die Befreiung der Halbinsel. Ehrlich schrieb sich dabei nach dem Krieg eine zentrale Rolle zu. So habe er mit Werner Illmer, dem Kopf des Aufstandes, und Franz Scheider,[6] dem Fahrer des Kommandeurs, eine Dreiergruppe gebildet. Um als Bataillonszeichner Kartenmaterial zu erstellen, habe er sich »relativ frei« im Verteidigungsgebiet bewegen können und sei oftmals mit Scheider im Auto des Kommandeurs unterwegs gewesen. Illmer, der im Januar 1944 zu den Partisan:innen übergelaufen war, habe als Verbindungsmann fungiert.[7]

Initialzündung des Aufstandes sollte, erläuterte Ehrlich 1949 in einem Brief an den Landesvorstand der SED Sachsen, ein Überfall griechischer Partisan:innen »in den Bergen von Kap Trepitov« auf den Autokonvoi des »Divisionsgenerals« sein. Statt die Wagenkolonne zu verteidigen, wollten die antifaschistischen Soldaten die Attacke unterstützen. Der »Divisionsgeneral« sollte erschossen werden. Aufgabe von Ehrlich und dem Fahrer war es, den Kommandeur zu »liquidieren« und die »übrigen Begleitwagen […] in den Abgrund zu drängen«.[8] Im Anschluss hätten, so Ehrlich weiter, die eingeweihten Soldaten an den verschiedenen Stützpunkten Offiziere und Unteroffiziere entwaffnet oder »bei Widerstand« erschossen.[9]

Doch dazu kam es nicht. Die Aufständischen wurden Ende Mai 1944 verraten. »Ein Berufsverbrecher«, führte Ehrlich aus, »denunzierte sechs Genossen, darunter auch den Fahrer des Btl. Kommandeurs […]. In einer sofortigen Aktion wurden die sechs Genossen verhaftet und vom Kriegsgericht zum Tode verurteilt« und in Amaliada hingerichtet.[10]

Dass Ehrlich, so er denn zum Kern der Verschwörer gehörte, damals nicht aufflog, wirkt merkwürdig. Schließlich befand sich unter den sechs verhafteten und hingerichteten Genossen auch Scheider, mit dem Ehrlich laut seinen Angaben eine konspirative Zelle gebildet hatte und mit dem er sehr oft allein im Einsatzgebiet unterwegs gewesen war. Nach Scheiders Verhaftung muss Ehrlich zum engsten Kreis der Verdächtigen gehört haben. Allerdings soll keiner der in dem Feldkriegsgerichtsprozess angeklagten Soldaten »belastende Aussagen über Kameraden« gemacht haben, so der Historiker Hans-Peter Klausch.[11] Auch als Illmer einige Wochen später bei Amaliada aufgegriffen, verurteilt und hingerichtet wurde, fiel kein Verdacht auf Ehrlich.

Hinrichtungen wie die von Scheider und Illmer sollten die Truppe einschüchtern. Als weitere Disziplinierungsmaßnahme wurden im Sommer 1944 als »unzuverlässig« eingestufte Soldaten inhaftiert bzw. versetzt. Trotzdem liefen immer wieder antifaschistische Soldaten zu den griechischen Partisan:innen über. Ehrlich war nicht darunter – und er genoss offensichtlich weiterhin das Vertrauen des Stabes. Ende 1944 wurde seine volle Wehrwürdigkeit wieder hergestellt, und er bekam sogar das Kriegsverdienstkreuz verliehen, ein Orden, der an Soldaten für besondere Leistungen hinter der Front vergeben wurde. Eine solche Auszeichnung erfolgte immer auch im Hinblick auf die Wirkung in der Truppe, was nahelegt, dass aus Sicht der Wehrmacht an Ehrlichs Loyalität kein Zweifel bestand.

Möglicherweise war Ehrlich, obwohl er den Drahtziehern der Aufstandsplanung nahestand, nicht so tief in die Vorbereitungen involviert, wie er nach dem Krieg angab. Plausibel erscheint, dass er in der Nachkriegszeit die eigene Rolle überhöhte.[12] Die Vorteile liegen auf der Hand: Die SED bemühte sich um die Integration der 999er. Außerdem war die Widerstandsgeschichte ein gutes Gegengewicht zu seiner Verwicklung in die Bautätigkeit der SS. Und da seine vorgeblichen Mitverschwörer hingerichtet worden waren, konnten sie seine Geschichte später weder bestätigen noch anzweifeln.

Seine kurzen Darstellungen über das Strafbataillon lesen sich wie Husarenstücke. Die Kriegsrealität in Amaliada – Verbrechen an der Zivilbevölkerung, Erschießungen und das Abbrennen von Dörfern – kommt bei ihm nicht vor. Besondere Details zur Planung des Aufstands nennen seine Berichte nicht. Sie decken sich bis auf den angeblich geplanten Überfall auf einen Konvoi in den Bergen mit den Ausführungen anderer Zeitzeugen und der aktuellen Forschungsliteratur – nur dass Ehrlich als enger Mitverschwörer von Illmer und Scheider oder überhaupt als handelnde Person in diesen Quellen nicht vorkommt.

Ehrlich hatte also entweder sehr großes Glück, dass er nicht verraten und entdeckt wurde – oder er war an den Aufstandsplänen nicht direkt beteiligt.

Eisernes Kreuz und Antifa

Im Herbst 1944 zogen sich die Deutschen aus Griechenland zurück. Eigentlich, so Ehrlich, habe man auf dem Rückzug über den Balkan eine weitere »geschlossene Aktion« durchführen wollen, doch habe es »keine Neigung« mehr zu Aufstandsversuchen gegeben.[13] Stattdessen liefen einzelne Soldaten zu gegnerischen Truppen über. Während des gesamten Marsches wurde Ehrlichs Einheit immer wieder in Gefechte verwickelt. Die letzten Kriegsmonate verteidigte sein Verband eine Stellung an der heutigen Grenze zwischen Kroatien und Serbien. Franz Ehrlich erhielt als Meldeführer für seine Tapferkeit im Kampf das Eiserne Kreuz II. Klasse.[14]

Mit dem Ende des Krieges in Europa kam Franz Ehrlich im Mai 1945 in jugoslawische Kriegsgefangenschaft. Diese verbrachte er im Lager Pančevo in der Nähe von Belgrad.[15] Dort traf er beispielsweise Walter Breitmann wieder, mit dem er bis zu dessen Entlassung im November 1937 im KZ Buchenwald inhaftiert gewesen war. Breitmann berichtete später, Ehrlich habe im Kriegsgefangenenlager »an der Spitze des antifaschistischen Lageraktivs« gestanden.[16] Ehrlich selbst gab an, er habe in »Jugoslawien […] die Bewegung ›Wiedergutmachung durch deutsche Kriegsgefangene‹« organisiert.[17] Mit den anderen Kriegsgefangenen setzte er als »Wiedergutmachung« zerstörte Fabriken sowie Gleisanlagen und Bahnhöfe zwischen Belgrad und Zagreb instand. Seine Behauptung, sich dabei als Architekt eingebracht und die für die Arbeiten »notwendigen planerischen und bautechnischen Unterlagen« angefertigt zu haben, lässt sich nicht belegen. Wahrscheinlich war er einfach Vorarbeiter.[18] Als ein konkretes Beispiel seiner Tätigkeit im Rahmen der Wiedergutmachung nannte Ehrlich den Umbau einer – ehemaligen – Synagoge in Pančevo zu einem Theater.[19] Leider lieferte Ehrlich wiederum keine Details. Der Architekt Cveijetin Vidović, der seine Diplomarbeit über die *Virtuelle Rekonstruktion der Synagoge in Pančevo* vorlegte, berichtet, dass die Synagoge der Wehrmacht während des Kriegs als »militärisches Basislager« diente und bei der

Befreiung der Stadt schwer beschädigt wurde. In der Zeit nach dem Krieg sei sie »der Witterung so stark ausgesetzt [gewesen], dass sie allmählich in sich zusammenfiel«.[20] Von einem Umbau zum Theater weiß er nichts.

Ehrlich will einen Aufstand gegen die deutschen Offiziere vorbereitet haben und wurde von der Wehrmacht mit dem Kriegsverdienstkreuz ausgezeichnet. Für Tapferkeit im Kampf erhielt er das Eiserne Kreuz, als Kriegsgefangener war er führend im Antifa-Aktiv und der Wiedergutmachung. Laut seinen Schilderungen war er überall vorne mit dabei, aber die Einzelteile wollen nicht zusammenpassen. Ein zentraler Bestandteil seiner Strategie war, so scheint es, Hochstapelei. Aber zumindest hatte er so Zuchthaus, Konzentrationslager und Strafbataillon überlebt.

ANTIFASCHISTISCH-DEMOKRATISCHER AUFBAU

Ehrlich kehrt aus der Kriegsgefangenschaft nach Deutschland zurück. Er tritt in die SED ein und will als Architekt beim Aufbau einer neuen Gesellschaft mitwirken. Er wird Referent für Wiederaufbau in Dresden.

Opfer des Faschismus

Die Wohnung von Franz und Elisabeth Ehrlich in Berlin-Lichterfelde war bei einem Bombenangriff zerstört worden, einige Möbel und das Plakat der Bauhauswoche waren verbrannt. Elisabeth hatte in unmittelbarer Nachbarschaft eine neue Bleibe gefunden. Ob ihr Mann noch lebte, wusste sie nicht, den letzten Brief von ihm hatte sie im Februar 1945 erhalten.

Beim »Hauptausschuß ›Opfer des Faschismus‹« stellte sie einen Antrag auf finanzielle Unterstützung. Der Hauptausschuss war im Juni 1945 von ehemaligen Häftlingen in Berlin gegründet worden. Neben Kommunisten und Sozialdemokraten gehörten ihm auch Personen aus dem Umfeld des »20. Juli« sowie ein Vertreter des kirchlichen Widerstands an. Der Ausschuss legte im Auftrag des Magistrats Kriterien für die Anerkennung als »Opfer des Faschismus« (OdF) fest. Vorsitzender war der ehemalige Buchenwaldhäftling Ottomar Geschke, der außerdem Berliner Stadtrat für Sozialfürsorge war. Wie in Berlin wurden in vielen Städten und Gemeinden der sowjetischen Besatzungszone (SBZ) OdF-Ausschüsse gebildet, um die Anerkennungsanträge zu prüfen – und die damit verbundenen Unterstützungsleistungen freizugeben. Als Franz Ehrlich 1946 aus der jugoslawischen Kriegsgefangenschaft nach Berlin zurückkehrte,[1] stellte er ebenfalls einen Antrag auf Anerkennung als »Opfer des Faschismus«.

Die OdF-Anträge von Elisabeth (Juni 1945)[2] und Franz Ehrlich (Juni 1946)[3] sind aus mehreren Gründen interessant. Sein Antrag ist das erste Selbstzeugnis über seine Zeit im KZ Buchenwald. Jedoch weicht dieser in einigen Details von dem seiner Frau ab, die als etwaige Hinterbliebene vor allem Angaben zu ihrem Mann machen musste, auf dessen Status sich ihr Unterstützungsanspruch begründete. Während Elisabeth Ehrlich im Fragebogen unter »politische Organisierung vor 1933« lediglich seine Mitgliedschaft in der Gewerkschaft benannte und unter »sonstige Vereine und Organisationen« vermerkte, er sei in der Sozialistischen Arbeiterjugend (SAJ) »aktiv tätig« gewesen, bezeichnete er seine eigene Rolle in der SAJ bedeutsam als zweiter Vorsitzender.[4] Unter »antifaschistischer illegaler Arbeit nach 1933« gab er die Roten Falken, die SAJ und die Kommunistische Jugend an, während sie präziser und weniger aktivistisch »Reklame und Zeichnungen« für die KPD nannte. Auch andere Schilderungen der beiden stimmen nicht überein. So schrieb er über das Feld »Mitgliedschaft in nationalsozialistischen Organisationen« ein großes »NEIN«, während sie hier sowohl für sich als auch für ihn eine Mitgliedschaft in der Nationalsozialistischen Volkswohlfahrt aufgeführt hatte. Trotz der Unterschiede wurde in beiden Anträgen deutlich, dass Ehrlich als junger Mann am Bauhaus und auch während seiner Beteiligung am Widerstand in Leipzig eher der Sozialdemokratie nahegestanden hatte als dem Kommunismus. Er stellte sich zudem als engagierter dar, als er gewesen war. So wurde beispielsweise aus seiner zeitweisen Mitgliedschaft eine Führungsposition in der Leipziger SAJ.

Die Unterschiede in den beiden Fragebögen sind nicht allein verschiedenen subjektiven Sichtweisen geschuldet, sondern verweisen auf eine sich verändernde Anerkennungspraxis. Als Elisabeth Ehrlich den Antrag stellte, konnte sie noch davon ausgehen, dass ihrem Mann bzw. ihr als Hinterbliebene vorbehaltlos soziale Hilfsleistungen zustanden. Ein Jahr später hatte sich die Sicht auf die Opfer geändert. Deutlich wird dies in einer Richtlinie, die der Hauptausschuss bereits wenige Wochen nach seiner Gründung veröffentlichte:[5]

»Opfer des Faschismus« sind Millionen Menschen, […] die ihr Heim, ihre Wohnung, ihren Besitz verloren haben. »Opfer des Faschismus« sind die Männer, die Soldaten werden mußten […]. »Opfer des Faschismus« sind Juden, […] die Bibelforscher und »Arbeitsvertragssünder«. Aber soweit können wir den Begriff »Opfer des Faschismus« nicht ziehen. Sie haben alle geduldet und Schweres erlitten, *aber sie haben nicht gekämpft!*

In der Folge etablierte sich eine Anerkennungspraxis, die zwischen einfachen Opfern und politischen Kämpfern unterschied. Letztere sollten bevorzugt werden. An die Kämpfer, so die Richtlinie weiter, sollten strengere Maßstäbe angelegt werden. So sollte geprüft werden, ob die antragstellende Person in der Haftzeit eine »aufrechte antifaschistische Haltung« gezeigt habe und sich auch in der Gegenwart entsprechend gesellschaftspolitisch engagiere.[6] Der Hauptausschuss leitete aus dem Widerstand und dem deswegen erlittenen Leid einen moralischen Führungsanspruch der vormaligen politischen Häftlinge beim Aufbau der zukünftigen deutschen Gesellschaft ab. Dieser Anspruch wurde jedoch, wie der Historiker Christoph Hölscher konstatiert, weder von der »mit dem NS-Regime verstrickten Mehrheitsbevölkerung« noch von der »überwiegend aus ›Moskau-Kadern‹« bestehenden Spitze der SED gestützt.[7] Die Funktionshäftlinge gerieten unter Kollaborationsverdacht. Um den eigenen Führungsanspruch und das eigene Selbstverständnis nicht zu gefährden, thematisierten die ehemaligen Häftlinge die dem Überleben im Konzentrationslager dienenden Formen von Anpassung, Kooperation und Verstrickung nicht. Für Zwischentöne, Unschärfen und Widersprüche, wie sie sich nicht nur in der Biografie von Ehrlich finden, war im Nachkriegsdeutschland kein Platz. Franz Ehrlichs Antrags wurde stattgegeben, er erhielt einen roten OdF-Ausweis mit dem Aufdruck »Kämpfer«.

Kommunistischer Bauhaus-Architekt

In seinem OdF-Antrag musste Franz Ehrlich auch seine Tätigkeit im KZ benennen. Während seine Frau »Steinbruch« und »Zeichnungen angefertigt« angab, schrieb er »ARCHITEKT« in das vorgesehene Feld, selbstbewusst in Großbuchstaben. Diese berufliche Identität hatte er sich nicht am Bauhaus erarbeitet. Dort hatte er eine hybride Praxis zwischen Kunst und Dienstleistung, Objekt und Raum, individueller und kollektiver Autorenschaft kennengelernt. Nach seiner Zeit am Bauhaus hatte er als angewandter Künstler, Ausstellungsgestalter, Tischler und Helfer gearbeitet. In Leipzig war er – sowohl für den Verlag Otto Beyer als auch im Widerstand – als Grafiker tätig. Zum praktizierenden Architekten wurde er erst im KZ und im SS-Bauwesen.

Am anstehenden gesellschaftlichen Neuaufbau wollte Ehrlich sich als Architekt beteiligen. Doch er steckte in einem Dilemma, das in den nächsten Jahren wiederholt zu Tage treten sollte: Da er nicht Architektur studiert hatte, auch kein Diplom vom Bauhaus, geschweige denn von einer Technischen Hochschule vorweisen konnte, musste er auf seine praktische Berufserfahrung verweisen, um als Architekt Fuß zu fassen.

Dies tat er zum einen, indem er seine Zeit am Bauhaus und unmittelbar danach in Berlin architektonisch auflud. In Lebensläufen schrieb er fortan, dass er in den Ateliers von Hans Poelzig, Walter Gropius und Ludwig Mies van der Rohe tätig gewesen sei.⁸ Jedoch finden sich bei ihm fast keine Angaben darüber, wann genau und vor allem womit er in diesen Büros beschäftigt war. Anscheinend wollte er das Fehlen formaler Qualifikationen durch Erfahrungswerte und die Aufzählung großer Namen kompensieren und bauschte seine Tätigkeiten deshalb auf. Ähnlich verfuhr er auch mit der Episode studio Z. So schrieb er 1948, er habe in Berlin zu einer »proletarische[n] Künstlergruppe« gehört,⁹ vermutlich, um auf diese Weise der gescheiterten Selbstständigkeit wenigstens einen politisch opportunen Anstrich zu geben.

Zum anderen musste er seine im Baubüro und später bei der SS in Berlin erworbenen Erfahrungen so darstellen, dass er damit für seine Kompetenzen als Architekt werben konnte, immerhin war er in Buchenwald tatsächlich an Planungen im städtebaulichen Maßstab beteiligt und hatte mehrere Gebäude realisiert. Hier drohte nun aber die Gefahr, dass er wie ein Kollaborateur oder Mittäter wirkte. Um seine Tätigkeit von 1939 bis 1943 zu kommunizieren, fasste er diesen Zeitabschnitt in Lebensläufen oftmals mit dem Begriff »Zivilhäftling« zusammen. Seine Anstellung im SS-Wirtschaftsverwaltungshauptamt in Berlin von 1941 bis 1943 wies er dabei nicht aus, sondern subsumierte sie unter »Innenministerium«,¹⁰ fasste den kompletten Zeitraum 1939-1943 unter »KZ Buchenwald« zusammen¹¹ oder sprach verschleiernd von: »Okt. 1939 Entlassung, Architekt in Berlin, Mitarbeit in der Widerstandsbewegung«.¹² Seine militärischen Auszeichnungen erwähnte er zwar noch direkt nach dem Krieg,¹³ später verschwieg er sie.¹⁴

Darüber hinaus erfand er sich eine kommunistische Vergangenheit und behauptete nach dem Krieg, bereits 1930 am Bauhaus in die KPD eingetreten zu sein.[15] Ehrlich wandte also erneut die im KZ erlernte Strategie des Täuschens und Übertreibens an, um sich eine gute Ausgangsposition beim Aufbau der neuen Gesellschaft zu schaffen. Er stilisierte sich zum kommunistischen Bauhaus-Architekten und wurde dabei zum Hochstapler.

Da Ehrlich zu den ersten Rückkehrern aus der Kriegsgefangenschaft zählte – die kommunistische Regierung Jugoslawiens hatte Antifaschisten bevorzugt entlassen –, wurde er direkt nach Ankunft in Berlin von Franz Dahlem, dem Kaderchef der im April 1946 durch eine Vereinigung von SPD und KPD gegründeten SED, empfangen. Ehrlich hinterließ anscheinend einen positiven Eindruck, denn als er kurz darauf in die Partei eintrat, wurde für ihn eine Kaderakte beim Parteivorstand angelegt, das heißt, die SED-Führung ging davon aus, dass er als Funktionär beim Wiederaufbau Deutschlands eine wichtige Rolle einnehmen würde. Im acht Tage nach dem OdF-Antrag ausgefüllten »Fragebogen zur Aufnahme als Mitglied in die SED« gab er an, eine Großstadt für 500 000 Einwohner aufbauen und eine Bau- oder Kunsthochschule leiten zu wollen. Der Parteiapparat hielt das für realistisch. Auf Ehrlichs Antrag ist notiert: »Geeignet als Stadtbaurat in Großstadt ½ – 1 Million Einwohner«.[16]

Neustart in Dresden

Der »totale Krieg« hatte in Deutschland riesige Trümmerlandschaften zurückgelassen. Die Innenstädte von Chemnitz, Dresden, Essen, Frankfurt am Main, Köln oder Magdeburg waren durch Bombenangriffe der Alliierten zu mehr als 80 Prozent zerstört. In vielen deutschen Großstädten wurde der Wiederaufbau vorbereitet.[17] Es herrschte geradezu ein Wettbewerb zwischen den Planungsämtern. Die grundsätzliche Frage war, ob die alten Stadtstrukturen beibehalten und historische Gebäude sowie Ensembles rekonstruiert oder ob eine neue Struktur nach modernen und funktionalen Gesichtspunkten geschaffen werden sollte.[18] Grundlage dafür waren vielerorts die Überlegungen des von Albert Speer im Jahr 1943 ins Leben gerufenen »Arbeitsstabes für den Wiederaufbau bombenzerstörter Städte«. Dieser hatte sich für eine aufgelockerte und weiträumige grüne »Stadtlandschaft« als urbanes Zukunftsbild ausgesprochen. Aber auch Visionen aus der Zeit vor 1933 wurden im Nachkriegsdeutschland wieder aufgegriffen – von der eher kleinmaßstäblichen, fast ruralen Gartenstadt bis hin zur modernistischen Metropole.

Ganz grundsätzliche Vorstellungen von Stadt, Zusammenleben und Eigentum standen sich gegenüber: Sollte die dichtbebaute und funktionsgemischte Stadt wiederhergestellt werden, oder sollten Wohnen und Arbeiten voneinander getrennt werden, wie es viele moderne Stadtvisionen vorsahen? Sollten die Menschen in kleinen Siedlerhäusern auf »eigener Scholle« leben oder eher in Punkthochhäusern mit gemeinschaftlich genutzten Grünflächen und Parks dazwischen, wie es zum Beispiel Le Corbusier 1925 im *Plan Voisin* für Paris vorgeschlagen hatte? Sollte das Privateigentum an Grund und Boden weiterbestehen oder sollte es – im Interesse aller Bewohner:innen – an die Kommunen oder gemeinnützige Genossenschaften übergehen? Sollten Einzelpersonen die Stadt wieder aufbauen oder der Staat dafür verantwortlich sein?

In der Debatte um den richtigen Städtebau nahm die alte Reichshauptstadt eine herausgehobene Stellung ein. Trotz der Aufteilung Berlins in vier Besatzungszonen war die dauerhafte Teilung keine beschlossene Sache und der im Mai 1945 von den Sowjets eingesetzte Magistrat – zumindest bis 1948 – für die gesamte Stadt zuständig. In seinem Auftrag entwickelte das »Planungskollektiv« um den Stadtbaurat Hans Scharoun einen radikalen Entwurf für den Neuaufbau. Statt die zerstörte Metropole auf dem historischen Grundriss wiederaufzubauen, schlug der sogenannte »Kollektivplan« eine völlig neue urbane Struktur vor, die in organischem Bezug zu ihrer natürlichen Umgebung stehen sollte. Diese durchgrünte und aufgelockerte Bandstadt sollte entlang der Spree verlaufen und die Landschaft des Urstromtals sowie Spree und Havel in das Stadtbild einbeziehen. Die zu errichtenden Quartiere sollten durch ein Netz von Schnellstraßen miteinander verbunden, Arbeiten und Wohnen voneinander getrennt werden. Vom historischen Berlin wären nur symbolträchtige Bauten, Ensembles und einzelne Straßenzüge bestehen geblieben wie beispielsweise das Charlottenburger Schloss sowie Unter den Linden, Museumsinsel und Stadtschloss. Der Kollektivplan nahm wegen seiner Radikalität und der Bedeutung von Berlin eine Sonderstellung ein, ist aber zugleich Ausdruck einer generellen Strömung der Zeit. Die kriegsbedingte Zerstörung wurde von vielen modernen Architekt:innen als Chance wahrgenommen. Die urbanen Visionen, die sie – nicht nur am Bauhaus, sondern in ganz Europa – in den zwanziger und frühen dreißiger Jahren erdacht oder erträumt hatten, konnten nun Wirklichkeit werden.

Auch Franz Ehrlich wollte Städte bauen. Allerdings wurde ihm von der Partei zunächst nicht die erhoffte Stelle als Stadtbaurat angeboten, sondern lediglich eine Tätigkeit als Redakteur bei der Tageszeitung *Neues Deutschland*, dem Zentralorgan der SED. Auf dem Gebiet der SBZ gab es nur drei Großstädte mit 500 000 oder mehr Einwohner:innen: Berlin, Leipzig und Dresden. Ehrlichs Chancen waren also gering.

Eine Möglichkeit eröffnete sich dann in Dresden, denn im Juni 1946 verstarb der dortige Stadtbaurat. Zwei ehemalige Buchenwaldhäftlinge setzten sich vor Ort für ihn ein. Walter Breitmann war ebenfalls im Kriegsgefangenenlager Pančevo gewesen und inzwischen persönlicher Referent des Vorsitzenden der Landesleitung der SED in Sachsen. Egon Rentzsch, der wie Ehrlich in Buchenwald im Baubüro gearbeitet hatte, amtierte nun als Kulturstadtrat der sächsischen Hauptstadt. Er brachte Ehrlich bei

Walter Weidauer, damals Erster Bürgermeister und damit Stellvertreter des Oberbürgermeisters, in Position.[19]

Weidauer trat für eine Neugestaltung Dresdens nach modernen Gesichtspunkten ein. Dafür hatte er bereits im Januar 1946 den »Großen Dresdner Aufbauplan« ausgerufen und einen für alle Bevölkerungsschichten offenen Ideenwettbewerb mit einem Preisgeld von 100000 RM ausgelobt, dessen Ergebnisse in der Bauausstellung *Das neue Dresden* präsentiert wurden.[20] Weidauer wollte »die beiden extremen Pole der Wiederaufbaupläne, nämlich Restaurierung des Gewesenen und die Phantasieprodukte einer amerikanischen City«, so präsentieren, dass die Bevölkerung den Eindruck gewinnen sollte, »daß beide Richtungen falsch sind«.[21] Für das zukünftige Dresden wünschte er sich stattdessen:

> Keine Paläste für die Reichen und Hütten für die Armen, sondern Demokratie auch im Wohnungsbau. Je besser und zweckmäßiger der Mensch wohnt und lebt, um so größer seine Leistungsfähigkeit. Nicht eine Residenzstadt mit ihrem starken parasitären Einschlag, sondern eine Stadt der Arbeit, der Kultur, des Wohlstandes f ü r a l l e [Hervorhebung i.O.] muß Dresden werden.[22]

Im September 1946 engagierte Weidauer Franz Ehrlich als »Referenten für Wiederaufbau«, die Position als Stadtbaurat wurde ihm in Aussicht gestellt. Außerdem erhielt Ehrlich die Zusage, zusätzlich mit Bauprojekten beauftragt zu werden. Ehrlich zog mit seiner Frau in die Stadt, in der er für den Rest seines Lebens seinen Hauptwohnsitz haben sollte.

Ehrlich fand sich in seine Rolle als Referent nie wirklich ein. Er war ein, wie man umgangssprachlich sagen würde, Schlitzohr, hielt sich nicht immer an das formale Prozedere, versuchte, sich mit informellem Vorgehen Vorteile zu verschaffen oder Möglichkeitsräume zu eröffnen. Egon Rentzsch, sein Dresdner Förderer, warnte ihn unter Anspielung auf den damals zwar berühmten, von der SED aber wegen angeblicher Unzuverlässigkeit gering geschätzten Sozialisten und Hochstapler Harry Domela, in Dresden müsse »unbedingte Ehrlichkeit oberste Richtschur« sein.[23] Domela hatte sich in der Weimarer Republik als Enkel des letzten deutschen Kaisers ausgegeben, wurde in den zwanziger Jahren nach einer wegen Betrugs verbüßten Haftstrafe als Held gefeiert,[24] floh vor den Nationalsozialisten aus Deutschland und kämpfte auf republikanischer Seite im Spanischen Bürgerkrieg. Nach dem Krieg lebte er verarmt und staatenlos in Venezuela. Rentzsch wird gewusst haben, warum er Ehrlich auf Domela hinwies.

Konflikte waren von Anfang an vorprogrammiert. Ehrlichs Aufgabe war zunächst profan: Er hatte sich um die Enttrümmerung des Stadtgebietes sowie die Sicherung und Instandsetzung der noch bestehenden Gebäude zu kümmern. Damit verbunden war jedoch die Frage nach der Zukunft – Neubau oder Rekonstruktion? Dresden war sehr konservativ. Die Wiederherrichtung der historischen Altstadt stand für viele an erster Stelle. Für Ehrlich war das keine Option, nicht zuletzt, weil völlig unklar war, für was Zwinger, Gemäldegalerie, Hofkirche und Schloss im neuen Dresden genutzt werden sollten.

Ein Gegenspieler von Ehrlich war Kurt W. Leucht. Als Ehrlich in Dresden anfing, war Leucht Mitarbeiter im Stadtplanungsamt. Er kam nicht aus dem antifaschistischen Widerstand, sondern war ein Opportunist. Schon 1933 war er der NSDAP beigetreten, 1934 hatte er sich freiwillig zur Reichswehr gemeldet. In der NS-Zeit arbeitete er für Ernst Sagebiel, einen der wichtigsten Nazi-Architekten, und wirkte unter anderem bei der Planung des Flughafens Tempelhof in Berlin mit. 1945 erkannte er den Geist der Zeit und trat in die KPD ein.

Ehrlich ging es bei der Frage um Wiederaufbau und Rekonstruktion um eine politische Grundsatzentscheidung, weil er Architektur als ein »Mittel gesellschaftlicher Umformung« verstand: »Wiederaufbau einer in sich zusammengestürzten Gesellschaft oder Aufbau einer neuen Gesellschaft«.[25] Zwar bestritt er nicht, dass einzelne historische Bauten in Dresden, der Zwinger und die Hofkirche, erhaltenswert seien, aber er hielt andere Aufgaben zunächst für wichtiger, schließlich war die Stadt großflächig zerstört und befand sich in einer ökonomischen Notlage. Weil Bauen der »Verbrauch gesellschaftlich gezeugter Güter, gesellschaftlich gezeugten Kapitals und die Inanspruchnahme von Grund und Boden«,[26] also immer eine Frage von »Kohle, Kohle, Kohle« sei,[27] wollte er die verfügbaren Mittel nutzen, um etwas zu bauen, das der angestrebten zukünftigen Gesellschaftsordnung entsprach – also eine moderne Stadt. Und am liebsten wollte er diese Stadt auch selbst mitentwerfen, schließlich verstand er sich als Gestalter, nicht bloß als Referent eines Bürgermeisters. Doch damit wollte er mehr, als ihm zugedacht war.

Aufbaudirektorium

Insgesamt blieb die (politische) Realität weit hinter Ehrlichs Vorstellungen zurück, die Planungen kamen ihm zu langsam voran, waren zu zaghaft und zu konservativ. Ende 1946 schlug er deshalb dem zum Oberbürgermeister aufgestiegenen Weidauer vor, ein »Aufbaudirektorium« zu gründen, das als zentralistische Planungsstelle die am Stadtaufbau beteiligten Akteure »untereinander abstimmen und gegebenenfalls führen« solle, um zu einem »planend[en] Ordnen von Wirtschaft, Arbeit, Wohnen, kultureller Erholung, Hygiene, Verkehr« zu kommen.[28]

Das von Ehrlich erdachte Direktorium sollte in verschiedenen Skalierungen planen und ausführen sowie die Verteilung von Baustoffen, Energie und Arbeitskräften koordinieren. Seine Planungshoheit sollte sich nicht auf die Stadt Dresden begrenzen, sondern den die Stadt umgebenden Großraum mit einschließen. Ehrlich schwebte »keine Behörde« vor, sondern »eine Konzentration von Kräften [...], die planend, lenkend und eingreifend den Überblick über das Gesamte nicht verliert, Schwerpunkte erkennt, sie bildet und so den Aufbau immer wieder neue Impulse gibt«.[29]

Dem von Ehrlich erdachten Direktorium lag ein totaler Gestaltungsanspruch zu Grunde. Dieses großmaßstäbliche und vielschichtige Verständnis von Planung hatte er nicht am Bauhaus kennengelernt, sondern im SS-Wirtschaftsverwaltungshauptamt. Sein Erfahrungshintergrund schlug sich dabei sowohl in den Inhalten als auch in der von Ehrlich vorgeschlagenen Organisationsform nieder. Im Direktorium sollten weder derjenige, »der durch Wahlen zufällig über Mittel zu entscheiden hat«, noch Einzelmeinungen oder Partikularinteressen über »eine Baugestaltung bestimmen«, sondern der »gesellschaftlichen Nutzen« maßgeblich sein.[30] Wie dieser zu bestimmen sei, ließ er offen. Ehrlich präferierte eine expertokratisch-autoritäre Vorgehensweise, die den Herrschaftsstrukturen der SBZ entsprach. Von Bürgerbeteiligung beim Aufbau der zerstörten Stadt, wie Weidauer es mit seinem *Volkswettbewerb* und der Bauausstellung *Das neue Dresden* propagiert hatte, hielt Ehrlich anscheinend nicht viel.

Der autoritäre Charakter des Aufbaudirektoriums erinnert an Instrumente der Kriegswirtschaft, wie Ehrlich sie im SS-Bauwesens kennengelernt hatte und die das Bauen ebenfalls einem behaupteten »gesellschaftlichen Nutzen« untergeordnet hatten. Man kann sich gut vorstellen, dass Franz Ehrlich sich als Chef des von ihm skizzierten Direktoriums sah. Fast alle organisatorischen Vorschläge, die er in seiner Karriere machte, mündeten in Stellenbeschreibungen für ihn selbst. So zeigt die Initiative für das Aufbaudirektorium, wie die Prägekraft der Systeme über ihr Bestehen hinauswirkt. Die Totalitätsmaschine schrieb sich in Ehrlich fort, auch wenn die politischen Rahmenbedingungen und das Ziel sich geändert hatten. Das Aufbaudirektorium wurde allerdings nicht realisiert. So autoritär, wie Ehrlich es sich wünschte, war die SBZ nicht.

Erziehung neuer Gestalter

Ehrlich dachte über weitere zu gründende Institutionen nach. So forderte er beispielsweise von der Stadt die Einrichtung eines Fortbildungsinstituts, weil die Mitarbeiter:innen von »den 12 Jahren des Hitler-Regimes so stark belastet« seien, »dass das für die neuen Aufgaben […] [notwendige] Denken erst wieder herausgeschält werden« müsse.[31]

Im Herbst 1946 schlug er der Hochschule für Werkkunst Dresden die Gründung einer »Lehrwerkstatt für Wiederaufbau« vor. Will Grohmann, der in den zwanziger Jahren zum Kreis der Freunde des Bauhauses gehört hatte und nun Direktor der Hochschule war, stellte Ehrlich einen Lehrauftrag in Aussicht.[32] Noch war nichts verbindlich, doch Ehrlich bezeichnete sich in einem Schreiben an die Interessenvertretung der freien Architekt:innen Dresdens bereits als »Leiter der Lehrwerkstatt für Wiederaufbau an der Hochschule für Werkkunst Dresden«.[33] Die freien Architekt:innen, die seiner Arbeit kritisch gegenüberstanden, wurden hellhörig und erkundigten sich beim sächsischen Volksbildungsministerium, »nach welchen Gesichtspunkten diese Lehrwerkstatt eingerichtet […] [wurde], welche Ziele sie verfolgt oder welche Lehrkräfte hierfür eingesetzt worden sind«.[34] Grohmann ließ daraufhin verlautbaren, »dass eine Lehrwerkstatt für Wiederaufbau an unserer Hochschule nicht besteht«.[35] Zwar erhielt Ehrlich zwei Monate lang von der gerade wiedereröffneten Hochschule ein Gehalt, doch dann wurde ihm mitgeteilt, dass er keine Lehrtätigkeit aufnehmen könne[36] – womöglich auch, weil Ehrlich für sich Rollen und Kompetenzen beanspruchte, die von den Entscheidungsträger:innen für ihn so nicht vorgesehen waren. In der Folge handelte er nach einem Muster, das in Ehrlichs Leben häufiger vorkommt. Nach einer Grenzüberschreitung wird er gemaßregelt oder verliert seinen Posten. Die Schuld sucht er dann allerdings nie bei sich, sondern bei den anderen. So beschwerte er sich beim Landesvorstand der SED, »die Professoren der Hochschule« hätten ihn unberechtigterweise abgelehnt, weil er in ihren Augen »als Kz.-Häftling nicht über die nötigen fachlichen Voraussetzungen verfüge«.[37]

Als Mart Stam, einer der führenden Vertreter der architektonischen Moderne und früherer Gastdozent am Bauhaus Dessau, 1948 von Amsterdam nach Dresden übersiedelte, hoffte Ehrlich erneut auf einen Lehrauftrag an der von Stam geleiteten Hochschule für Werkkunst. Der aber wollte ihn nicht, daran konnte auch Helmuth Holtzhauer, der sächsische Volksbildungsminister, wie in SBZ und DDR die Kultusminister genannt wurden, mit seinen Interventionen nichts ändern.[38] Holtzhauer war ein Leipziger Weggefährte Ehrlichs, beide waren 1934 verhaftet und wegen Hochverrats verurteilt worden.

Immer wieder versuchte Ehrlich eine Professur zu bekommen. Auch als Hermann Henselmann 1949 in Weimar seine Stelle als Direktor der Hochschule für Baukunst und bildende Künste aufgab, war Ehrlich als dessen Nachfolger im Gespräch, doch auch in diesem Fall kam es nicht zu einer Berufung.

Besiedlung des Heller

Neben dem Übertreiben der eigenen Bedeutung hatte Ehrlich noch eine andere Strategie entwickelt, um sich in eine seiner Ansicht nach vorteilhafte Position zu bringen: Er fertigte immer wieder auf eigene Faust Ideenskizzen und Entwürfe für mögliche Bauvorhaben an, die er dann den Entscheidungsträger:innen präsentierte. Da es zu seinen Aufgaben als Referent für Wiederaufbau gehörte, mit Expert:innen in ganz Deutschland, der regionalen Wirtschaft und den Bürger:innen der Stadt im Austausch zu stehen, konnte er seine Ansichten und Vorschläge auch öffentlichkeitswirksam verbreiten.

Das größte Projekt, das er auf diese Weise ankurbeln wollte, war die Besiedlung des Heller, eines am Nordrand von Dresden gelegenen Höhenzugs. Die Stadt sah dort eigentlich eine Bebauung mit eingeschossigen »Siedlerhäusern« vor, Oberbürgermeister Weidauer hatte das Ziel ausgegeben, »Dresden zu einer Gartenstadt zu machen, wie sie kaum ein zweites Mal existieren wird«.[39] Ehrlich schwebte – in Anlehnung an den Berliner Kollektivplan – ein völlig neuer Stadtteil für 30000 Menschen vor, in dem

Natur und Architektur organisch ineinander aufgehen sollten. Die Bebauung des Heller wurde kontrovers diskutiert, die lokale Architekturszene war gegen Ehrlichs Vorschlag. Statt eines modernen Wohngebietes an der Peripherie bevorzugten sie den Wiederaufbau der historischen Innenstadt.

Um die Stimmung zu drehen, versuchte Ehrlich Walter Gropius, der sich gerade in West-Berlin aufhielt, für sich einzuspannen. Zu einem Treffen kam es nicht, weshalb Ehrlich einen »Bericht über die Begegnung mit Walter Gropius« kurzerhand erfand:[40] »Ich habe Prof. Gropius die von mir aufgestellten Grundtendenzen in der Planung für Dresden dargelegt. Er hat sein[em] Erstaunen darüber Ausdruck gegeben, dass damit in der sowjetischen Zone die einzige Stadt [in Deutschland] bestünde, die [...] richtig plant.« Doch auch die angebliche Fürsprache von Gropius half nichts, die Konflikte um das Siedlungsprojekt eskalierten einige Wochen später, nachdem Ehrlich gegenüber einer Presseagentur kundtat, es seien »planmäßige Untersuchungen [...] im Gange«, um den Heller schnellstmöglich zu bebauen, während »man die 15 Quadratkilometer große Trümmerfläche im Stadtkern vorerst unbeachtet lassen müsse«.[41] Diese Behauptung löste Entsetzen bei den Befürworter:innen des Wiederaufbaus aus. Der Oberbürgermeister stellte umgehend öffentlich klar, die Besiedlung des Heller werde parallel zum Neuaufbau der Innenstadt erfolgen. Ehrlich erhielt für seine unautorisierte Verlautbarung eine »ernste Verwarnung«.[42]

»Mimose«

Ehrlichs Tätigkeit als Referent für Wiederaufbau war von Anmaßungen, inhaltlichen Differenzen und Konflikten mit Politik und Verwaltung geprägt. Regelmäßig gab es Streit und Kompetenzgerangel. Eigentlich war Ehrlich angetreten, um eine neue Stadt zu bauen, jetzt stritt er über Formalia wie die Besoldungsgruppe oder den Titel »Stadtbaudirektor«, den er gerne geführt hätte. Immer wieder wurde seine Kompetenz angezweifelt. So auch beim einzigen Architekturprojekt, das Ehrlich als Wiederaufbaureferent zur Ausführung bringen konnte, dem Dresdner Schauspielhaus. Als Ehrlich das ausgebrannte Große Haus als einen modernen Theaterbau »ohne roten Plüsch und Gold« wieder aufbaute,[43] zweifelte der kommissarische Stadtbaurat Ehrlichs fachliche Qualifikationen an, ja er verdächtigte ihn mehr oder weniger offen der Hochstapelei. Ehrlich führte als Verteidigung sein angeblich verschollenes Bauhausdiplom an und berief sich auf Gropius als Zeugen für seine Fähigkeiten im Theaterbau – obwohl er für ihn nur ein Modell gebaut hatte.

Ehrlich beklagte wiederholt, dass seine Gegner ihm nicht den Respekt entgegenbrächten, der ihm als antifaschistischem Widerstandskämpfer gebühre. Intern wurde er als »Mimose«[44] bezeichnet. Nachdem er nicht Dresdner Stadtbaurat geworden war, kündigte Ehrlich schon Ende 1947 seine Stelle als Referent und machte sich in Dresden mit einem eigenen Architekturbüro selbstständig.

Auf die städtebauliche Entwicklung hatte Ehrlich keinen

wesentlichen Einfluss genommen. Auch Mart Stam scheiterte in Dresden, er verließ die Hochschule und wechselte nach Berlin, wo er Rektor der Hochschule für Angewandte Kunst in Weißensee wurde. Zum Leiter des Dresdner Stadtplanungsamtes avancierte Kurt W. Leucht. Seine *Planungsgrundlagen, Planungsergebnisse für den Neuaufbau der Stadt Dresden* fanden viel Beachtung und verhalfen ihm zu einer weiteren Karriere.[45]

Mit Ehrlichs Kündigung waren die Konflikte nicht beendet. Er war nicht mit dem Zeugnis zufrieden, das er vom Oberbürgermeister erhalten hatte, und beschwerte sich schriftlich bei der Partei – der letzten Instanz, der er noch zu vertrauen schien. Der Brief liest sich wie die Beschreibung einer Schmierenkomödie: Ehrlich prangerte Korruption und Inkompetenz in der Stadtverwaltung an, berichtete, Weidauer verweigere die Erstattung von für den Wiederaufbau des Schauspielhauses getätigten Auslagen in Höhe von 6500 Reichsmark; er beklagte, der Oberbürgermeister habe eine Durchsuchung seines Wohnhauses veranlasst, um die entsprechenden Belege zu beschlagnahmen, und sein Telefon abschalten lassen.[46]

Eine Lösung in Ehrlichs Sinne wurde auch von der Partei nicht gefunden, die vorgeschlagenen neuen Institutionen wurden nicht eingerichtet, die Strukturen nicht verändert und seine Hellersiedlung nicht gebaut. Als das »Große Haus« 1948 in einem Festakt eröffnete, wurde Ehrlich nicht als Miturheber genannt. Als Referent für Wiederaufbau war er gescheitert.

ORDNER DER ZIVILISATION

Ehrlich eröffnet ein eigenes Architekturbüro, erfindet ein neues Planungsinstrument, mit dem er das Bauwesen revolutionieren will, und soll die erste sozialistische Stadt Deutschlands bauen. Er erreicht den Höhepunkt seiner Karriere.

Sozialistische Bauwirtschaft

1949 wurde die DDR gegründet, der junge Staat baute neue Strukturen und Institutionen auf. Ost-Berlin wurde Hauptstadt, Ministerien wurden geschaffen, und es gab bedeutende Aufgaben, die Politiker:innen und Expert:innen nach Berlin lockten. Auch viele ehemalige Bauhäusler:innen entschieden sich für ein Leben in der DDR, weil sie hier auf eine Verwirklichung ihrer Ideale hofften.

Hauptaufgabe war zunächst der Aufbau einer volkseigenen Industrie. Die SED wollte dazu eine sozialistische Planwirtschaft etablieren, für 1949/50 gab es einen Zweijahrplan, für den Zeitraum 1951-56 einen Fünfjahrplan. Doch die Wirtschaft entwickelte sich nicht nach Plan, die Produktivität blieb niedrig, weshalb einige der neu geschaffenen Strukturen wieder verändert wurden. In der jungen DDR verliefen somit viele Prozesse ungleichzeitig.

Auch das Bauwesen stand vor enormen Aufgaben. Nach den Aufräum- und Instandsetzungsarbeiten der vorangegangenen Jahre sollten neue Industrie- und Wohngebiete gebaut werden. Dafür zeichneten vor allem zwei Ministerien verantwortlich: Im Ministerium für Industrie (ab 1950: Ministerium für Schwerindustrie) gab es die von Ernst Scholz, einem ehemaligen Bauhäusler, geleitete Hauptverwaltung (HV) Bauindustrie. Die wichtigsten Unternehmen der Branche wurden in einer Vereinigung Volkseigener Betriebe (VVB) zusammengefasst. Stellvertreter von Scholz war Waldemar Alder, der mit Ehrlich in Dessau studiert hatte. Auch andere Bauhäusler waren für die HV Bauindustrie tätig. Die Stunde des industriellen Bauens und der Verwirklichung des Bauhausmottos »Volksbedarf statt Luxusbedarf« schien gekommen. Für die Modernen war der junge Staat ein riesiges Versuchslabor.

Außerdem gab es das Ministerium für Aufbau, das eigentliche Bauministerium, dem der planmäßige Aufbau der Städte in der gesamten Republik oblag. Auch hier hatten ehemalige Bauhäusler wichtige Positionen inne. So war Friedrich Köhn, den Ehrlich als einen seiner wichtigsten Lehrer am Bauhaus bezeichnete, extra aus dem Westen gekommen, um Abteilungsleiter im Ministerium zu werden. Auch mit dem Hauptabteilungsleiter Robert Siewert, einst Kapo des Baukommando I in Buchenwald, war er gut bekannt.

In der jungen DDR bestand allerdings keine Einigkeit darüber, welche Architektur dem Sozialismus am besten entspräche. Auf der einen Seite standen die Modernist:innen, zu denen viele frühere Bauhäusler wie Mart Stam, Gustav Hassenpflug, Selman Selmanagić, der gerade aus dem Exil in Schanghai zurückgekehrte Richard Paulick und eben Franz Ehrlich zählten. Aber auch andere führende Architekten wie Hans Scharoun, Hermann Henselmann und Hanns Hopp waren Vertreter des modernen Bauens. Auf der anderen Seite standen die Traditionalist:innen. Sie propagierten, dem Vorbild der stalinistischen UdSSR folgend, den Neoklassizismus.

Der Konflikt zwischen Modernist:innen und Traditionalist:innen spiegelte sich auch in den Institutionen, die sich mit Architektur als kulturellem Gut beschäftigten. Das Institut für Bauwesen an der Deutschen Akademie der Wissenschaften in Ost-Berlin leitete der Modernist Hans Scharoun. 1949 wurde im Ministerium für Aufbau zusätzlich das Institut für Städtebau und Hochbau eingerichtet. Direktor wurde Kurt Liebknecht, ein Neffe des ermordeten KPD-Mitgründers Karl Liebknecht und Enkel des SPD-Mitgründers Wilhelm Liebknecht. 1931 war er in die Sowjetunion gegangen, um mit der »Brigade May« Städte zu bauen.[1] 1948 kehrte der vormals moderne Architekt als Traditionalist zurück.

Nationale Tradition

Liebknecht wurde einer der treibenden Akteure bei der Etablierung einer »neuen deutschen Architektur«, die »nationale Traditionen« aufgreifen sollte. Modernistische

Gestaltungsansätze wurden nun als »formalistisch«, also »antihuman«, »volksfremd« und »volksfeindlich« diffamiert. Als Wurzel des Formalismus wurde der Kosmopolitismus ausgemacht, den es auszureißen gelte.²

Dieser Grundkonflikt prägte nicht nur die Entwicklung der Architektur, sondern auch der bildenden Kunst und der Literatur. Unter dem Schlagwort »sozialistischer Realismus« wurde eine Kunst gefordert, die sich mit dem Alltag der Werktätigen auseinandersetzen und diesen so darstellen sollte, dass eine positive Identifikation mit dem Sozialismus entstehe. In der Architektur führte das zu einer Konstellation, die bisherige politische Zuordnungen auf den Kopf stellte. Die Modernist:innen, die eine industrielle Bauwirtschaft einrichten und funktionales Bauen erproben wollten, galten den Stalinist:innen nun nicht mehr als sozialistisch, sondern als bürgerlich, kosmopolitisch, ja als feindlich. Für den Aufbau des Sozialismus wollten sie in Rostock eine backsteingotische und in Dresden eine barocke Stadt wiedererstehen lassen. Dass historisierende, regionalistische und vor allem sich auf den Klassizismus beziehende Repräsentationsarchitektur auch dem Leitbild der nationalsozialistischen Baupolitik entsprach, gab ihnen keinen Anlass zur kritischen Hinterfragung. Im Gegenteil: Die Ablehnung der Moderne und die Hinwendung zu den »nationalen Traditionen« war ein Angebot an die Bevölkerung, deren große Mehrheit noch wenige Jahre zuvor dem Nationalsozialismus angehangen hatte. Auch der positive Bezug auf »Volk« und »nationale Tradition« sowie der in der Denkfigur »Kosmopolit«

mitschwingende Antisemitismus knüpften an die unmittelbare politische Vergangenheit an.

Moderner Baukünstler

1949 beschäftigte Franz Ehrlich in seinem Dresdner Büro fünf Architekten, einen Bauingenieur und eine Technische Zeichnerin. Er beteiligte sich an Wettbewerben, erhielt aber auch viele Direktaufträge. Insgesamt lief es für ihn also durchaus gut. Unter anderem plante er ein neues Universitätsviertel und ein Opernhaus in Leipzig, errichtete Stützpunkte, Schulen und Erholungsheime für die Deutsche Volkspolizei und entwarf Möbel für die Deutschen Werkstätten Hellerau. Obwohl Ehrlich sich als Modernist verstand, kann man seine gestalterische Haltung Ende der vierziger Jahre als pragmatisch bezeichnen. Er war im weitesten Sinne der klassischen Moderne verpflichtet, fertigte aber auch Entwürfe mit traditionalistischen Elementen an. Deutlich wird diese an den Plänen für zwei kleine Wohngebäude: *Kleines Haus im Wald bei Berggieshübel* von 1947 gleicht den Ferienhäusern, die er in Buchenwald für die SS entworfen hatte: Blockhütten-Stil mit Satteldach und Natursteinmauer.[3] *Typ A Einzelhaus* von 1946 ist geradezu ein Musterbeispiel für minimalistische Ästhetik und sollte als Typenhaus der Deutschen Werkstätten in größerer Stückzahl hergestellt werden.[4]

Ehrlich hatte aber auch einen Hang zum Repräsentativ-Pathetischen, so etwa bei seinem damals prestigereichsten Auftrag, dem Umbau der ehemaligen Zentrale der Deutschen Bank in Berlin zum Sitz des Innenministeriums der DDR. Beim Wiederaufbau des in Teilen kriegszerstörten Gebäudes vereinfachte er die äußere Hülle. Der Verzicht auf alle dekorativen Elemente der steinernen, vormals neobarocken Fassade führte zu einem schlichten, aber monumentalen Aussehen, wie man heute am inzwischen vom Bundesgesundheitsministerium genutzten Gebäude nachvollziehen kann. Bei all seinen Projekten hatte Ehrlich einen – auch vom Bauhaus genährten – ganzheitlichen Anspruch, den er beim Innenministerium und bei einigen Projekten für die Volkspolizei umsetzen konnte: Er plante nicht nur die Gebäudehülle, sondern gestaltete auch die Innenausstattung.

Dass Ehrlich immer wieder Direktaufträge bekam, hing mit seinem weitgespannten Netzwerk zusammen. Er hatte gute Kontakte in Politik, Partei und Verwaltung. Viele seiner Bekannten aus dem Widerstand, der Haftzeit und dem Strafbataillon arbeiteten in der Deutschen Verwaltung der SBZ und später in höheren Stellungen im Staatsapparat der DDR, in der SED oder gesellschaftlichen Organisationen. Egon Rentzsch, der ihn nach Dresden geholt hatte, avancierte nach der Staatsgründung zum Leiter der Abteilung »Schöne Künste und Kultur« des ZK der SED; Willi Seifert, der ihm den Auftrag für das Innenministerium vermittelte, war im KZ Buchenwald Kapo der Arbeitsstatistik, in der SBZ Vizepräsident der deutschen

Verwaltung des Inneren und später stellvertretender Innenminister.

Ehrlich erhielt immer wieder Aufträge für Architekturprojekte, doch viel wurde in den ersten Nachkriegsjahren – in Ost und West – nicht neu gebaut. Ein Ort, an dem er konkrete Gestaltungsideen umsetzen konnte, war die jährlich stattfindende Leipziger Messe, hier arbeiteten mehrere Bauhäusler.[5] Ehrlich gestaltete ab 1947 die Messestände der Landeseigenen bzw. später Volkseigenen Betriebe Sachsens. Vermittelt wurden ihm diese Aufträge von Albert Buske, der in der Hauptverwaltung der Landeseigenen Betriebe Sachsen für die Messeauftritte verantwortlich war, bevor er 1948 Abteilungsleiter im Leipziger Messeamt wurde. Buske und Ehrlich hatten zusammen von 1927 bis 1930 am Bauhaus studiert. Anders als Ehrlich war Buske damals Kommunist gewesen, ab 1928 sogar politischer Leiter der Kommunistischen Bauhauszelle und ab 1930 Agitpropleiter des KPD-Unterbezirks Dessau.

Viel Geld war für die Messebauten nicht da, und Material war knapp. Ehrlich entwarf einfache Pavillons, klare Schriftzüge und collagierte teilweise im modernistischen Stil auf den Wandflächen Bild- mit Textelementen. Die Aufträge der Landeseigenen Betriebe finanzierten sein Büro. Daneben übernahm er organisatorische Aufgaben und versuchte auf die Gestaltung der Produkte Einfluss zu nehmen. Außerdem fertigte er Ideenskizzen für die weitere Entwicklung des Messegeländes an. Er baute sein Netzwerk in Wirtschaft, Politik und Gesellschaft aus, denn zur Messe und der alljährlich parallel stattfindenden Bautagung kamen viele Entscheidungsträger:innen der SBZ bzw. später der DDR nach Leipzig. In diesem Umfeld profilierte sich Ehrlich als führender Protagonist der Aufbaugeneration.

Als 1948 eine Delegation der Polnischen Vereinigten Arbeiterpartei durch ganz Deutschland reiste, um sich Druckereien anzusehen, führte Ehrlich sie durch Dresden und akquirierte bei dieser Gelegenheit einen Auftrag. Über mehrere Jahre plante er eine Großdruckerei mit Redaktionsgebäude für die polnische Parteipresse.[6] Zwar wurde sie nicht realisiert, aber das Projekt – ein polnischer Auftrag für einen deutschen Architekten – verschaffte Ehrlich viel Aufmerksamkeit und überregionale Bekanntheit, Persönlichkeiten wie Hans Scharoun oder Hermann Henselmann nahmen Kontakt zu ihm auf.[7]

Die Entwürfe für die Druckerei in Warschau zeigen eine moderne Architektur. Sie zeichnet sich durch einfache Kuben und eine klare Formensprache aus, aber sie hat nichts von der Leichtigkeit und Eleganz, die jene Gebäude der Nachkriegszeit ausstrahlen, die man heute mit dem Bauhaus in Beziehung setzt, etwa die filigranen Villen, Hochhäuser und Verwaltungsgebäude von Mies van der Rohe. Ehrlichs geschlossene, durch klassizistische Risalite gegliederte Fassade strahlt vielmehr etwas Monumentales aus, eine Entwurfszeichnung zeigt sogar ein integriertes Reiterstandbild.

Ob das eine Fortführung der Bauhausarchitektur ist?

Zwar könnte man argumentieren, dass alles, was ehemalige Schüler:innen des Bauhauses machten, »Bauhaus« sei. Aber dann gehört, wie der Architekturtheoretiker Philipp Oswalt provokant insinuiert, auch das KZ Auschwitz dazu, weil dieses von dem Bauhäusler Fritz Ertl federführend mitgeplant wurde.[8]

Natürlich gibt es nicht das eine Bauhaus, aber heute werden mit der Hochschule vor allem zwei zentrale Aspekte verknüpft: zum einen eine ästhetische Dimension, die sich durch Experimentierfreude auszeichnet, die avantgardistisch-revolutionäre Dynamik verkörpert und technische Formen und industrielle Materialien wie Glas und Stahl zu einem neuen Ausdruck von Offenheit und Transparenz verknüpft; zum anderen steht das Bauhaus für einen Gestaltungsanspruch, der nach radikalem gesellschaftlichem Aufbruch, sozialer Gerechtigkeit und Emanzipation strebt. In der am Bauhaus entwickelten Form von Funktionalismus kamen beide Dimensionen zusammen.

All das strahlt der Entwurf für die Druckerei in Warschau nicht aus. Er ist – wie fast alle Gebäude von Ehrlich – eher schwer, geschlossen, dräuend. Und so erscheint Ehrlich als merkwürdiger Zwitter: ein Modernist, der die neue Gesellschaft gestalten will, pragmatisch-funktionalistisch, vom Bauhaus geprägt. Auf der anderen Seite sind immer wieder Anpassungen an konservative Gestaltungen und das Nachwirken der Formensprache der NS-Architektur sichtbar, deren Handwerk er im KZ und im SS-Bauwesen erlernt hatte: erdrückend-monumental und auf pathetische Effekte bedacht.

Totale Planbarkeit

Viel moderner als seine Architektur erscheint Ehrlich in der Stadtplanung und im Städtebau. Ehrlich verstand sich nach dem Zweiten Weltkrieg nicht als »Architekt von isolierten Einzelbauten«, sondern als »Ordner der Zivilisation«.[9] Deshalb wollte er auch Städte und Stadtviertel planen – allerdings wurde keine seiner Ideenskizzen, Studien und Entwürfe realisiert. Mit Stadtplanung und Städtebau war er am Bauhaus und auch in der SS-Neubauleitung Buchenwald, wo er die Führersiedlung II mitplante, in Berührung gekommen, aber die disziplinären Grundlagen hatte er so nicht kennengelernt – dementsprechend unkonventionell und überraschend war seine Vorgehensweise. Stadtplanung ist eine sehr abstrakte Disziplin, es geht nicht um die genaue Ausformulierung von Gebäuden, sondern um die Entwicklung von Strukturen. Durch seine grafische und künstlerische Schulung am Bauhaus hatte Ehrlich in der Darstellung seiner städtebaulichen Ideen großes Geschick, seine Pläne sehen sehr schön aus und erinnern teils an konstruktivistische Kunstwerke. Das Besondere an Ehrlichs Zugriff ist aber nicht die Darstellungsform, sondern seine – fast größenwahnsinnige – Absicht, ein umfassendes Instrument zu entwickeln, mit dem er die Planung rationalisieren und das gesamte Bauwesen revolutionieren wollte.

Dieses Planungsinstrument – er nannte es »Achssystem« – sollte alle Ebenen erfassen: von der für eine Stadt notwendigen Anzahl an Kultureinrichtungen, Einkaufsmöglichkeiten, Erholungseinrichtungen etc. bis hin zur notwendigen Menge an Ziegelsteinen, Zement, Kalk und Holz für die Errichtung eines einzelnen Gebäudes. Dazu fertigte er aufwendige Tabellen an, die zahlreiche Kennwerte enthielten: aus eigenen Projekten bekannte Baukosten, aber auch von der Zentralverwaltung für Statistik ermittelte alltägliche Ausgaben der Bürger:innen. Mithilfe derartiger Kalkulationsgrundlagen, so Ehrlich, könne der »Planende und Entwerfende mit der größtmöglichen Sicherheit alle die Zahlen, die er braucht, in einem System« finden.[10] Später differenzierte er die Raumbedarfe aller Lebensbereiche aus, also von Kinderkrippen, Krankenhäusern, »Lichtspieltheatern« usw. Die Ermittlung der Raumbedarfe fußte bei Ehrlich auf einem willkürlich festgelegten Raster von drei mal drei Metern. Er nahm an, dass eine Person eine Wohnfläche von 18 Quadratmetern benötige, was zwei Quadraten im Raster entspräche. Gemeinsam mit einem weiteren Quadrat für Erschließungsflächen und Versorgung bildeten sie eine »Bau-Achse«, mehrere Bau-Achsen formten wiederum eine »Stadt-Achse«. Das Raster funktionierte aber auch als Grundstruktur für die Gestaltung von Grundrissen, schließlich zielte Ehrlich auf eine industrielle Vorproduktion normierter Gebäudeteile, um durch serielles Bauen die Kosten zu senken. Auf diesem Raster sollten Stadt, Häuser und sogar Möbel aufbauen.

Ehrlich wollte also eine systematische und wissenschaftliche Grundlage für die gesamte Bauplanung des sozialistischen Staates schaffen. Seiner Vorstellung nach sollten alle Architekt:innen das auf Modulen, Rastern und Kennzahlen basierende Planungs- und Entwurfssystem in ihren Projekten anwenden, um eine »harmonische Umwelt« zu schaffen.[11] Im Juli 1950 konnte Ehrlich Walter Ulbricht, Generalsekretär des ZK der SED und damit wichtigster Mann in der DDR, sowie Willi Stoph, damals wichtigster Wirtschaftspolitiker des jungen Staates, eine schriftliche Fassung seines Achssystems übermitteln.[12] Das Versprechen, das Bauen zu zentralisieren und gleichzeitig auf eine systematische Grundlage zu stellen, begeisterte die Politik. Über Stoph kam das Papier zur Prüfung ins Bauministerium. Doch die Fachleute standen Ehrlichs Achssystem skeptisch gegenüber. Kurt Liebknecht kanzelte es lapidar ab: »Wenn es so einfach wäre, hätten wir es auch gefunden.«[13] Ein Professor für Statistik urteilte vorsichtiger: »Es ist entweder Scharlatanerie oder genial.«[14]

Die Geschichte der Architektur kennt verschiedene Rationalisierungsversuche. Dem Ideal der rationalen Planbarkeit huldigte auch Walter Gropius, gemäß der gemeinsam mit Adolf Meyer entwickelten Idee vom *Baukasten im Großen* sollten unterschiedliche Gebäudetypen aus standardisierten Raumkörpern hergestellt werden. Eine weitere Inspiration für Ehrlich dürfte die Arbeit Ernst Neuferts gewesen sein. Für den Wiederaufbau nach dem erwarteten »Endsieg« hatte dieser in den vierziger Jahren eine *Hausbaumaschine* konzipiert, die Gropius' Idee vom *Baukasten im Großen* und von Häuserbaufabriken weiterentwickelte. Im Manuskript einer unveröffentlichten Publikation über sein Planungsinstrument zitiert Ehrlich Neufert ausführlich.

Eine weitere Inspiration für Ehrlichs Achssystem war wahrscheinlich Hannes Meyers Vorstellung von einer Verwissenschaftlichung des Bauens. Auch Ehrlich wollte sein Achssystem wissenschaftlich fundieren, bezeichnete es als ein »aus den Erfahrungen der Praxis und ihrer wissenschaftlichen Auswertung« entwickeltes System der Planung.[15] Doch die von Ehrlich behauptete »wissenschaftliche Auswertung« knüpfte nicht an gängige Methoden an. Dass Ehrlich, der keinerlei akademische Ausbildung hatte, ein wissenschaftliches System zu entwickeln beanspruchte, spricht für eine Selbstüberschätzung, die schwer nachzuvollziehen ist. Es gehört zur Tragik seines Berufsweges, dass er zwar stets von Rationalisierung und Industrialisierung, von Standardisierung und Typisierung sprach, in seiner Praxis aber doch nur vorindustriell baute. Die industrielle Bauproduktion trieben in der DDR andere voran – zum Beispiel den Bauhäusler Carl Flieger, der den ersten Plattenbau der DDR entwickelte.

Die Idee, ein allumfassendes Planungsinstrument zu erarbeiten, verrät viel über Ehrlich – aber auch über den Geist der Entstehungszeit. Das Achssystem setzte auf Industrialisierung und versprach die totale Planbarkeit des Bauwesens. Dementsprechend positiv wurde Ehrlichs Konzept – und mehr war das Achssystem nie – von den politischen Entscheidungsträger:innen anfänglich aufgenommen. Der Anspruch, in einem System die »Totalität des gesamten Bauschaffens«[16] zu erfassen und alle »Teile des Bauschaffens und des Bauwerks in Einklang« zu bringen,[17] konnte als ein ideales Werkzeug zur Umsetzung des wirtschaftspolitischen Planungsphantasmas des jungen Staates und des angestrebten autoritären Zentralismus wahrgenommen werden.

Sozialistische Stadt

Im Juli 1950 wurde auf dem III. Parteitag der SED der erste Fünfjahrplan beschlossen. Er sah eine Forcierung des Aufbaus einer volkseigenen Schwerindustrie vor. Im Rahmen dieses Plans sollte bei Fürstenberg (Oder), knapp 100 Kilometer südöstlich von Berlin, schnellstmöglich das Eisenhüttenkombinat-Ost (EKO) mitsamt einer dazugehörigen Wohnstadt für 20 000 Einwohner:innen entstehen. Die Grundsteinlegung im Januar des folgenden Jahres sollte der symbolische Auftakt des Fünfjahrplans werden. Ehrlich erhielt im September 1950 vom Bauministerium den Auftrag, die Wohnstadt zu planen. Das Prestigeprojekt platzierte Ehrlich zwischen zwei Seen und entwickelte ein Konzept für eine »Stadt am Wasser«.[18] Innerhalb von zehn Tagen lieferte er erste Vorschläge für Bebauung und Organisation, wie schon für den Heller in Dresden sah er eine aufgelockerte, durchgrünte Stadt vor, die sich organisch in die Landschaft einfügen sollte. Noch während der Vorarbeiten erfolgte im November 1950 der nächste wichtige Karriereschritt: Ehrlich wurde zum Technischen Direktor der neu gegründeten Vereinigung Volkseigener Betriebe (VVB) Industrie-Entwurf ernannt. Neben seiner Vision, mit dem Achssystem die Bauproduktion der gesamten Republik zu rationalisieren, dürften dabei vor allem seine guten Kontakte zum Ministerium für Schwerindustrie und der HV Bauindustrie eine Rolle gespielt haben. Die VVB Industrie-Entwurf sollte für »Projektierung«, wie man damals Projektentwicklung und -management nannte, sowie Entwurf und Planung aller für die Realisierung des Fünfjahrplans notwendigen Industriebauten zuständig sein – sie war also eine Art Aufbaudirektorium für die ganze Republik.

Ehrlich war auf dem Höhepunkt seiner Karriere angelangt. Er nahm sich ein Zimmer in Berlin und schloss sein Dresdner Büro, die Mitarbeiter:innen überführte er in den Industrie-Entwurf Dresden, eine von 13 über die ganze Republik verteilten Zweigstellen. Insgesamt arbeiteten Ende des Jahres 3217 Personen in der Vereinigung.[19] Am 28. Dezember 1950, Ehrlichs 43. Geburtstag, stellte die *Berliner Zeitung* den Architekten in ihrer Rubrik »Köpfe der Wirtschaft« vor: Franz Ehrlich sei

> nach Berlin gekommen, um eine der wichtigsten Positionen zu übernehmen, die die Republik einem Architekten zu vergeben hat: die Leitung des volkseigenen Industrieentwurfs. Ihm, dem Architekten Franz Ehrlich, unterstehen damit planungsmäßig sämtliche Industriebauten, die im Fünfjahrplan errichtet werden. Eine große Aufgabe hat den richtigen Mann gefunden.[20]

STALINISTISCHE SÄUBERUNGEN

In der gerade gegründeten DDR kommt es zu stalinistischen Säuberungen, Ehrlich gerät ins Visier der Zentralen Parteikontrollkommission. Die »nationale Tradition« wird offizielle Architekturdoktrin. Ehrlich macht Zugeständnisse, gerät aber dennoch aufs Abstellgleis.

Parteikontrolle

Bereits 1948 hatte die SED beschlossen, »feindliche« und »entartete Elemente« aus der Partei auszuschließen.[1] Das sowjetische Modell eines allmächtigen Parteiapparats, der – mit dem kultisch verehrten Stalin an der Spitze – totalitär herrscht und eine willkürliche Säuberungspolitik betreibt, sollte auf Deutschland übertragen werden. Die Verbrechen des Stalinismus, denen in den dreißiger Jahren auch unzählige in die Sowjetunion geflohene deutsche Kommunist:innen zum Opfer gefallen waren, blieben in der SBZ und in der DDR ein Tabuthema.[2] Die SED begann einen Kampf gegen Andersdenkende, »Abweichler« und Konkurrenten in den eigenen Reihen. Ihren Höhepunkt erreichten die »Säuberungen« in der DDR zwischen 1950 und Stalins Tod 1953. Es kam zu Verhaftungen, Parteiausschlüssen und Prozessen. Vornehmlich richteten sie sich gegen während der Nazi-Zeit nach Westeuropa und Amerika emigrierte Personen und gegen Juden,[3] die als Agenten des »internationalen Finanzkapitals«, als »Kosmopoliten« und Feinde des »schaffenden deutschen Volkes« diffamiert wurden. Unter konstruierten Vorwürfen wurden Personen, die von der Parteilinie abwichen, aus Partei, Öffentlichkeit und Funktionen in der staatlichen Verwaltung entfernt. Betroffen waren selbst bis dahin führende Mitglieder des ZK der SED wie zum Beispiel Paul Merker oder Franz Dahlem. So sollten Staat und Gesellschaft diszipliniert, die Vorherrschaft der SED als stalinistische Kaderpartei gefestigt und die Macht der Moskautreuen in der SED gesichert werden. Dass man sich dafür antisemitischer Stereotypen bediente, scheint die Mehrheit nicht gestört zu haben. Wichtigste Instrumente der Säuberungen waren das Ministerium für Staatssicherheit (MfS) und innerhalb der sozialistischen Partei die Zentrale Parteikontrollkommission (ZPKK), die Vorwürfe gegen Genossen untersuchte bzw. konstruierte und mit inquisitorischen Verhören belastendes Material produzierte. So wurde ein Gefühl von Unsicherheit und Angst verbreitet.

Die stalinistischen Säuberungen betrafen bald auch »Kämpfer« wie die ehemaligen Funktionshäftlinge. Ihnen wurde nach 1945 von »den Freunden«, wie die Sowjets genannt wurden, vorgeworfen, durch Kooperation mit der SS den Krieg verlängert zu haben und an deren Kriegsverbrechen – etwa der Ermordung sowjetischer Kriegsgefangener – beteiligt gewesen zu sein. Dieser Konflikt schwelte in der zweiten Hälfte der vierziger Jahre weiter, auch wenn in dieser Phase gleichzeitig der Lagerwiderstand offiziell als heldenhafter antifaschistischer Kampf anerkannt und die Konzentrationslager zum mythischen Ursprung des jungen Staates verklärt wurden. 1950 wurden dann jedoch, vor der Öffentlichkeit verborgen, Ernst Busse und Erich Reschke, zwei ehemalige Funktionshäftlinge des KZ Buchenwald, verhaftet. Busse hatte in Buchenwald als Lagerältester fungiert und war nach dem Krieg kurzzeitig stellvertretender Ministerpräsident Thüringens gewesen. Reschke, Kapo im Baukommando und ebenfalls Lagerältester, war nach dem Krieg zeitweise Leiter der Thüringer Polizei. Nun wurde ihnen von der sowjetischen Besatzungsmacht vorgeworfen, mit der SS kollaboriert zu haben. Beide wurden von sowjetischen Tribunalen als Kriegsverbrecher zu lebenslanger Haft verurteilt, Busse starb 1952 in einem Gulag, Reschke überlebte und wurde 1955 freigelassen.

Franz Ehrlich geriet Anfang 1951 ins Räderwerk der Säuberungsmaschine. Das in der *Berliner Zeitung* erschienene Kurzporträt las auch Walter Bartel, der von 1939 bis 1945 Gefangener im KZ Buchenwald gewesen war und nun als persönlicher Referent von Wilhelm Pieck, dem Staatspräsidenten der DDR, arbeitete. Er schrieb einen Brief an die Kaderabteilung, um auf die »SS Zeit von Franz Ehrlich aufmerksam« zu machen:

Ehrlich war 1940 als Zivilangestellter der SS im Baubüro des Lager Buchenwald tätig. Er distanzierte sich als SS-Angestellter sehr von seinen früheren Kumpels und war keineswegs von der Niederlage des Faschismus überzeugt. So berichtete er uns von den geheimnisvollen, grossartigen Vorbereitungen zur Invasion in England. Ende 1940 oder 1941 wurde Ehrlich versetzt. Seitdem war mir von seinem weiteren Schicksal nichts mehr bekannt.[4]

Kurze Zeit später musste Ehrlich bei der Zentralen Parteikontrollkommission vorstellig werden.[5] Über den genauen Ablauf des Vorgangs ist nichts bekannt. In seiner Kaderakte beim ZK der SED findet sich außer der »Einladung« nichts dazu. Sowieso war die Akte zu diesem Zeitpunkt noch dünn, bestand aus dem Aufnahmeantrag in die Partei und vier Einschätzungen über Ehrlich, die eingeholt wurden, nachdem Ehrlich den Auftrag in Warschau bekommen hatte.

Drei der Berichte über Ehrlich stammten von ehemaligen Buchenwaldhäftlingen,[6] die vor ihm aus dem KZ entlassen worden waren, seinen Wechsel zur SS also nicht mitbekommen hatten. Egon Rentzsch, der Ehrlich nach Dresden geholt hatte, meinte, Ehrlich sei zwar »der Sache der Arbeiterklasse [...] treu«, »ein Besuch der Parteischule« könne aber dennoch »nichts schaden«. Insgesamt sei Ehrlich »etwas eigenwillig, auf sich selbst orientiert«, »in der Vertretung seiner eigenen Ansichten [...] unnachgiebig« und »in taktischer Hinsicht nicht elastisch und beweglich«, so dass es immer wieder »Zusammenstöße mit anderen Genossen« gegeben habe. Detaillierter geht er auf die Schwierigkeiten Ehrlichs als Referent für Wiederaufbau nicht ein. Walter Breitmann erklärte, dass Ehrlich im Konzentrationslager Buchenwald »die Voraussetzungen« für die Übernahme der Häftlingsverwaltung durch die politischen Häftlinge geschaffen habe, die »vielen guten Genossen das Leben rettete«. Er sei »ein zuverlässiger geschulter alter Genosse mit kaum zu bändigendem Temperament, immer etwas vorauseilend, daher manchmal nicht verstanden, unbedingt parteitreu, der aktivste in seiner Wohnbezirksgruppe«. Alle beschrieben vor allem Ehrlichs positive Rolle im Lagerwiderstand, was weitere Ausführungen »fast« erübrigen würde.

Diese Berichte spielten bei der Begutachtung durch die ZPKK sicher eine Rolle. Jedenfalls ging die Befragung für Ehrlich gut aus, es gab zunächst keine Repressalien, ein Parteiausschluss blieb ihm erspart, und der Status als »Verfolgter des Naziregimes« wurde ihm nicht aberkannt. Dass er schon in seinem Aufnahmeantrag in die Partei 1946 seine Tätigkeit für die SS offengelegt hatte, dürfte sich dabei positiv ausgewirkt haben.

Irgendwie scheint sich Ehrlich auch in der Untersuchung der ZPKK herauslaviert zu haben, seine Tätigkeit für die SS gereichte ihm erstmal nicht zum Nachteil. Walter Bartel, der Ehrlich bei der Partei angezeigt hatte, wurde hingegen 1953 selbst Opfer der Säuberungen. Weil er zum Dunstkreis von Franz Dahlem zählte und zudem Funktionshäftling in Buchenwald gewesen war, musste er auf Beschluss der ZPKK seine Tätigkeit als Bürochef Piecks beenden. Die Partei schickte ihn als Lektor nach Leipzig.

Ehrlich hatte zwar die Parteikontrolle überstanden, aber die Vorwürfe waren immer noch in der Welt. Zu den aktiven ehemaligen Häftlingen, die sich in der 1958 gegründeten KZ-Gedenkstätte Buchenwald engagierten, gehörte er nicht. Zum Internationalen Buchenwald-Komitee, in dem Bartel später eine entscheidende Rolle spielen sollte, hatte er bis Mitte der siebziger Jahre kaum Kontakt. Es scheinen weiterhin Vorbehalte gegen den früheren »Zivilhäftling« bestanden zu haben. Spätestens zu diesem Zeitpunkt muss Ehrlich deutlich geworden sein, dass ihn sein Status als »Verfolgter des Naziregimes« und »Widerstandskämpfer« nicht dauerhaft vor dem Verdacht einer Mittäterschaft oder auch nur von Mitläufertum schützen würde.

Formalismusstreit

Inzwischen hatte sich die Auseinandersetzung zwischen traditionalistischen und modernen Architekt:innen, auch Formalismusstreit genannt, weiter zugespitzt. Ein entscheidender Schritt war eine Studienreise nach Moskau, Stalingrad und in andere Städte der Sowjetunion, die Liebknecht im Frühjahr 1950 für das Bauministerium organisierte.[7] Die Delegation besichtigte verschiedene städtebauliche und architektonische Projekte und formulierte daraufhin »16 Grundsätze des Städtebaus«, welche die historische Struktur der Stadt in den Mittelpunkt zukünftiger Entwicklung stellten:

Die Stadt als Siedlungsform ist nicht zufällig entstanden. [...] Die Stadt ist in Struktur und architektonischer Gestaltung Ausdruck des politischen Lebens und des nationalen Bewußtseins des Volkes. [...] Der Stadtplanung zugrunde gelegt werden müssen das Prinzip des Organischen und die Berücksichtigung der historisch entstandenen Struktur der Stadt bei Beseitigung ihrer Mängel. [...] Die zentrale Frage der Stadtplanung und der architektonischen Gestaltung der Stadt ist die Schaffung eines individuellen, einmaligen Antlitzes der Stadt. Die Architektur verwendet dabei die in den fortschrittlichen Traditionen der Vergangenheit verkörperte Erfahrung des Volkes.

Mit dem »Gesetz über den Aufbau der Städte in der Deutschen Demokratischen Republik und der Hauptstadt Deutschlands, Berlin (Aufbaugesetz)« vom 6. September 1950 wurden diese »Grundsätze« verbindlich für das Architekturgeschehen in der DDR.[8] Damit war der Formalismusstreit eigentlich entschieden. »Zur Entwicklung des Städtebaus und der Architektur«, so hieß es im Aufbaugesetz, sollten das bis dahin von Hans Scharoun geleitete Institut für Bauwesen der Akademie der Wissenschaften und das von Karl Liebknecht geführte Institut für Städtebau und Hochbau im Bauministerium zur Deutschen Bauakademie zusammengefasst werden. Diese neue Institution wurde zum 1. Januar 1951 gegründet, Liebknecht wurde Präsident, Edmund Collein, ein weiterer, inzwischen zum Traditionalisten gewendeter Bauhäusler, wurde Vizepräsident. Der umgangssprachlich auch »stalinistischer Zuckerbäckerstil« genannte Neoklassizismus wurde zum neuen Dogma, modernistische Gestaltungsansätze fortan bekämpft. Größtes Bauprojekt zur Veranschaulichung der »neuen deutschen Architektur« war die Stalinallee in Berlin, die als »erste sozialistische Straße« zur Repräsentationsmagistrale im neoklassizistischen Stil ausgebaut werden sollte. Federführend beteiligt waren die ehemaligen Modernisten Paulick, Henselmann und Hopp sowie der Opportunist Leucht.

Zur Durchsetzung des Dogmas gehörte in den nächsten Jahren auch, dass andere Ansichten mit Artikeln, Ausstellungen und Diffamierungen bekämpft wurden. Zwei Wochen nach Gründung der Bauakademie veröffentlichte Liebknecht in der Tageszeitung *Neues Deutschland* einen programmatischen Artikel. Darin deklarierte er »Funktionalismus, Konstruktivismus, […] ›Neue Sachlichkeit‹ oder auch Bauhausstil« als abzulehnende architektonische Strömungen und huldigte der Partei samt ihrem starken Führer. Ziel war es, jene Architekt:innen anzuprangern, die zwar »in unserer Republik einen Namen haben«, aber die »nationale Eigenart noch nicht erkannt« hätten:[9]

> Die Architekten Ehrlich, Stam und Selmanagić stecken heute immer noch in ihrem architektonischen Schaffen in den Traditionen des Bauhauses, mit dem sie alle mehr oder weniger früher verbunden waren. […] Der Generalsekretär des Zentralkomitees unserer Partei, Genosse Walter Ulbricht, sagte […]: »In der Weimarer Zeit wurden in vielen unserer Städte Gebäudekomple-

xe gebaut, [...] die nicht der nationalen Eigenart unseres Volkes entsprachen, sondern dem formalistischen Denken einer Anzahl Architekten, die die Primitivität gewisser Fabrikbauten auf die Wohnbauten übertrugen. [...] Der grundsätzliche Fehler dieser Architekten besteht darin, daß sie nicht an die Gliederung und Architektur Berlins anknüpfen, sondern [...] glauben, daß man in Berlin Häuser bauen könne, die ebenso in die südafrikanische Landschaft passen.«

Viele Architekten begannen, sich öffentlich von ihren modernistischen Anschauungen zu distanzieren, so auch Henselmann, heute bekannt für die neoklassizistische Stalinallee und den – später unter anderen kulturpolitischen Rahmenbedingungen entworfenen – Berliner Fernsehturm am Alexanderplatz. Henselmann war nach dem Krieg Direktor der Weimarer Bauhochschule gewesen, die sich als Nachfolgeinstitution des Bauhauses verstand. Im Anschluss war er Abteilungsleiter im Akademie-Institut von Scharoun, das als ein Hort der Modernist:innen galt. Ende 1951 erklärte er dann in *Neues Deutschland* öffentlich, dass der reaktionäre Charakter des am Bauhaus gelehrten Konstruktivismus abzulehnen sei.[10] Dabei räumte er ein, dass es

> kaum einen Architekten unserer Generation [gibt], der nicht unter dem Einfluß dieser Theorie gestanden hätte. Ihre pseudorevolutionäre Phraseologie, ihre objektivistische Argumentation, ihre scheinbare Wissenschaftlichkeit, ihre teilweise Gegnerschaft gegen die Ar-

chitektur des Faschismus [...] sind Gründe für den Einfluß, den diese Theorie auf viele deutsche Architekten ausübte und noch ausübt. [...] Ich selbst habe die dringliche Aufgabe des Übernehmens des Kulturerbes und damit auch die Rolle der Sowjetarchitektur unterschätzt. [...] Diese deutliche Hinwendung zu dem, was wir unsere Tradition nennen, und ihre schöpferische, kritische (nicht ihre eklektizistische, opportunistische) Verarbeitung [...] kann nur geleistet werden aus tiefer Liebe zu unserem Volk.

Ob solche Formen der Selbstkritik aufrichtig waren oder opportunistische Lippenbekenntnisse, lässt sich rückblickend nicht klären. Andere Modernisten verließen die DDR: Hans Scharoun konzentrierte sich fortan auf die Professur, die er seit 1947 an der Technischen Universität im Westteil von Berlin innehatte. Gustav Hassenpflug nahm 1950 einen Ruf nach Hamburg an, auch Mart Stam kehrte der DDR 1952 den Rücken.

Ehrlich blieb in der DDR, schwor aber den Ideen der Moderne nicht grundsätzlich ab. Allerdings versuchte er, sein bisheriges Schaffen dem neuen Kontext anzupassen. So behauptete er 1951: »Theoretisch beschäftige ich mich seit 1949 mit den Grundlagen eines marxistischen Städtebaus und einer marxistischen Ästhetik als Grundlage einer neuen realistischen Architektur.«[11] In der Fachöffentlichkeit der DDR wurde er jedoch trotzdem als Bauhäusler wahrgenommen, ein Bild, das seine Rezeption bis in die Gegenwart prägt, obwohl er als Pragmatiker immer Zugeständnisse an den Zeitgeschmack und die politischen Rahmenbedingungen machte. Das Bild von Ehrlich als kämpferischem Vertreter der Bauhausideale leitet sich also weniger aus seinen konkreten Entwürfen als aus dem Feindbild der traditionalistischen Gegenseite ab.

Der Streit zwischen Ehrlich und Liebknecht ging bis Ende der fünfziger Jahre weiter, und er war nicht nur ein fachlicher, sondern, wie viele Zeitzeugen schon damals feststellten, ein persönlicher. In dem Konflikt trafen neben unterschiedlichen Überzeugungen auch starke Charaktere, Überheblichkeit und Ignoranz aufeinander. Ehrlichs »Unnachgiebigkeit« tat dabei ein Übriges. Wahrscheinlich hielt Ehrlich sich einfach für kompetenter als Liebknecht, so beobachtete es zumindest die Stasi. Sie notierte:

> Grundtenor seiner Ausführungen [ist] stets, daß er [Ehrlich] allein der »Bauspezialist« ist[,] während alle anderen Fachleute mehr oder weniger unfähig sind. Obwohl er es nicht ausspricht, müßte man aus seinen Reden schlußfolgern, daß er der richtige Mann für die Funktion eines Ministers für Bauwesen oder eines Präsidenten der Bauakademie ist.[12]

Präsident der Deutschen Bauakademie war aber Liebknecht – in der Auseinandersetzung mit Ehrlich saß er am längeren Hebel. Er hatte Ehrlichs Planungen für die Wohnstadt des Eisenhüttenkombinats von Anfang an abgelehnt. Bereits im Herbst 1950, als Ehrlich noch an seinen Vorschlägen arbeitete, beauftragte Liebknecht ihm nahestehende Architekten mit Gegenvorschlägen. Später passte Ehrlich seinen Entwurf an einen anderen, von Liebknecht bevorzugten Standort an. Doch auch die Überarbeitung bewertete Liebknecht als »außerordentlich schlecht«, weil sie »nicht den 16 Grundsätzen des Städtebaus« entspräche.[13] Daher sollten die Planungen nicht weiterverfolgt werden. Ehrlichs großer Traum, die erste sozialistische Stadt zu bauen, erfüllte sich nicht. Im Januar 1951 schied er aus dem Projekt aus. Gebaut wurde die Stadt dann nach Plänen von Kurt W. Leucht, der auch an der Delegationsreise in die Sowjetunion teilgenommen hatte.[14] Gemäß den – von ihm mitverfassten – »16 Grundsätzen des Städtebaus« plante er sie nach traditionellem Vorbild, mit geschlossener Blockrandbebauung und neoklassizistischen Fassaden. 1953 bekam diese »erste sozialistische Stadt in der Deutschen Demokratischen Republik« von Walter Ulbricht feierlich den Namen »Stalinstadt« verliehen.[15] Heute heißt sie Eisenhüttenstadt.

Vereinigung Volkseigener Betriebe Industrie-Entwurf

Als Ehrlich im Januar 1951 beim Bau der ersten sozialistischen Stadt ausgebootet und von Liebknecht öffentlich als Formalist gebrandmarkt wurde, begann seine Tätigkeit bei der VVB Industrie-Entwurf gerade erst.

Der junge Staat hatte sich mit seinem Ersten Fünfjahrplan ehrgeizige ökonomische Ziele gesetzt, und um diese zu erfüllen, sollte der Industrie-Entwurf neue Fabriken für die verschiedenen Industriezweige, Kraftwerke, Werften und Infrastrukturen errichten – unter anderem das neue Eisenhüttenwerk, zu dem die Wohnstadt, die Ehrlich nicht mehr bauen sollte, gehörte. Als Technischer Direktor der VVB hatte Ehrlich also eine verantwortungsvolle Aufgabe im Aufbau der volkseigenen Wirtschaft.

Ein weiteres Bauprojekt der VVB war ein neues Rundfunkhaus in Berlin. Anfang der fünfziger Jahre nutzte der Staatliche Rundfunk der DDR noch das unter sowjetischer Verwaltung befindliche Haus des Rundfunks, das jedoch in der britischen Besatzungszone lag. Infolge des sich verschärfenden Ost-West-Konflikts sollte ein eigenes Sendehaus im Ostteil von Berlin gebaut werden. Um Geheimhaltung – die DDR befürchtete wohl Spionage und Sabotage – zu gewährleisten, wurde damit die VVB Industrie-Entwurf beauftragt. Als Standort wählte man ein direkt an der Spree gelegenes Grundstück in der Nalepastraße im Stadtteil Oberschöneweide aus, auf dem sich ein kriegsbeschädigtes Fabrikgebäude befand.

Obwohl Ehrlich mit der operativen Leitung des Entwurfsbüros und der damit verbundenen Verantwortung für alle Industrieneubauten der DDR eigentlich hätte ausgelastet sein müssen, übernahm er den Entwurf des Rundfunkhauses persönlich. Vielleicht hatte das damit zu tun, dass dem Industriebau oftmals keine architekturgeschichtliche Relevanz zugeschrieben wurde und das Rundfunkhaus der größte damals in der DDR anstehende Neubau einer Kultureinrichtung war; vielleicht auch damit, dass

Ehrlich sich als Baukünstler verstand und nicht nur organisieren, sondern auch gestalten wollte – das prestigeträchtige Projekt wollte er sich jedenfalls nicht entgehen lassen.

Für die Bebauung des Geländes sah Ehrlich mehrere Phasen vor. 1951 wurde ein bestehendes, etwa 120 Meter langes Fabrikgebäude so umgebaut und erweitert, dass der Sendebetrieb aufgenommen werden konnte. Der »Block A« genannte viergeschossige Baukörper wurde von Ehrlich um ein Geschoss aufgestockt und am südlichen Ende um einen achtgeschossigen Sendeturm ergänzt. Als Landmarke prägt der Turm noch heute das städtebauliche Erscheinungsbild der Anlage. Die Klinkerfassade ist, ähnlich wie bei Ehrlichs Entwürfen für die Druckerei in Warschau, durch Risalite strukturiert. Die in zwei Stufen vorspringende Attika des Flachdachs bildet den Abschluss der Fassade. Das Gebäude macht weder einen eleganten noch einen monumentalen, aber mit dem Turm und den durchlaufenden Risaliten einen ehrwürdigen Eindruck.

Anders als die schlichte Gebäudehülle war Ehrlichs Gestaltung für die Innenräume repräsentativ und weckte so den Verdacht, teuer zu sein. Schon während des Umbaus kam es deshalb zu Konflikten mit Waldemar Alder, einem früheren Kommilitonen Ehrlichs am Bauhaus. Als stellvertretender Leiter der HV Bauindustrie im Ministerium für Schwerindustrie beaufsichtigte er die VVB Industrie-Entwurf. Er schrieb an Ehrlich:

Sollten irgendwelche ästhetischen Gründe vorliegen, wodurch ein besonders hoher Kostenverschleiß ein-

tritt, so werde ich gegen den verantwortlichen Projektanten die notwendigen Schritte unternehmen.
Ich habe den Baubetrieb angewiesen, bei Kostenverteuerungen, welche nicht einleuchten [...], die Ausführung abzulehnen.[16]

Hintergrund für die Drohung waren allerdings nicht nur die Baukosten des Rundfunkhauses. Denn während Ehrlich – der hier angesprochene »verantwortliche Projektant« – weiter an den Entwürfen für die nächsten Bauabschnitte arbeitete, wurde die VVB Industrie-Entwurf umorganisiert. Sie wurde von der Staats- und Parteiführung dafür verantwortlich gemacht, dass die Realisierung des Fünfjahrplans nur schleppend voranging.[17] Zum 1. August 1951 wurde deshalb kurzerhand Waldemar Alder zu deren Hauptdirektor ernannt und Ehrlich als Technischer Direktor abgesetzt. Zwar konnte er in der VVB bleiben, aber jetzt nur noch als Leiter der Architekturabteilung. Immerhin gab man ihm den Titel »künstlerischer Direktor«. Damit waren die Umstrukturierungen aber nicht vorbei. Bereits im Dezember 1951 wurde die VVB vom Ministerium für Schwerindustrie in die Zuständigkeit des Bauministeriums überführt und dabei von einer »Vereinigung« zu einer »Verwaltung« heruntergestuft. Ehrlichs Hoffnung, die VVB Industrie-Entwurf könnte eine Art republikweites »Aufbaudirektorium« für die volkseigene Industrie und er der Gestalter der sozialistischen Gesellschaft werden, erfüllte sich also nicht. Ehrlich kündigte zum Jahresende 1952.

Bauausstellung

Im November 1952 schlug er dem Ministerium für Aufbau mögliche zukünftige »Verwendungsmöglichkeiten« seiner selbst vor. Mit dem ihm eigenen Aplomb schrieb er: »Ich darf und muss für mich feststellen, dass es einen Architekten weder in der DDR noch in Gesamt-Deutschland gibt, der einen solchen Umfang seiner Tätigkeit und dabei eine bestimmte Qualitätsstufe erreicht hat.«[18] Für seine weitere berufliche Zukunft sah er drei Möglichkeiten: wenig überraschend eine Professur an einer renommierten Hochschule, zum Beispiel in Dresden, oder eine Meisterwerkstatt, wie sie 1951 bei der Deutschen Bauakademie für Paulick, Henselmann und Hopp eingerichtet worden waren. Die Meisterwerkstätten waren staatliche Entwurfsbüros, das sozialistische Äquivalent zu privatwirtschaftlichen Stararchitekt:innen. Ihnen oblag die komplette städtebaulich-architektonische Planung modellhafter Straßenzüge wie der Stalinallee sowie als besonders wichtig eingestufter Einzelbauten. Die von ihnen entworfenen Gebäude waren verbindliche Vorbilder für die weitere bauliche Entwicklung der DDR.

Dritte Option war die Leitung einer Bauausstellung. In der Weimarer Republik hatte es mehrere große Bauausstellungen gegeben – zum Beispiel 1924 auf dem Weißenhof in Stuttgart oder die Deutsche Bauausstellung 1931 in Berlin –, bei denen von führenden Architekten für ihre Zeit zukunftsweisende Beispiele von Wohnungsbau in Musterhäusern präsentiert wurden.

Die erste Idee für eine »Ständige Bauausstellung« war im ZK der SED entstanden. Als Ehrlich sich ans Bauministerium wandte, kursierte sie dort bereits seit einem Jahr.[19] Für seine berufliche Zukunft malte er sich mit dieser Option wohl die größten Chancen aus, zumindest fügte er seinem Schreiben ein mehrseitiges Exposé mit detaillierten Vorschlägen bei, an dem er lange und intensiv gearbeitet haben muss.

Was Ehrlich vorschwebte, war keine klassische Bauausstellung, sondern eine Mischung aus Labor, Materialarchiv, Bildungseinrichtung und Forschungsstelle, für die er erst einmal eine Laufzeit von zehn Jahren vorsah.[20] In ausführlichen Listen stellte er den Bedarf an Investitionen und Mitarbeiter:innen zusammen: 16 Millionen DM für Ausstellungsarchitektur, neben Direktor und Verwaltungsleiter »20 Abteilungsleiter mit 20 wissenschaftlichen Assistenten und 20 Schreibkräfte«, dazu Fahrer, zwei Kraftfahrzeuge und natürlich Schreibmaschinen. Er besuchte mögliche Standorte in Dresden, Leipzig und Magdeburg, um zu dem Schluss zu gelangen, dass nur Berlin infrage käme. Außerdem stellte er fest, dass »der Direktor der ständigen Deutschen Bauausstellung mit dem Titel Professor ausgestattet werden« müsse.

Doch nicht Ehrlich wurde mit der Einrichtung der ständigen Bauausstellung beauftragt, sondern Werner Oehme, später Stadtarchitekt von Karl-Marx-Stadt (heute wieder Chemnitz). Im Dezember 1953 wurde sie in der Deutschen Sporthalle, einem von Richard Paulick erbauten, neoklassizistischen Gebäude an der Stalinallee, eröffnet.

Sie war kein Forschungslabor, sondern eine propagandistische Schau, die die jüngsten Erfolge des »Nationalen Aufbauprogramms Berlin« und insbesondere die Pläne für die im Aufbau befindliche Stalinallee präsentierte.[21]

Eine eigene Meisterwerkstatt oder eine Professur bekam Ehrlich ebenfalls nicht – obwohl er immer wieder von hohen staatlichen Funktionsträgern protegiert wurde. So auch von Anton Ackermann – Staatssekretär im Außenministerium, Leiter des Auslandsgeheimdienstes und zeitweise auch Außenminister –, der den zum Traditionalisten gewendeten Hopp im Januar 1953 aufforderte, den ihm zwei Jahre zuvor erteilten Auftrag für die Botschaft der DDR in Warschau nun mit Franz Ehrlich gemeinsam zu bearbeiten.[22] Sowohl Hopp als auch Ehrlich lehnten ab; Ehrlich, weil das Projekt eine klare Sprache brauche – sprich: weil er den Auftrag lieber komplett übernehmen wollte –, Hopp, weil »der Architekt Ehrlich nicht ehrlich« sei und die »bisher von ihm gezeigten Leistungen [...] nicht seinen Worten« entsprächen.[23]

Rundfunkhaus Nalepastraße

Ehrlich arbeitete auch nach seinem Ausscheiden aus der VVB zum 31. Dezember 1952 weiter am Projekt Nalepastraße, zunächst informell und unbezahlt, bis er im August 1953 vom Staatlichen Rundfunkkomitee einen Vertrag erhielt, der rückwirkend zum Jahresanfang wirksam war.[24] Dass Ehrlich weiter für den Bau des Rundfunkhauses verantwortlich sein durfte, lag womöglich auch daran – so Ehrlichs Neffe –, dass sich Hermann Axen, der wie Ehrlich im Leipziger KJVD aktiv gewesen und wegen »Vorbereitung zum Hochverrat« verurteilt worden war, als Mitglied des ZK der SED für ihn eingesetzt hatte.[25] Für Ehrlich war das Projekt sehr wichtig. Schon 1952 war mit dem Bau eines von ihm entworfenen Gebäudes für künstlerische Produktionen, dem sogenannten »Block B«, begonnen worden. Es sollte das größte Gebäude werden, das Ehrlich in seiner Karriere realisieren konnte – und gilt heute unter Architekturhistoriker:innen als sein Hauptwerk. Es beherbergt mehrere Aufnahmesäle sowie kleinere Studios und bietet einige Besonderheiten – oder besser: Merkwürdigkeiten. Diese resultieren zum einen aus Ehrlichs Umgang mit den technischen Erfordernissen, zum anderen aus einer stilistischen Anpassung an die Ästhetik der »neuen deutsche Architektur« – und seinem Versuch, trotzdem Eigenständigkeit zu bewahren. Man könnte auch sagen: Um den Bau abzuschließen, zahlte Ehrlich einen Preis.

Die erste Merkwürdigkeit ist die städtebauliche Positionierung. Das Gebäude orientiert sich nicht entlang der Wasserkante der Spree, sondern dreht sich in einem Viertelkreis von ihr weg. Die sich daraus ergebende städtebauliche Situation wurde schon in der Entwurfsphase von Hermann Henselmann, damals Chefarchitekt von Ost-Berlin, kritisiert. Ehrlich ignorierte diese Kritik und behielt seine Grundfigur bei. Vergleichbare Formen tauchen auch in früheren Entwürfen auf, zum Beispiel in den Plänen für eine *Gaststätte auf einem Berg*,²⁶ die während Ehrlichs Zeit in Buchenwald entstanden. Eine andere Merkwürdigkeit ist der Grundriss: Aus akustischen Gründen sind die Säle nicht rechtwinklig, die Aufnahmestudios sogar fünfeckig. Um die Räume vom Umfeld zu entkoppeln, wurde zudem eine Haus-im-Haus-Struktur entwickelt. Dafür arbeitete Ehrlich mit dem Chefingenieur der Generalintendanz des Rundfunks, Gerhard Probst, und dem Akustiker Lothar Keibs zusammen – die Akustik wird noch heute gerühmt.

Die Anpassung an den Zeitgeschmack wird vor allem in den Details des Gebäudes deutlich. So gibt es sowohl im Innen- als auch im Außenraum des Rundfunkhauses neoklassizistische Säulen, zum Teil sogar mit Enthasis und Echinus.²⁷ Ehrlich verwendete also historische Stilmittel, um sich dem gewünschten Neoklassizismus anzunähern. Im Innenraum finden sich weitere klassizistische Referenzen, im Marmorboden sind ornamentale Mäander-Bänder eingelegt, in einigen Räumen gibt es Deckengesimse mit an Akanthuswerk erinnernden floralen Ornamenten.

Von anderen Architekten gibt es in dieser Zeit eklektizistischere Bauten, Ehrlich reizte die stilistischen Möglichkeiten des stalinistischen Klassizismus nicht voll aus. Schon Ende 1951 hatten die SED-Parteisekretäre des VVB Industrie-Entwurf gewürdigt, dass er, obwohl er sich »fachlich und künstlerisch [...] im sogenannten Bauhauskreis entwickelt« habe, nun »die politisch nachteilige Wirkung« des Formalismus erkannt habe und sich »keineswegs ihm einleuchtender Argumente verschliessen« würde.[28] In gewisser Weise blieb Ehrlich sich dabei aber treu: Die pompöse Atmosphäre der repräsentativen Bereiche des Rundfunkhauses stellte er mit sehr kostengünstigen Techniken und Materialien her, zum Beispiel mit eingefärbtem Kieselwaschputz.

Nachdem Ehrlich auch noch die Planungen für ein Nebengebäude mit Küche, Speisesaal, Bücherei und Kultursaal abgeschlossen hatte, begann er 1954 mit Perspektivplanungen für das Gelände »etwa bis zum Jahre 1970«.[29] Doch die Zukunftspläne wurden schnell von der profanen Realität zunichtegemacht. Kurz vor Übergabe des Objektes brannte im Februar 1955 der fast fertiggestellte »Block B« ab. Die Politik ging von einem Sabotageakt westlicher Geheimdienste aus.[30] Ehrlich wurde »Beauftragter für den Wiederaufbau« und errichtete das Gebäude innerhalb eines Jahres neu.

Als das Rundfunkhaus 1956 feierlich eröffnet wurde, gab es ein großes Bohei mit den Repräsentanten des Staats- und Parteiapparates. Fotos zeigen Walter Ulbricht und Ministerpräsident Wilhelm Pieck beim gemeinsamen Rundgang mit Ehrlich. Zeitgenoss:innen feierten den Bau wegen der guten Akustik als Meilenstein der Rundfunkstudiotechnik. Auch Ehrlich kam in der Presse zu Wort. In der Tageszeitung *Neue Zeit* durfte er, nur noch als »Oberbauleiter« tituliert, »verschmitzt lachend« verraten, dass die »schöne Schwarzfärbung« der klassizistischen Säulen »mit Hilfe von Schuhcreme erreicht« worden sei.[31] An die Stelle eines umfassenden gesellschaftlichen Gestaltungsanspruchs und des Strebens nach rationaler industrieller Bauproduktion war billige Repräsentationsarchitektur getreten.

Architektur als Anpassungsleistung

Ein weiteres gutes Beispiel für Ehrlichs Anpassung an die neue ästhetische Doktrin ist sein Entwurf für das »Haus des Handels und der Freundschaft« in Peking, die Außenhandelsvertretung der DDR in China. Wahrscheinlich bekam er diesen Auftrag auf Vermittlung von Werner Türpe, früher Kapo im Baubüro des KZ Buchenwald, inzwischen für die DDR als Handelsrat in der chinesischen Hauptstadt. Zwischen 1954 und 1957 arbeitete Ehrlich an dem Vorhaben und hielt sich mehrfach über längere Zeit in China auf, um das Gebäude im Sinne der »Nationalen Tradition« zu entwerfen, also Elemente der chinesischen Baugeschichte aufzugreifen und zeitgemäß zu übersetzen. Ehrlich bereiste das Umland von Peking und untersuchte traditionelle lokale Architektur und Landschaftsgestaltung, von der er so beeindruckt war, dass er zahlreiche Bleistiftzeichnungen anfertigte, die er später sogar dem Dresdner Verlag der Kunst zur Veröffentlichung anbot.

Für das Gebäude gibt es verschiedene Varianten, einige erinnern an chinesische Paläste, andere eher an griechische Tempel. In einigen Zeichnungen sind beide Stilreferenzen kombiniert. Der Entwurf, den Ehrlich schließlich vorlegte, zeigt eine Fassade mit einer vereinfachten Kolossalordnung. Die fensterlosen turmartigen Ecken des fünfstöckigen Gebäudes nehmen gut ein Viertel der Fassadenbreite ein und vermitteln so einen wehrhaften Eindruck. Die geschwungene Linie des leicht abgesetzten Daches erinnert dezent an chinesische Traditionen, der bepflanzte und mit Säulen gesäumte Innenhof greift regionale Wohntypologien auf. Der Gebäudeeingang hingegen bezieht sich mit dorischen Säulen deutlich auf den Neoklassizismus. Der Entwurf stieß bei den Auftraggebern auf Gegenliebe.[32] Die Vorbereitungen für die Umsetzung vor Ort begannen, doch dann kam überraschend die Absage. Auch dieses Projekt wurde nicht realisiert.

Konditionierung in Berlin-Buch

Mit Projekten wie dem Rundfunkhaus Nalepastraße oder dem Haus des Handels und der Freundschaft in Peking hatte Ehrlich also (erneut) gezeigt, dass seine Architektursprache flexibel war. Zu den beiden gestalterischen Polen »Bauhaus« und »Buchenwald« hatte sich nun der »stalinistische Klassizismus« gesellt.

Zwischen diesen Polen fand Franz Ehrlich – ein Stück weit – zu einer eigenen Sprache, die seine vielschichtigen Berufs- und Lebenserfahrungen amalgamierte. Das herausragende Beispiel für die erfolgreiche Anpassung von Ehrlichs kreativem Potenzial an die (politischen) Rahmenbedingungen der fünfziger Jahre ist das 1956/57 erbaute Institut für kortiko-viszerale Pathologie und Therapie in

Berlin-Buch, damals auch einfacher Klinik für Schlaftherapie genannt. Das Gebäude errichtete Ehrlich für den Ärztlichen Direktor des Städtischen Krankenhauses in Berlin-Buch Rudolf Baumann, der sich in dieser neuen Forschungsrichtung profilieren wollte. 1958 wurde das von ihm geleitete Institut Teil der Deutschen Akademie der Wissenschaft.

Zunächst zur Architektur der Klinik. Das mit Schiefer gedeckte hohe Walmdach dominiert den äußeren Eindruck, auffällig ist auch die Eingangssituation, die auf einem Natursteinsockel sitzt und von zwei Säulen markiert wird. Ein Natursteinboden führt in den Innenbereich. Der Blick fällt auf ein kleines Atrium, in dessen Zentrum die Plastik *Geschwister II* des Bildhauers Waldemar Grzimek stand. Der Hauptteil der eingeschossigen Forschungsklinik ist wie ein Kloster aufgebaut. Wie Mönchszellen ordnen sich die Patient:innenzimmer entlang eines Erschließungsgangs. Ehrlich hatte wenige Jahre zuvor in Erwägung gezogen, eine Dissertation über das brandenburgische Kloster Chorin zu schreiben, ihn beschäftigte – wie übrigens auch Le Corbusier, der 1956-60 mit La Tourette sogar ein Kloster baute – die Frage, wie durch Architektur soziale Gemeinschaft hergestellt bzw. unterstützt werden kann.[33] Aus dem Erschließungsgang der Klinik sieht man in den begrünten Innenhof; das so entstehende offene Raumgefühl erinnert an moderne Konzepte, Ehrlich stellte sein Gebäude gar in eine Traditionslinie mit Mies van der Rohes Barcelona-Pavillon, einer für ihren offenen Raum berühmten Ikone der Moderne.³⁴ In den Büros der Institutsleitung und den Patient:innenzimmern sticht die aufwendige Innenausstattung hervor, die mit Teppichböden, Holzvertäfelungen und Nierentischen die kleinbürgerlichen Wohlstandsfantasien der fünfziger Jahre repräsentiert. Die Innenausstattung und alle Möbel wurden ebenfalls von Franz Ehrlich entworfen und von den Deutschen Werkstätten Hellerau ausgeführt.

Die Klinik liegt in einer im frühen 20. Jahrhundert vom damaligen Berliner Stadtbaudirektor Ludwig Hoffmann errichteten Heilanstalt, fast alle Gebäude haben Walmdächer und einfache Säulenportale. Diese Elemente greift Ehrlich auf, um seinen Entwurf der Umgebung anzupassen. Dass die Klinik für Schlaftherapie kein extrovertiertes, sondern ein introvertiertes Gebäude ist, wird auch als Referenz an die chinesische Architektur interpretiert.³⁵ Die Orientierung nach innen passt aber auch zur Funktion des Gebäudes: In der Schlaftherapie sollten die Patient:innen nicht an- und aufregende Architektur erleben, sondern Ruhe finden und schlafen. Dass das Gebäude sich nach außen eher verschließt und sich zum grünen, beruhigenden Innenhof öffnet, ist daher gut nachvollziehbar. Weil das Gebäude ein Prestigebau war, ist das Innere aufwändig ausgestattet. Natursteinsockel und -böden hatte Ehrlich schon bei Bauten in Buchenwald eingesetzt, sie gehörten also zu seinem vertrauten Material- und Formenrepertoire. Der nicht streng rechtwinklige Grundriss, der bei den Sälen und Aufnahmestudios im Rundfunkhaus Nalepastraße noch durch die Akustik funktional begründet war, wird hier allerdings zur formalen Spielerei. So gesehen, kann man das Gebäude als Beispiel dafür anführen, dass Ehrlich im sozialistischen Alltag angekommen war, er passte sich dem Kontext an und führte die von stalinistischen Traditionalist:innen geforderten regionalen Bautraditionen fort – von den Säulen über die Dächer zum Naturstein. Mit der Verschneidung von Innen- und Außenraum setzte er seine städtebaulichen Ideen der durchgrünten Stadt auf gebäudetypologischer Ebene um. Solch »biologisch richtigen Raum«, so schrieb Ehrlich später, müsse »eine sozialistische Architektur anstreben«.[36]

Die Klinik verfügte lediglich über dreißig Einzelzimmer, aufgeteilt auf einen Frauen- und einen Männertrakt. Große Teile des Gebäudes wurden für die Forschung genutzt, für die Labor-, Technik- und Büroräume zur Verfügung standen. Sogar eine eigene Bibliothek und einen kleinen Hörsaal gab es. Schon allein aufgrund der wenigen Zimmer war die Klinik exklusiv. Und so blieben die kostspielig eingerichteten Einzelzimmer meist Persönlichkeiten des sozialistischen Staates vorbehalten – von überarbeiteten Kadern über Künstler:innen bis hin zu traumatisierten KZ-Überlebenden. Stefan Heym beschrieb diese Szenerie 1979 in seinem Roman *Collin*.

Das Gebäude ist architektonisch und gesellschaftspolitisch interessant, gerade aufgrund seiner eigentlichen medizinischen Funktion – der Erforschung und Anwendung der kortiko-viszeralen Therapie. Diese war ein ideologisches Luftgespinst der stalinistischen Medizin- und Forschungspolitik.[37] Aufgrund der Experimente von Iwan Pawlow – bekannt ist noch heute der pawlowsche Hund – gingen sowjetische Wissenschaftler:innen davon aus, dass psychische Erkrankungen wie zum Beispiel Erschöpfungssyndrome zentral von der Großhirnrinde ausgelöst würden. Der Medizinhistoriker Bernd Gausemeier sieht in dieser zentralistischen Auffassung vom Körper und seinen Erkrankungen eine Analogie »zur stalinistischen Diktatur, in der ein politisches ›Großhirn‹ alle Vorgänge im politischen Körper« kontrollieren sollte.[38] Diese Analogie setzt sich in der Therapieform fort. Die sowjetischen Wissenschaftler:innen glaubten nämlich, dass Krankheiten ähnlich wie der Speichelfluss des Hundes durch »Reiz-Reaktions-Konditionierungen« gesteuert würden und so geheilt werden könnten – und zwar im Schlaf.

Die Schlaftherapie wurde ab den späten vierziger Jahren in der DDR erprobt.[39] In der Forschungsklinik Berlin-Buch hatte Ehrlich zwei »Pawlowsche Kammern« eingebaut, in denen Menschen und Tiere optischen, akustischen und thermischen Reizen ausgesetzt wurden; für die Tierversuche hielt man Ratten und Affen. Außerdem gab es Hochleistungsoszillografen, um die Auswirkungen auf die Gehirnströme zu messen. »Die Experimente«, so Gausemeier weiter, wurden »gar als Beiträge zu einer ›marxistischen Sozialpsychologie‹« verstanden. Die Schlaftherapie sollte einen Beitrag zur Formung des neuen sozialistischen Menschen leisten. Diesen sozialistischen Menschen stellte Ehrlich – in Gestalt der Figuren Waldemar Grzimeks, die dem geforderten neuen Realismus entsprachen – in den Atrium neben dem Eingang, den er als die symbolische Mitte der Anlage ansah.

Das Klinikum repräsentiert also zwei totale Gestaltungskonzepte: Der Traum des Bauhauses, die Genese eines neuen Menschen durch die materielle Gestaltung der Umwelt zu ermöglichen, traf auf ein im Stalinismus forciertes biophysiologisches Konzept, das den neuen Menschen durch Konditionierung erschaffen wollte.

Franz Ehrlich verbrachte in den sechziger Jahren wegen Erschöpfung, in den späten siebziger Jahren wegen mehrerer Herzinfarkte viel Zeit in Buch; in den letzten Jahren vor seinem Tod war er immer wieder über längere Zeiträume Patient bei Baumann, für den er 1962 unweit des Krankenhauses ein Privathaus gebaut hatte.

Trotz aller ästhetischer Anpassungsversuche und der »Selbstsäuberung« seiner formalen Sprache stand Ehrlich nach 1951 nicht mehr in der vordersten Linie, sondern verschwand aus dem Rampenlicht. Die Gründe dafür sind vielfältig; seine Unterwerfung unter das Dogma des stalinistischen Klassizismus war nicht vollständig, er wurde weiter als Formalist wahrgenommen. Außerdem verhinderte seine Unangepasstheit die vom System geforderte Integration ins Kollektiv. Ehrlich war ein Einzelkämpfer und kein, wie man heute sagen würde, Teamplayer. Zudem stand auch seine ungeklärte Rolle im SS-Bauwesen einer prominenten Position im sozialistischen Bauwesen im Wege.

Die große Karriere von Franz Ehrlich war bereits Anfang der fünfziger Jahre vorbei, bevor sie richtig Früchte getragen hatte. Er kam in der sozialistischen Realität an. Neben dem architektonischen Funktionalismus schälte sich ein politischer heraus: Opportunismus ist die Grundbedingung für das Überleben in einer Totalitätsmaschine.

SOZIALISTISCHE REALITÄT

Trotz der Entstalinisierung realisiert Ehrlich in der DDR keine großen Aufträge mehr, aber mit Unterstützung der Stasi Projekte im Ausland. Seine Möbelserie 602 wird ein Verkaufsschlager. Er konzipiert utopische Vorhaben und malt Bilder von Geigen.

Die große Wende

Josef Stalin starb im März 1953. Sein Nachfolger Nikita Chruschtschow leitete die Entstalinisierung ein: Der allmächtige Geheimdienstchef Lawrenti Beria wurde hingerichtet, das Gulag-System abgeschafft. Zwang und Terror sollten nicht länger die wichtigsten Herrschaftsinstrumente sein. Die Veränderung des Systems nahm Jahre in Anspruch. Ein wichtiger Meilenstein auf dem Weg zur großen Abrechnung mit Stalin auf dem XX. Parteitag der KPdSU im März 1956 war eine Rede Chruschtschows auf der Allunionsbaukonferenz im Dezember 1954. In dieser verkündete er das Ende der stalinistischen Architekturauffassung, rechnete mit der bisherigen Architektenelite ab und proklamierte eine neue funktionalistische Doktrin. Er forderte: »Billiger, besser, schneller bauen!«[1]

Im darauffolgenden Monat diskutierte die Deutsche Bauakademie in einer öffentlichen Plenartagung über »Die Bedeutung der Unions-Baukonferenz in Moskau für die

Aufgaben im Bauwesen der Deutschen Demokratischen Republik«.[2] Es dauerte jedoch ein weiteres Jahr, bis im Januar 1956 in der Fachzeitschrift *Deutsche Architektur* »die große Wende im Bauwesen« eingeläutet wurde.[3] Wie in der sowjetischen Architektur- und Baupolitik sollte nun auch in der DDR ganz auf Industrialisierung, Rationalisierung und Kostensenkung gesetzt werden.

Eigentlich wäre die Bauwende ein guter Ausgangspunkt für einen Karriereschub gewesen. Schließlich verstand sich Franz Ehrlich als ein Architekt, dem genau diese Punkte wichtig waren. Er versuchte erneut, Aufmerksamkeit auf sein »Achssystem« zu lenken, war er doch nach wie vor überzeugt, damit einen Schlüssel »für einen neuen Städtebau, eine neue Architektur und eine neuzeitliche Bauindustrie« zu besitzen.[4] Gemeinsam mit einem ehemaligen Mitarbeiter erstellte er ein 99-seitiges Buchmanuskript mit dem Titel *Die Bezugs-Einheit (BE)*, das allerdings nicht veröffentlicht wurde.[5]

Trotz »Bauwende« kam die Veränderung des Bauwesens in der DDR nur stockend voran, schließlich waren die ökonomischen Möglichkeiten nicht über Nacht größer geworden und die Protagonist:innen der nationalen Tradition nicht plötzlich verschwunden.[6] Das von Ehrlich erhoffte »rationell-industrielle Denken« setzte sich nur sehr langsam, seine ästhetischen Vorstellungen überhaupt nicht durch.

Die Modernist:innen suchten die Öffentlichkeit. Hermann Henselmann hatte bereits 1955 in einem Artikel in der Wochenzeitung *Sonntag* (heute: *der Freitag*) »ein starres Festhalten an einem ästhetischen Kanon« kritisiert und meinte, dass »eine Theorie – und wenn sie noch so autorisiert vorgetragen wird – geändert werden müsse, wenn [sie] in Widerspruch zur Praxis« stehe.[7] Die Unzufriedenheit in der Architekturszene war in jenen Jahren sehr groß, der Reformstau in der Wirtschaft hemmte die Entwicklung. Im September 1956 meldete sich auch Franz Ehrlich mit einem Artikel im *Neuen Deutschland* zu Wort. Statt einen Beitrag zur Realisierung der hochgesteckten Ziele im Bauwesen zu leisten, so Ehrlich, würden die Deutsche Bauakademie und das Bauministerium »das richtige und gute Bauen zu einer ›Wissenschaft‹ machen […], während es nur eine technisch-praktische Leistung ist«. Um eine Bauaufgabe zu realisieren, müsse der Architekt vor allem den realen Bauprozess im Blick haben und aktiv steuern. »Die dazu notwendigen Fähigkeiten können ihm keine ›wissenschaftlichen Leitsätze‹ geben, sondern nur die praktische Erfahrung auf der Baustelle, die er schöpferisch täglich neu anwenden muß.«[8] Mit dieser – heute würde man sagen: praxeologischen – Haltung konnte er sich nicht durchsetzen. Da half es auch nichts, dass der Artikel vorab vom Minister und Sekretär für Wirtschaftspolitik des ZK der SED, Gerhard Ziller, einem ehemaligen Sachsenhausenhäftling, freigegeben worden war.

Dass die »große Wende« im Bauwesen für Ehrlich keinen Aufschwung brachte, hatte auch andere Gründe. Durch die Entstalinisierung erfolgte zwar eine Abwendung vom »Zuckerbäckerstil«, aber das bedeutete nicht, dass deshalb Ehrlichs Projekte zum neuen Vorbild wurden. Im Gegenteil: Er wurde Ende der fünfziger Jahre härter kritisiert als zuvor. Beispielhaft dafür ist die Rezeption des 1958 von Ehrlich fertiggestellten Innenausbaus des Clubs der Kulturschaffenden »Johannes R. Becher«, einem wichtigen Treffpunkt für Intellektuelle, Wissenschaftler:innen und Künstler:innen in der heutigen Jägerstraße unweit des Gendarmenmarkts. Während der Club im *Neuen Deutschland* als »ein Meisterwerk sozialistischer Innenarchitektur« gelobt wurde,[9] schrieb Hans Schmidt, Direktor des Instituts für Theorie und Geschichte der Baukunst an der Deutschen Bauakademie, in der Zeitschrift *Deutsche Architektur* einen Verriss. Er bezeichnete die Innenraumgestaltung des Clubs als »Warenhaus der ästhetischen Sensationen« und warf Ehrlich aufgrund seines Spiels mit den »Materialreizen einer glatten Edelholzverkleidung und einer rohen Backsteinwand […] unsozialistische Effekthascherei« vor.[10] All die schicken und teuren Einbauten, »aufwendig gepolsterte Sessel mit schräggestellten Beinen, ohne Armlehnen und mit zu weit nach hinten geneigten Rückenlehnen«, die Ehrlich entworfen hatte, waren für Schmidt Luxus für den »Bourgeois von gestern«. Erwartet hätte er hingegen Lösungen für die Wohnungen, die »in unserem Arbeiter- und Bauernstaat« errichtet werden sollten. Der Artikel gipfelte in dem Vorwurf, Ehrlichs Einbauten und Möbel glichen der Architektur des Westens: »Sie sind – kraß gesagt – die ästhetisch berückende Hülle, in welche die

Atombombe eingewickelt wird.« Bei dieser Kritik handelte es sich nicht um eine Einzelmeinung, sie war vielmehr – so berichtete es zumindest ein namentlich nicht genannter Professor dem MfS – mit der Abteilung Bauwesen des ZK der SED abgestimmt.[11] In dem Bericht des anonymen Professors hieß es weiter, Ehrlich habe, obwohl »altes Mitglied unserer Partei«, »einen individualistischen Weg« beschritten, »der ihm zugleich ein höheres materielles Einkommen« gewährleiste.[12] Ehrlich wurde also letztlich vorgeworfen, dass er auf seinen Vorteil bedacht sei, »reaktionär-bürgerlichen« Kunstauffassungen anhänge und mit seinen als »revisionistische Überspitzungen« gewerteten Projekten der sozialistischen Entwicklung schade. Trotz Entstalinisierung war der Formalismusvorwurf nicht aus der Welt. Weil in Ehrlichs Entwürfen »die Funktion nur als Vorwand für alle möglichen formalistischen Kunststücke« diene,[13] sei er nicht zum Entwerfen der industriell herstellbaren Gebäude geeignet, die in Zukunft überall in der DDR errichtet werden sollten. Die Kritik an Ehrlich bezog sich also auf seine künstlerisch-ästhetische Position, die im Widerspruch zu ideologischen Zielen zu stehen schien, auf seine Arbeitsweise, die ebenfalls nicht der politisch erwarteten Haltung entsprach, und auf fachlich-technische Aspekte. Der Streit zwischen Ehrlich und der Bauakademie war ein Stück weit ein Stellvertreterkonflikt für die Auseinandersetzungen zwischen stalinistischen Traditionalist:innen und sozialistischen Reformer:innen.

Ein weiteres Beispiel, wie sich dieser Streit auf seine

Berufspraxis auswirkte, war die Auseinandersetzung um das Fernseh- und Rundfunkzentrum in Leipzig. Gerhard Probst, mit dem er beim Entwurf der Nalepastraße eng zusammengearbeitet hatte, war zum stellvertretenden Minister für Post- und Fernmeldewesen aufgestiegen und stellte Ehrlich 1957 ein. Im Jahr zuvor hatte das Fernsehen der DDR gerade den Regelbetrieb aufgenommen. Beim Aufbau der baulichen Infrastruktur für diese gesellschaftlich relevante Zukunftstechnologie eine Rolle zu spielen, passte zu Ehrlichs Selbstbild. Er wirkte am Aufbau des Fernsehgeländes in Berlin-Adlershof mit und plante Regionalstudios für Rundfunk und Fernsehen in Frankfurt an der Oder, Rostock und Leipzig.

Das wichtigste Vorhaben war das Fernseh- und Rundfunkzentrum Leipzig, ein großer Produktions- und Sendekomplex mit Studios, großem öffentlichem Saal und einem 25-stöckigen Redaktionshochhaus, auf dessen Dach Ehrlich einen Richtfunkturm platzieren wollte. Der Komplex hätte das Stadtbild der Messemetropole entscheidend verändert. Dazu kam es nicht, denn sein Entwurf wurde 1959 vom »Beirat für Architektur« der Regierung, dem unter anderem Liebknecht und Collein angehörten, abgelehnt. Ehrlichs Tätigkeit für Rundfunk und Fernsehen war damit schon wieder vorbei.

Die »Große Wende im Bauwesen« führte zu einer Architekturpolitik, die einen radikalen Funktionalismus in den Vordergrund stellte. Selbst wenn Ehrlich davon sprach, die industrielle Bauproduktion zu befürworten, waren seine realisierten Projekte von traditionell handwerklicher Ausführung und einer pathetischen, auf räumliche Wirkung und Überwältigung zielenden Architekturvorstellung geprägt. Zur neuen funktionalistischen Doktrin passte diese Haltung nicht. Er saß zwischen den Stühlen. Die immer noch in Amt und Würden stehenden Traditionalisten lehnten seine Haltung als formalistisch ab, für die modernen Architekt:innen war er zu sehr Baukünstler und zu wenig Funktionalist. Ehrlich wurde deshalb weder an der nun erfolgenden Entwicklung der industriell vorgefertigten Plattenbauten noch am Aufbau der neuen, modernistisch-funktionalistischen Städte mit ihren »Wohnkomplexen« genannten Plattenbausiedlungen beteiligt. Die nach Stalinstadt »zweite sozialistische Stadt« Hoyerswerda und das für 100 000 Bewohner:innen errichtete modernistische Prestigeprojekt Halle-Neustadt baute – der stilistisch mehrfach gewendete – Richard Paulick. Die Prager Straße in Dresden mit ihren ab 1963 nach modernen Vorbildern errichteten Gebäuden plante nun neben anderen Kurt W. Leucht, der zuvor – auch in Dresden – jahrelang die Moderne heftig bekämpft hatte.[14] Den symbolpolitisch wichtigen II. Bauabschnitt der in Karl-Marx-Allee umbenannten Stalinallee planten ebenfalls andere, unter anderem Edmund Collein.

Geheimer Informator »Neumann«

Weil Ehrlich »einen guten Überblick über das Bauwesen und über die Rolle der einzelnen Personen«[15] in der Architekturszene hatte, wurde er im Februar 1954 von der Staatssicherheit als »Geheimer Informator«, wie inoffizielle Mitarbeitende der Stasi damals genannt wurden, angeworben. Unter dem Decknamen »Neumann« berichtete er über die führenden Architekten aus der Deutschen Bauakademie, leitende Ministeriumsmitarbeitende und Baufachleute. Außerdem sollte er in West-Berlin ihm bekannte Personen der Bauwelt ausspionieren. Er beschaffte Informationen über Lobbyisten der Bauwirtschaft, die er noch aus Dresden kannte, und über andere Architekt:innen, zum Beispiel die Bauhausschülerin Wera Meyer-Waldeck, die die Privatwohnung von Bundespräsident Theodor Heuss und das Gästehaus des Bundestags in Bonn eingerichtet hatte. Insgesamt scheint die Arbeit in Richtung Westen aber über Anfänge nicht hinausgekommen zu sein; hauptsächlich wurde Ehrlich innerhalb der DDR eingesetzt. Man wollte ihn als Informationsquelle aufbauen, um etwaige Angriffe oder mögliche Fehlentwicklungen frühzeitig zu erkennen. Außerdem sollte er zur zielgerichteten Überwachung und Manipulation einzelner Personen verwendet werden. So verabredete er sich laut der Akten 1955 im Auftrag der Stasi mehrfach mit einer Frau zu Opern- und Restaurantbesuchen, um herauszufinden, welche Beziehungen sie »zu den Personen Paulick, Hopp, Henselmann, Liebknecht usw. unterhält«, wie der hauptamtliche Stasi-Mitarbeiter vermerkte.[16] Aus seiner Sicht würde es »wahrscheinlich notwendig sein«, dass Ehrlich dazu mit der Frau »intim verkehrt. Hierzu erklärte sich der GI nach längerem Zögern bereit.«[17] Besonders ergiebig war die Überprüfung der Frau durch Ehrlich allerdings nicht, er fand lediglich heraus, dass sie Horoskope für die Architekten erstellte.

Auch sonst brachte die Zusammenarbeit mit Ehrlich nicht die gewünschten Resultate, seine Einsatzmöglichkeiten wurden bald als beschränkt eingeschätzt: »In Kreisen der leitenden Baufachleute der DDR hat er sich im Laufe der Zeit viele Feinde geschaffen und ist deshalb alles andere als gut angesehen.«[18] Außerdem bemängelte die Stasi, Ehrlich erledige die ihm erteilten Aufträge »nicht immer [mit] dem notwendigen ernst [sic]« und schätze »die eigene Arbeit höher [ein] als die Zusammenarbeit«.[19] Im September 1958 führte die Staatssicherheit eine »grundlegende Aussprache« mit Ehrlich durch. Nach dem Gespräch unterschrieb er eine kleinteilige »Vereinbarung«, die die weitere Zusammenarbeit regelte. »Bei den künftighin stattfindenden Treffs berichte ich selbständig über die unter den Personen meines Umgangskreises bzw. Arbeitsgebietes festgestellte [sic] Stimmungen, ohne Unterschied der Tendenz, ob positiv oder negativ.«[20]

Ob Ehrlich mit der Stasi kooperierte, weil er von der Notwendigkeit ihrer Tätigkeit für den Aufbau des Sozialismus überzeugt war, oder ob er sich systemischem Druck ausgesetzt sah und deshalb Schutz suchte, lässt sich rückblickend nicht mit Sicherheit sagen. So könnte

Ehrlich beispielsweise nach einem gescheiterten Versuch, Ulbricht abzusetzen, Sorge gehabt haben, selbst unter Verdacht zu geraten. Denn mit einem der »Verschwörer«, ZK-Mitglied Gerhard Ziller, hatte er häufig Kontakt. Zumindest prüfte die Stasi, ob zwischen Ehrlich und Ziller freundschaftliche Beziehungen bestanden hatten. Vorstellbar ist ebenso, dass Ehrlich sich von der Zusammenarbeit mit der Stasi berufliche Vorteile erhoffte. Zumindest versuchte er immer wieder, die Stasi für seine Zwecke zu nutzen. Als er aufgefordert wurde, die Struktur der Architekturszene zu erläutern, fertigte er unter anderem eine Handskizze an. In mehreren wie Umlaufbahnen angelegten Kreisen sind die Namen damals wichtiger Architekten und Künstler verzeichnet. Im Mittelpunkt des Organigramms, vom dem auch Verbindungslinien zu »Regierung«, »Wissenschaft«, »Industrie« und »Kunst« gezogen sind, steht, fett umkreist: »ICH«.[21]

Gute Kontakte

Innerhalb der Architekturszene nahm Ehrlich tatsächlich eine Sonderstellung ein. Anders als die »Heilige Familie«, wie Henselmann, Hopp, Paulick und Liebknecht genannt wurden, gehörte er nicht (mehr) zu den führenden Architekten des Landes, genoss aber weiterhin Unterstützung von wichtigen Personen im Staats- und Parteiapparat, die ihm Aufträge vermittelten oder ihn auf herausgehobene Posten hievten.

Seine Tätigkeit ab Ende der fünfziger Jahre ist nur schwer zu fassen. Sie lässt sich nicht linear anhand der Fertigstellung großer Bauprojekte nachvollziehen, weil sie in verschiedene Aktivitätsfelder zerfaserte. Zum einen arbeitete Ehrlich weiter als Architekt und Möbelgestalter. Da er bei Eintritt in die VVB sein eigenes Büro in Dresden aufgelöst hatte, war er nun meist als Angestellter tätig. Seine Verträge beinhalteten häufig die Option, für etwaige Bauprojekte gesondert beauftragt zu werden. Meist enthielten sie keine präzise Tätigkeitsbeschreibung, sondern betitelten Ehrlich als »Berater« oder »Chefarchitekten«. In den Institutionen versuchte er dann, sich bauliche Aufgaben zu erschließen, während die administrative Arbeit, die von den Institutionen erwartet wurde, oft zu kurz kam.

Ein Beispiel dafür ist seine Tätigkeit bei der »Forschungsgemeinschaft«. Um in der DDR anwendungsbezogene Spitzenforschung zu fördern, fasste die Akademie der Wissenschaften 1957 ihre naturwissenschaftlichen, technischen und medizinischen Institute in der dafür gegründeten »Forschungsgemeinschaft« zusammen. Ehrlich übernahm dort 1959 eine neu geschaffene Stelle als Baubeauftragter. Obwohl Entwurfsarbeit nicht seine Aufgabe war, versuchte er immer wieder, architektonische Projekte zu übernehmen, und baute schließlich ein Institut für Elektronenmikroskopie in Halle – allerdings kein Bau von besonderem architektonischen Wert. Da ihm schon bald »Mängel, insbesondere in der Arbeitsorganisation« vorgeworfen wurden, musste er diesen Posten nach nicht einmal zwei Jahren wieder verlassen.[22]

In den fünfziger Jahren gab Ehrlich mehrmals an, »beschäftigungslos« zu sein.[23] Bisweilen scheint diese Selbstbeschreibung strategisch motiviert, es wirkt, als habe Ehrlich damit darauf aufmerksam machen wollen, dass sein Potenzial vom sozialistischen Staat nicht ausreichend genutzt werde. Immer wieder versuchte er, sich neue Arbeitsfelder zu erschließen, etwa in den Nationalen Forschungs- und Gedenkstätten der klassischen deutschen Literatur in Weimar: Für sie richtete er 1960 das Goethe-Nationalmuseum neu ein, rekonstruierte 1968 in Bad Lauchstädt das Goethetheater und plante lange an einem Schillermuseum – keine Höhepunkte der Architekturgeschichte, aber Beiträge zum Selbstverständnis der Republik, die nicht nur in die sozialistische Zukunft blickte, sondern sich auch auf die Weimarer Klassik berief. Beauftragt wurde Ehrlich von Helmuth Holtzhauer, der damals Generaldirektor der Nationalen Forschungs- und Gedenkstätten war, und seinem Bruder Willi Ehrlich, ab 1965 Direktor des Goethe-Nationalmuseums.

An der Aufrechterhaltung aktiver Beziehungen von Ehrlich in Politik, Wissenschaft und Kunst war auch die Stasi interessiert. Zumindest setzte sie sich in dieser Zeit für sein berufliches Fortkommen ein. Im November 1962 besuchte der Leiter der Hauptabteilung, für die Ehrlich inoffiziell tätig war, den Außenhandelsminister bei einer Kur in Bad Elster, um ihm »Einzelheiten der Behinderung des Architekten Ehrlich durch führende Bauwissenschaftler« zu erläutern und einen »Vorschlag zum Einsatz des Architekten« zu unterbreiten.[24] Tatsächlich kam Ehrlich bald darauf im Geschäftsbereich des Ministers unter: 1963 wurde von der Regierung per Ministerratsbeschluss die Stelle eines Chefarchitekten des Leipziger Messeamtes geschaffen und mit ihm besetzt.[25]

Warum die Stasi sich um Ehrlich kümmerte, lässt sich nicht klären. Vielleicht, weil sie sich dem antifaschistischen Widerstandskämpfer und Buchenwaldhäftling verpflichtet fühlte; vielleicht, weil sie seine guten Kontakte abschöpfen wollte; vielleicht, weil sie die vorherrschende Architekturhaltung und die schleppende Entwicklung des Baugeschehens in der DDR kritisch betrachtete und im Fall der Fälle eine Alternative in petto haben wollte. Es ist das Wesen der Totalitätsmaschine, zu der auch die Staatssicherheit zählte, dass man ihre Beweggründe nicht immer nachvollziehen kann.

Leipziger Messe

Schon in der zweiten Hälfte der vierziger Jahre hatte sich Ehrlich als Gestalter von Ständen auf der Leipziger Messe einen Namen gemacht und 1949 einige Ideenskizzen für die Neugestaltung des Messegeländes angefertigt. Als er Technischer Direktor der VVB Industrie-Entwurf wurde, wollte er die komplette Entwurfstätigkeit für die Leipziger Messe übernehmen, was ihm aber nicht gelang.

Dass er 1963 diesen herausgehobenen Posten übertragen bekam, war entweder ein glücklicher Zufall, oder man hatte ihm die lang ersehnte Carte blanche gewährt. Eigentlich war Ehrlich als Chefarchitekt vor allem für die Messebauten zuständig, er entwickelte aber immer wieder Pläne für die ganze Stadt.[26] Bereits wenige Monate nach Amtsantritt warf man ihm vor, als Vorgesetzter ungeeignet zu sein, weil er »keinerlei Verbindung zu seinen Kollegen« suche, diese »wie Knechte« behandle und insgesamt »arrogant [sic], überheblich, trotzig« auftrete, so berichtete es ein Mitarbeiter des Messeamtes gegenüber der Stasi.[27] Einigen Mitarbeiter:innen stieß auch die Diskrepanz zwischen Ehrlichs »Gehaltsforderung von 3500,- DM und seinen bisher gezeigten Arbeiten« auf, was zu »Unruhen unter den Kollegen« geführt habe. Allerdings schien man sich bewusst zu sein, dass Ehrlich von höchster Stelle protegiert wurde. So berichtete die Kontaktperson weiter: »Obwohl in mehreren Fällen die Parteileitung diesbezüglich informiert wurde, gab es keinerlei grundsätzliche Auseinandersetzungen, da alle Angst hatten ihre Meinung zu sagen.«[28]

1965 verschärften sich die Konflikte, die Kammer für Außenhandel sowie der Volkswirtschaftsrat lehnten sogar eine weitere Zusammenarbeit mit Ehrlich ab; auch die Stadt Leipzig beschwerte sich über ihn. Der Parteisekretär des Messeamtes hatte den Eindruck, Ehrlich wolle »mehr künstlerisch-schöpferisch wirken«.[29] Das Arbeitsverhältnis wurde schließlich nach anderthalb Jahren beendet, Ehrlich jedoch durch Protektion von oben weiter mit Aufträgen versorgt. Auf Betreiben des ZKs und der Stasi erhielt er eine Zulassung als freier Architekt, um auf freiberuflicher Basis »in Zukunft mit der Durchführung perspektivischer Untersuchungen und deren schriftlicher und zeichnerischer Fixierung für die weiteren Investitionen der Leipziger Messe« betraut werden zu können.[30] Die von ihm daraufhin entwickelten »Perspektivplanungen« reichten bis ins Jahr 2000 – realitätsferne Träumereien, die weniger dem Aufbau des Sozialismus als der Befriedigung eines gut vernetzten Genossen dienten. Im Gegenzug erwartete die Stasi, wie in ihrem Bericht vermerkt ist, von ihm aber auch eine »bedeutend« engagiertere Bearbeitung der an ihn gestellten Spitzelaufgaben.[31]

Bauten im Ausland

Auf einem anderen Gebiet des DDR-Bauwesens war Ehrlich trotz anhaltender Formalismusvorwürfe tätig: Er gestaltete Handelsvertretungen im Ausland. Auch wenn 1957 das Haus des Handels in Peking nicht gebaut worden war, bekam er vom Ministerium für Außenhandel und innerdeutschen Handel bis in die frühen siebziger Jahre Aufträge für die innenarchitektonische Gestaltung und die Möblierung von Handelspolitischen Abteilungen. Insbesondere nach dem Bau der Mauer nahm diese Zusammenarbeit Fahrt auf, Ehrlich arbeitete vermehrt im »nichtsozialistischen Wirtschaftsgebiet«. In den sechziger Jahren war er unter anderem mit Projekten in Ägypten, Belgien, Ceylon (Sri Lanka), Finnland, Frankreich, Indien, Jugoslawien und Schweden befasst. Jedes Jahr machte Ehrlich mindestens eine Fernreise.

Was Liebknecht und Schmidt bei Ehrlich als »bürgerlich« und »revisionistisch« schmähten, schien für die repräsentativen Zwecken dienenden Außenhandelsvertretungen – die von der DDR in westlichen Ländern als Vorposten für die angestrebte staatliche Anerkennung eingerichtet wurden – genau das Richtige zu sein. Ehrlichs schicker Stil war im Ausland nützlich. Er entwarf opulente Innenausstattungen im Stil der fünfziger und sechziger Jahre: Wandverkleidungen aus Palisander, elegant geschwungene Tische mit Gestellen aus verchromtem Stahl, dekorative Wandmosaike und ausladend gepolsterte Sitzecken. Bei diesen Projekten war Ehrlich allerdings nicht als Architekt tätig, sondern als Innenarchitekt und Möbeldesigner. Dabei kamen ihm seine Erfahrungen als Ausstellungsmacher und Messegestalter zugute, schließlich wurden in den Handelsvertretungen zum Export bestimmte Produkte in Szene gesetzt. Er gestaltete die Repräsentationsräume des Arbeiter- und Bauernstaates als moderne, elegante und ansprechende »Schaufenster des Sozialismus« – mit Dekoration kannte sich Ehrlich schließlich aus, das hatte er am Bauhaus gelernt.

Allerdings stellte das Außenhandelsministerium auch die Realisierung von Neubauten in Aussicht. In der zweiten Hälfte der sechziger Jahre plante Ehrlich verschiedene Hochbauten für den Außenhandel – von Jakarta bis Prag. Das bedeutsamste Vorhaben war der Bau einer gemeinsamen Moskauer Dependance des Ministeriums, aller Außenhandelsunternehmen und der Vertretungen der volkseigenen Industrie der DDR. Ab 1966 machte Ehrlich Vorplanungen für dieses ambitionierte Projekt, im Juni 1969 wurde er vom Ministerium »als Architekt für das Vorhaben ›Handelshaus Moskau‹ bestätigt«.[32]

Ehrlich erarbeitete fünf Varianten für das Hochhaus im Zentrum Moskaus. Als das Ministerium 1970 das komplette außenwirtschaftliche Investitionsgeschehen an die neu gegründete Außenhandelsfirma Investcommerz abgab, wurde Ehrlichs Vertrag gekündigt. Anfang 1971 verhandelten der Generaldirektor der Investcommerz und Ehrlich über eine Weiterführung der Arbeiten in der sowjetischen Hauptstadt. In einem Gedächtnisprotokoll notierte Ehrlich, dass sein Gegenüber ihm vorwarf, »ein Schweinegeld« haben zu wollen, und ihn aufforderte, »nicht als Privatarchitekt, sondern als Genosse« zu denken.[33] Nach seiner eigenen Darstellung brach Ehrlich daraufhin die Verhandlungen ab – wieder ein gescheitertes Großprojekt.

Ehrlich realisierte viele Inneneinrichtungen, die Umsetzung eines Hochbauprojekts im Ausland ist nicht sicher dokumentiert.[34] Zwar wurde ihm lange die Ende der sechziger Jahre entworfene und 1973 fertiggestellte Handelsvertretung in Brüssel (mittlerweile nutzt sie das Land Sachsen-Anhalt als Vertretung bei der EU) zugeschrieben, seine Autorschaft wird heute allerdings in Zweifel gezogen. Die Architekturtheoretikerin Christiane Fülscher führt nachvollziehbar aus, dass er wahrscheinlich nur die Innenraumgestaltung verantwortete.[35]

Typenmöbelserie 602

Ein Feld, auf dem Ehrlich sich nachweislich erfolgreich profilieren konnte, war Möbelgestaltung und Innenausbau. Fast immer arbeitete er dabei mit den Deutschen Werkstätten Hellerau (DWH) zusammen, zu denen er seit seiner Zeit als Referent für Wiederaufbau in Dresden gute Beziehungen pflegte. Der nördlich von Dresden gelegene volkseigene Betrieb gehörte zu den führenden Herstellern für höherwertige Möbel in der DDR. Das Unternehmen war im ausgehenden 19. Jahrhundert entstanden und spielte eine wichtige Rolle in der Lebensreformbewegung. Es gehörte zu den Gründungsmitgliedern des Deutschen Werkbundes und initiierte vor dem Ersten Weltkrieg den Bau der ersten deutschen Gartenstadt in unmittelbarer Nachbarschaft der eigenen Möbelfabrik in Hellerau. In der DDR produzierten die DWH einfache, materialgerechte Möbel von modernen Gestaltern wie Bruno Paul, Selman Selmanagić und Ehrlich.

Mit den Deutschen Werkstätten konnte Ehrlich in den fünfziger Jahren sein wohl erfolgreichstes Produkt realisieren, den aus »komplettierungsfähigen Einzelmöbeln« bestehenden »Typensatz 602«. Diese Möbelserie kam 1957 auf den Markt und wurde bis 1967 hergestellt. 602 war das erste in der DDR entwickelte und in großen Stückzahlen produzierte Serienmöbel nach Baukastenprinzip. Es wurde von der DHW an mehreren Standorten produziert und von anderen Herstellern nachgeahmt. Die Möbelserie 602 wurde als Symbol des gesellschaftlichen Fortschritts und der neuen Modernität gefeiert. Letztlich handelte es sich dabei um eine Fortführung von Typenmöbeln, die Ehrlich schon in den späten vierziger Jahren für die Ausstattung des Innenministeriums und der Hauptverwaltung der Deutschen Volkspolizei entwickelt hatte, die wiederum auf den Möbeln basierten, die Ehrlich in Buchenwald für die SS entworfen hatte.

Alle Möbel bauten auf einem Raster von 50 mal 50 Zentimetern auf. Aufgrund des Rasters sollten die unterschiedlichen Typen sowohl industriell zu produzieren als auch untereinander gut kombinierbar sein – und passten damit zu seinem Achssystem. In Ehrlichs Entwurf bestand der »Typensatz« aus »39 Teilen, die sich 1117 mal variieren lassen«.[36] Auf den Markt kamen nur zwölf Teile, darunter drei Tische sowie Schränke und Kommoden in unterschiedlicher Höhe und Breite, die je nach Modell mit Schubladen, Türen oder verschiebbaren Glasscheiben ausgestattet waren. Die Möbel waren in zwei Holzfurnieren erhältlich, Senesche und Eiche.

In der ersten Hälfte der fünfziger Jahre waren funktionalistische Typenmöbel noch vehement bekämpft worden. Stattdessen sollte, wie der gelernte Möbeltischler Walter Ulbricht meinte, »an die besten Leistungen unserer Handwerksmeister« angeknüpft werden. Doch mit der Entstalinisierung und der gleichzeitigen Hinwendung zur industriellen Bauproduktion wurden die »Möbel aus der Taktstraße«, wie die Serie 602 ob der industriellen Fertigungsweise auch genannt wurde, opportun. Man brauche jetzt »keine angst vor typen!« mehr zu haben, wie Ehrlich einen Artikel über seine Möbelserie in der weitverbreiteten Publikumszeitschrift *Das Magazin* überschrieb.[37]

Zur Beliebtheit von 602 trug auch das Vertriebssystem bei. »Komplettierungsfähig« hieß nämlich auch, dass man sich seine Einrichtung nach und nach zusammenkaufen konnte. Um Produktion und Absatz im Vorhinein zu planen, wurden dazu im Handel entsprechende Verträge abgeschlossen.[38] Das Wohnzimmer wurde zum Gegenstand der Planwirtschaft und ließ gleichzeitig Individualität zu, ermöglichte es das Baukastensystem doch jede:r Bürger:in, sein beziehungsweise ihr:e eigene:r Innenarchitekt:in zu werden.

602 wurde ein Riesenerfolg auf dem heimischen Markt und sowohl ins sozialistische als auch ins kapitalistische Ausland exportiert. Dazu trug wesentlich die ästhetische Erscheinung bei. 602 entsprach dem internationalen Geschmack: ein streng rechtwinkliges Systemmöbel, das mit seinem Holzfurnier warme Wohnlichkeit ausstrahlt, in seiner Form aber minimalistische Strenge verkörpert. Die Griffe sind nicht applizierte Beschläge, sondern laufen als integrale Bestandteile des Möbels über die gesamte Breite der Schubkästen. Die einzige Verspieltheit besteht darin, dass diese Griffe gewölbt und abgerundet sind, was den Möbeln eine gewisse Eleganz verleiht.

Auch wenn das 602 in der DDR ein Verkaufsschlager war, wurde die von Ehrlich Mitte der sechziger Jahre als Nachfolger entwickelte Serie 026 nicht umgesetzt. Anstelle von 602 setzte die DHW fortan auf das »Möbelsystem

Deutsche Werkstätten« (MDW), das vom Möbeldesigner Rudolf Horn, Professor an der Hochschule für industrielle Formgestaltung Halle, konzipiert worden war. Das MDW trieb Rationalisierung und Industrialisierung weiter voran: In Massenproduktion hergestellte Elemente aus Spanplatten wurden von den Käufer:innen – wie heute die Möbel von Ikea – zu Hause montiert.

Ehrlich sehnte sich immer nach Anerkennung als Architekt und Städtebauer. Seine Erfolge als Innenarchitekt und Möbelgestalter scheinen ihm nicht ausgereicht zu haben. Letztendlich muss die Möbelserie 602 aber schon aufgrund ihrer großen Verbreitung als sein Hauptwerk gelten. Heute steht sie als Beispiel für gelungenes Möbeldesign aus der DDR in vielen Museen, und in den angesagten Stadtvierteln von Berlin wird es in Möbelläden als Mid-Century-Classic angeboten, zu seit Jahren immer weiter steigenden Preisen. Dass dieses Baukastensystem in der Fachwelt unumstritten ist, liegt sicherlich auch daran, dass es – Stichwort »Volksbedarf statt Luxusbedarf« – am ehesten dem klischeehaften Bild von Franz Ehrlich als Bauhäusler entspricht. So ist es eine Ironie seiner Lebensgeschichte, dass er zwar nicht die »erste sozialistische Stadt« bauen durfte, aber seine Möbel in Tausenden Plattenbauwohnungen standen und das visuelle Erscheinungsbild und den Alltag der DDR mitprägten.

Nervenzusammenbruch

Ehrlich wollte allerdings nicht nur den Alltag, sondern auch die Zukunft der sozialistischen Gesellschaft prägen – und deshalb die nachfolgende Generation von Gestalter:innen ausbilden. Doch keine Hochschule hatte ihn berufen, auch die guten Kontakte in die Politik halfen nicht. 1961 wandte sich Ehrlich an das Bauministerium und schlug vor, eine »Entwurfswerkstatt« unter seiner Leitung einzurichten. Als »geeignete Projektierungsaufgaben« nannte Ehrlich unter anderem den Wiederaufbau der Semperoper; er verdeutlichte aber auch, dass er es »begrüßen« würde, mit »Stadtneugründungen [...] betraut« zu werden.[39] Immer noch glaubte er, am großen Rad der sozialistischen Stadt mitdrehen zu können, nicht nur die Möbel, sondern auch Wohnhüllen und urbane Strukturen gestalten zu dürfen – oder eben wenigstens den seit seiner Mitarbeit an Walter Gropius' Totaltheater gepflegten Traum von der Errichtung eines bedeutenden Kulturbaus realisieren zu können.

Statt die Leitung einer eigenen Architekturwerkstatt anvertraut zu bekommen, sollte Ehrlich 1962 stattdessen Teil des Kollektivs von Hermann Henselmann werden, das er in seinem Schreiben als Vorbild für die ihm vorschwebende Werkstatt genannt hatte. Aber die Tätigkeit unter Henselmann funktionierte nicht. Ehrlich wurde krank, erschien nicht bei der Arbeit. Henselmann beschwerte sich daraufhin beim »lieben Franz«, warum er sich nicht habe krankschreiben lassen, unterstrich, dass

»Disziplinverstöße [...] einem immer angekreidet« würden, zeigte aber auch Verständnis für Ehrlich, dessen Situation »ziemlich unbefriedigend« sein müsse, versprach, für ihn eine »schöne Aufgabe [...] erobern« zu wollen, »die Dich innerlich auch erfüllt und wo Du mit Deiner eigenen Begabung und Verantwortung Dich einsetzen kannst«, und endete mit »herzlichen Grüßen [...] Dein Prof. Henselmann«.[40]

Rudi Baumann, Leiter des Instituts für kortiko-viszerale Therapie in Buch, schrieb Ehrlich schließlich krank. Mehrere Wochen verbrachte er in der von ihm selbst gebauten Klinik. Laut seinem Führungsoffizier war er nahe am »Nervenzusammenbruch«. Ehrlich äußerte, wie in seiner Stasi-Akte vermerkt ist, Selbstmordgedanken und sprach davon, in die Sowjetunion auswandern zu wollen, wo seine Arbeit noch geschätzt werde.[41] Er entwarf einen Brief an Walter Ulbricht, damit dieser »ersehen« könne, »wie beleidigend und mißachtend« er von Henselmann und Konsorten »behandelt worden« sei.[42] Ob er den Brief je abgeschickt hat, ist unklar. Wenn ja, hat er jedenfalls nichts bewirkt. Ehrlich bekam keine Professur, keine eigene Architekturwerkstatt und auch nicht den Auftrag, die Semperoper wieder aufzubauen.

Geigenbilder

Ab den sechziger Jahren widmete sich Ehrlich vermehrt der Kunst. Sie hatte immer eine wichtige Rolle in seinem

Leben gespielt. Nicht nur in jungen Jahren, also am Bauhaus und im Zuchthaus, sondern auch nach dem Krieg verstand er sich – ein Stück weit, heute würde man sagen: hobbymäßig – als bildender Künstler. Auf seinen Reisen nach China fertigte er naturalistische Zeichnungen von traditioneller Architektur und von Landschaften an, während seiner Aufenthalte in Moskau hielt er mit Bleistift und Ölkreide die Baudenkmäler der Stadt fest. Ab der zweiten Hälfte der sechziger Jahre entwickelte er eine Obsession für Geigen. Warum ausgerechnet die Geige sein fast ausschließliches Motiv wurde, ist nicht bekannt. Er selbst erläuterte lediglich, er erschaffe seine »Variationen aus der Grundform der Geige, wie Hans Arp aus der Nierenform«.[43]

Sein erstes Geigenbild entstand um 1966 in Paris, wo er eine Handelsvertretung einrichtete. Vielleicht hatte er dort die kubistischen Geigenbilder von Georges Braque gesehen, denen einige seiner Werke ähneln. Frustration scheint auch eine Rolle gespielt zu haben. Einer Nachbarin in Dresden erklärte er, dass er sich mit bildender Kunst nur beschäftige, weil man ihn nicht bauen lasse.[44] Bis zu seinem Tod fertigte er Hunderte Ölbilder und Pastellzeichnungen von Geigen an. Mal eher kubistisch, mal leicht surrealistisch, mit Farbverläufen oder in Schwarz-Weiß. Der Stil war unterschiedlich, aber das Motiv blieb gleich: Geigen. Geigen. Geigen

BAUHAUS-RENAISSANCE

Die DDR stellt ihre Plattenbauten und die Industrialisierung des Bauwesens in die Tradition des Bauhauses. Ehrlich sucht nach Anerkennung, er bekommt Einzelausstellungen und hohe staatliche Auszeichnungen. Trotzdem stirbt er unzufrieden.

Sozialistisches Kleinod

Durch die »großen Wende im Bauwesen« nach Stalins Tod und die Hinwendung zur industriellen Produktion, die Entwicklung von Plattenbauten und die Errichtung von Wohnkomplexen, wie die neuen Großsiedlungen genannt wurden, bekam das Bauhaus in der DDR eine neue Bedeutung. War es im Formalismusstreit noch ein Feindbild, wurde es in den folgenden Jahren zum historischen Vorläufer der eigenen industriellen Bauproduktion erklärt. Schließlich hatte Walter Gropius schon 1925/26 in der Siedlung Dessau-Törten versucht, die Baustelle in eine industrielle Fertigungsstraße zu verwandeln. Und 1926 entwickelten Georg Muche, damals Lehrender, und der junge Richard Paulick, damals noch Studierender, in Dessau ein industriell vorfertigbares Metall-Typenhaus.

Diese Neubewertung des Bauhauses erfolgte schrittweise. Wichtiger Meilenstein war 1963 die 35-seitige Publikation *Das schöpferische Erbe des Bauhauses* von Leonid Patzinow.[1] In ihr beschrieb der sowjetische Wissenschaftler das Bauhaus als den Ort, an dem erstmals »die Maschine als das Hauptmittel der künstlerischen Produktion« eingesetzt worden sei.[2] So wurde ein sowjetischer Autor zum Kronzeugen für den fortschrittlichen Charakter des Bauhauses. Interessant ist, dass dieser wichtige Impuls für die offizielle Wiederaneignung des Bauhauses in der DDR nicht aus der Architektur, sondern aus dem Design beziehungsweise, wie man damals sagte, aus der »industriellen Formgestaltung« kam.[3] Das sozialistische Design beanspruchte das Bauhaus für die eigene Identitätskonstruktion.

Mitte der sechziger Jahre erreichte dieser Diskurs auch ein breiteres Publikum.[4] Im Vorfeld des 40. Jahrestages der Eröffnung des Bauhauses in Dessau planten das Ministerium für Kultur und die Deutsche Bauakademie 1966 die Restaurierung des Gebäudes, die Einrichtung einer umfassenden Sammlung und eine große Ausstellung. Außerdem sollte das Bauhaus als Bildungseinrichtung wieder gegründet und zu einem »Zentrum der sozialistischen Kulturpolitik« entwickelt werden.[5]

Die weitreichenden Pläne waren kurzfristig nicht umsetzbar, doch zumindest wurde das Bauwerk in Dessau unter Denkmalschutz gestellt, also als Teil der regionalen Geschichte anerkannt und in die »kunsthistorischen Kleinodien unserer sozialistischen Heimat« eingereiht.[6] In der Staatlichen Galerie Dessau – Schloss Georgium wurde 1967 die Ausstellung *Moderne Formgestaltung. Das fortschrittliche Erbe des Bauhauses* gezeigt und das erste »Bauhaus-Kabinett« mit Bildern von Schlemmer und Kandinsky, Stahlrohrmöbeln und Webstuhl eingerichtet. Was heute selbstverständlicher Kernbestand des Bauhausmythos ist, musste damals – nicht nur im Osten, sondern auch im Westen – noch vermittelt werden. Es war noch keine Selbstverständlichkeit, dass das Bauhaus den »Anfang der Entwicklung der modernen Architektur« markierte und ein »Mekka der modernen Kunst« gewesen war, wie es 1967 der Direktor des Kunsthistorischen Instituts der Universität Halle formulierte.[7]

1970 löste Erich Honecker den traditionalistischen Möbeltischler Walter Ulbricht als Partei-, 1976 auch als Staatschef ab. Durch die DDR wehte ein Geist des gesellschaftlichen Aufbruchs, der auch die Architekturpolitik nicht unberührt ließ. Nachdem in den sechziger Jahren das Bauhaus vorsichtig in die »nationale Tradition« integriert worden war, folgte Mitte der siebziger Jahre die Überhöhung und totale Aneignung. 1976 wurde der 50. Jahrestag der Eröffnung des Dessauer Bauhausgebäudes groß gefeiert. Alle Veranstaltungen und der Ablauf waren im Detail vom ZK der SED bestimmt worden.[8] Den Auftakt des Jubiläumsprogramm bildete im Oktober 1976 ein »wissenschaftliches Kolloquium«, das die Hochschule für Architektur und Bauwesen Weimar (heute Bauhaus-Universität) und die Hochschule für industrielle Formgestaltung Halle – Burg Giebichenstein (heute: Burg Giebichenstein Kunsthochschule Halle) als wichtigste Architektur- und Designhochschulen der DDR ausrichteten. Ehrlich nahm am Kolloquium teil – aber nur als Zuhörer. Mit dem radikalen Funktionalismus der siebziger Jahre und den unter hohem Kostendruck produzierten Satellitenstädten, für die das Bauhaus jetzt Pate stehen sollte, hatte er nichts am Hut. In der DDR, so Ehrlich, gäbe es »anstelle von Architektur nur bautechnische Projektierung«. Zwar hatte er immer argumentiert, dass für die Architektur der sozialistischen Stadt Rationalisierung und Industrialisierung notwendig seien, und Planung als »Kunst des Sozialismus« bezeichnet, aber letztlich verstand er sich als eine Art genialer Baukünstler – um dann zu beklagen, Architektur als Form von Kunst sei »bei uns nicht mehr opportun«.[9] Mit der Baupolitik, für die das Bauhaus nun Pate stehen sollte, war sein Selbstverständnis nicht kompatibel.

Höhepunkt der Feierlichkeiten war die Einweihung des gerade aufwendig restaurierten »sozialistischen Kleinods« am 4. Dezember 1976, das nun als Wissenschaftlich-kulturelles Zentrum (WKZ) für das Publikum zugänglich war. Der Ministerrat der Deutschen Demokratischen Republik, also die Regierung, veranstaltete einen Festakt, der vom Fernsehen der DDR übertragen wurde. Das komplette Zeremoniell des sozialistischen Staates wurde aufgeführt: Mehrere Minister hielten Reden, und die Bauakademie verlieh die Medaille »50 Jahre Bauhaus« an Vertreter von Staat, Partei und Gesellschaft sowie frühere Lehrende und Studierende. Um aufzuzeigen, in welchem weihevollen kulturellen Referenzrahmen die Institution nun stand, spielte das Kammerorchester des Landestheaters Bach und Händel.

Unter den geladenen Gästen war auch Franz Ehrlich. Eine herausgehobene Rolle hatte er aber auch hier nicht. Den Festvortrag hielt – Ironie der Geschichte – Edmund Collein, der zwar ehemaliger Bauhausschüler war, aber als Vizepräsident der Bauakademie das Bauhaus als »Formalismus« bekämpft hatte.[10] Für Ehrlich und die anderen Zeitzeug:innen gab es nach dem Festakt der Regierung lediglich ein buntes Nachmittagsprogramm mit Stadtrundfahrt, Besuch beim Rat der Stadt und »Cocktail des Ministers für Bauwesen« im Hotel Stadt Dessau.[11]

Das WKZ sollte die Geschichte des Bauhauses vermitteln und das nun wertgeschätzte Erbe dauerhaft pflegen. Dazu veranstaltete man in den folgenden Jahren unter anderem Tagungen und internationale Seminare. Außerdem wurde zur Eröffnung des restaurierten Gebäudes die Ausstellung »Das progressive Erbe des Bauhauses und die Entwicklung von Städtebau, Architektur und Formgestaltung in der DDR« präsentiert, die die Traditionslinie vom Bauhaus bis in die damalige Gegenwart aufzeigen sollte. Neben den 148 Exponaten über das historische Bauhaus, mit denen das WKZ anfangs ausgestattet war, wurden die bis ins Jahr 1990 reichenden Planungen für das Wohnungsbauprogramm der DDR gezeigt, um so die behauptete Erbfolge zu unterstreichen.[12] 1980 wurde sogar eine Briefmarkenserie mit Bauten der ehemaligen Direktoren Gropius, Meyer und Mies van der Rohe sowie mit dem Metall-Typenhaus von Muche und Paulick herausgegeben.

Um die Wiederaneignung akademisch zu fundieren, richtete die Hochschule Weimar einen »ständigen Arbeitskreis Bauhausforschung« ein. In den nächsten Jahren folgten weitere Kolloquien, 1979 anlässlich des 60. Jahrestages der Gründung des Bauhauses in Weimar, 1983 zum 100. Geburtstag von Walter Gropius. Doch von besonderem wissenschaftlichem Interesse war der in den fünfziger Jahren noch vehement abgelehnte Hannes Meyer.[13] Für die Architekturhistoriker:innen der DDR wurde Meyer zu einer Art Ikone, weil er den sozialen Aspekt von Architektur und die Bedürfnisse der Bevölkerung in den Vordergrund gestellt und so die Grundlagen für den Funktionalismus in der DDR gelegt habe. Außerdem war er Sozialist gewesen und 1930 mit einer Brigade von Bauhäusler:innen in die Sowjetunion gegangen. Der von ihm vertretene Funktionalismus-Begriff ließ sich zudem gut auf die überall im Land entstehenden Plattenbausiedlungen beziehen. Sie wurden nun als Verwirklichung der Bauhausträume von sozialem Wohnungsbau interpretiert. In diesem Sinne verschrieb sich die neu entstehende Forschung der, wie der Leiter des Kolloquiums 1979 konstatierte, »verantwortungsbewußte[n] und lebendige[n] Traditionspflege. Sie folgt den Grundsätzen sozialistischer Erberezeption und setzt das zu Bewahrende zu den Aufgaben der Gegenwart in Beziehung.«[14]

Wunsch nach Anerkennung

Trotz aller Rückschläge und der zahlreichen nicht realisierten Projekte hätte Ehrlich mit seinem Leben im sozialistischen Staat und seiner beruflichen Karriere auch zufrieden sein können. Er zählte zwar nicht wie Henselmann und Paulick zu den wichtigsten Architekten der DDR, aber erfuhr im Zuge der Bauhaus-Renaissance wieder Anerkennung in den Fachkreisen. Er konnte zudem auf ein breit gefächertes Werk zurückblicken, weniger Hochbau als erhofft, aber mit dem Rundfunkhaus Nalepastraße hatte er ein viel beachtetes Gebäude errichtet, außerdem zahlreiche Umbauten – zum Beispiel das Innenministerium der DDR oder das Goethe-Theater in Bad Lauchstädt – verantwortet und Inneneinrichtung und Möbel für repräsentative Objekte im Ausland realisiert. In Leipzig begrüßte jede:n Besucher:in der Technischen Messe das von Ehrlich zur Skulptur vergrößerte Messe-Signet,[15] und viele Bürger:innen lebten in mit seiner Möbelserie 602 eingerichteten Wohnungen. Ehrlich war über die Architekturszene hinaus bekannt, kam 1950 einmal in der Wochenschau *Der Augenzeuge* vor, und die DEFA drehte 1957 über ihn und das Rundfunkhaus den kurzen Dokumentarfilm *Synthese*.[16] Für Leben und Werk hatte er viele Auszeichnungen erhalten: 1955 die »Ehrennadel der Nationalen Front«, 1956 den Ehrentitel »Verdienter Techniker des Volkes«, 1958 die »Medaille für Kämpfer gegen den Faschismus«, 1960 die »Goethe- und Schiller-Plakette«, 1964 die »Johannes-R.-Becher-Medaille« in Silber und 1968 die »Goethe- und Schiller-Plakette« in Gold. Auch privat ging es ihm gut, er war nach wie vor mit Elisabeth Ehrlich verheiratet und lebte mit ihr in einer schönen Villa mit kleinem Gartenpavillon und Turm in der gutbürgerlichen Wohngegend Dresden-Loschwitz. Er erhielt eine Rente, die ihm ein komfortables Leben ermöglichte. Vier Tage die Woche verbrachte er in Berlin, wo er ein Atelier in der Wallstraße besaß. Und er pflegte Kontakte zu Wissenschaftler:innen, Künstler:innen und vielen Musiker:innen. Für die meisten Menschen wäre das ein erfolgreicher Lebensweg.

Dennoch suchte Ehrlich weiter nach offizieller Anerkennung. Da er keine richtigen Aufträge mehr bekam, arbeitete er selbstbeauftragt an utopisch anmutenden Projekten wie zum Beispiel einem modernistischen Hochhaus im Elbsandsteingebirge. Seine Zukunftsfantasien waren nicht nur Produkte des individuellen Rückzugs, sondern repräsentativ für das Verhalten in einer Gesellschaft, in der Intellektuelle und Künstler:innen aus Angst, Bequemlichkeit oder falsch verstandener Loyalität zum Staat die Probleme der sozialistischen Realität nicht grundsätzlich kritisierten. Weil die Möglichkeiten der Gegenwarts- und Zukunftsgestaltung gering waren, flüchtete man sich in eine bessere Vergangenheit oder in fantastische Welten.

Eines dieser selbstbeauftragten Projekte brachte Ehrlich in seine letzte offizielle Position. Er hatte die in der Akademie der Wissenschaften kursierende Idee für ein eigenes Schulungs- und Erholungszentrum aufgegriffen und

Entwürfe angefertigt. Um sie zur Realisierung zu bringen, aktivierte er seine Kontakte in Politik und Wissenschaft. Der Präsident der Akademie der Naturforscher Leopoldina – der später Ehrlichs Grabrede halten sollte – wandte sich daraufhin an den Präsidenten der Akademie der Wissenschaften, um eine Lösung in der »Angelegenheit Franz Ehrlich« zu finden, die, wie er schrieb, »schon etwas schwierig ist«.[17] Es gab zwar keine praktische Verwendung für den 66-jährigen Ehrlich, aber aus Sicht eines Direktors der Akademie, der in den Vorgang einbezogen wurde, handelte es sich um »ein zutiefst humanistisches Anliegen«, sei es doch die »Verantwortung von uns jüngeren gegenüber älteren Genossen, die ihre ganze Kraft für die Interessen der Arbeiterklasse eingesetzt haben«, sich um deren Anerkennung zu kümmern.[18] So wurde für Ehrlich 1975 schließlich eine Stelle als »beratender Architekt des Präsidenten der Akademie der Wissenschaften« geschaffen. Diesen gut dotierten Posten hatte er bis 1982 inne. Erneut produzierte er viele Ideen, aber kein einziges Gebäude.

Lebenswerk

Doch auch diese Position brachte Ehrlich nicht die Anerkennung, die er sich anscheinend wünschte: die Würdigung als Architekt und Künstler. Mit der Bauhaus-Renaissance eröffnete sich dafür eine unerwartete Möglichkeit. Der staatliche Kunsthandel der DDR hatte die Werke der früheren Bauhausschüler:innen als Geschäftsfeld entdeckt. Ab 1976 organisierte die Leipziger Galerie am Sachsenplatz alljährlich eine Bauhaus-Verkaufsausstellung. Die erste war mit *das bauhaus. Arbeiten der Jahre 1919-33* betitelt, aus ihr bezog das frisch gegründete Wissenschaftlich-Kulturelle Zentrum in Dessau seine ersten Exponate, darunter eine von Ehrlich gestaltete Einladung zum Bauhausfasching 1930. Auch bei den folgenden Ausstellungen hatten die neue Erbfolgerin aus Dessau sowie die Bauhaus-Sammlung in Weimar ein Vorkaufsrecht. Ansonsten wurden die Werke der Bauhäusler:innen von Institutionen und Einzelpersonen aus der DDR oder von ausländische Messebesucher:innen und westdeutschen Sammlungen gekauft.

Hans-Peter und Gisela Schulz, die die Galerie am Sachsenplatz leiteten, lernten Ehrlich persönlich kennen und sichteten seinen Fundus in Dresden-Loschwitz. Ein Jahr später, in der Verkaufsausstellung *bauhaus 2*, boten sie Zeichnungen und Fotos seiner Arbeiten aus der Plastischen Werkstatt an, unter anderem des *Ta-Ti-To-Tal-Theaters* von 1927.[19] 1978 wurden weitere Originale in die Schau *bauhaus 3* aufgenommen. So lernte die Öffentlichkeit den Architekten Franz Ehrlich nun als bildenden Künstler kennen. Natürlich wollte die Galerie vor allem verkaufen, aber auch die Bauhausgeschichte aufarbeiten. Deshalb publizierte sie zu den Ausstellungen Kataloge und lud in der DDR lebende Bauhäusler:innen zu öffentlichen Zeitzeugengesprächen ein.

Ehrlich bot sich so die Gelegenheit, sich selbst und sein

Lebenswerk zu inszenieren. Aus Sicht der Galerie war er ein gut vermittelbarer Zeitzeuge, da er nicht nur Bauhäusler, sondern auch antifaschistischer Widerstandskämpfer und Buchenwaldhäftling gewesen war. Außerdem hatte er in seinem Haus in Dresden zahlreiche Arbeiten gelagert, die er der Galerie zu Verfügung stellen konnte – mehr als alle anderen Bauhäusler, die von der Galerie vertreten wurden. Schon 1977 kündigte Schulz deshalb an, man werde über Ehrlichs »Gesamtwerk [...] 1979 eine Einzelausstellung« ausrichten.[20] Der Galerist rührte kräftig die Werbetrommel, gegenüber der Wochenzeitung *Sonntag* erklärte er:

> Ehrlichs malerisches, grafisches und plastisches Werk ist für mich eine der wesentlichen Entdeckungen der Moderne. [...] Wenn er seinerzeit auch »nur« Student am Bauhaus war, ist Ehrlichs Werk überaus bedeutend und wird – da bin ich mir sicher – nicht nur den Museen und Sammlungen der DDR wichtig sein. In seinem Werk manifestiert sich das Bauhaus.[21]

Das Ausstellungsvorhaben entpuppte sich als schwierig. Zum einen entsprach Ehrlichs Blick auf das Bauhaus nicht der von der offiziellen DDR-Forschung vertretenen Sichtweise. Im Katalog zur Ausstellung *bauhaus 2* schrieb er, dass »Viel Geistreiches [...] über die ästhetischen, technischen und ökonomischen Absichten des Dessauer Bauhauses gesagt« und »Tiefgründig [...] geforscht und gedeutet« würde, aber dass »manches ganz anders war, und wir damals von den heute gedeuteten Absichten keine Ahnung hatten«.[22] Vor allem Hannes Meyer sah Ehrlich kritisch. In seinen Augen hatte Meyer »jede Ästhetik« abgelehnt und Stadtplanung auf »eine Frage der Entwässerung und der Besonnung« reduziert. »Das Ergebnis«, so Ehrlich in einem öffentlichem Künstlergespräch, »haben wir hier in der DDR als Musterbeispiel.« An die Stelle künstlerischer »Raumbildung« sei das »Anordnen [...] von Wohnsilos« getreten – womit er die Wohnkomplexe meinte, die die Architekturpolitik der DDR als architektonische Vollendung der sozialen Ideale des Bauhauses und der Architekturlehre von Hannes Meyer ansah.[23] Ehrlich hing einem anderen Bild vom Bauhaus an, das sich eher an der von Gropius Mitte der zwanziger Jahre vertretenen Vorstellung einer »Einheit von Kunst und Technik« orientierte. Ehrlich war der Meinung, Meyer habe mit dem Funktionalismus das Bauhaus »verraten und getötet«.[24] Sich hingegen verstand er als Vertreter des wahren Bauhauses.

Zum anderen wollte Ehrlich in der Ausstellung sein gesamtes Lebenswerk präsentieren, was die Galerie zunächst zugesagt hatte, um dann doch lieber auf die Zeit bis 1938 zu fokussieren, also auf künstlerische Objekte, die zum idealisierten Bild vom Bauhäusler, antifaschistischen Kämpfer und KZ-Häftling passten. Seine größtenteils gescheiterten Beiträge zum Aufbau des sozialistischen Staates, seine Architekturträumereien, seine Möbel und seine Geigenbilder interessierten die Galerie nicht.

Ende 1979 erlitt Ehrlich einen Herzinfarkt und musste erneut in die Klinik für Schlaftherapie in Buch, die Schau wurde verschoben. 1980 war es dann so weit, in der Galerie am Sachsenplatz eröffnete die Ausstellung *bauhaus 4 – Franz Ehrlich. Die frühen Jahre, Aquarelle, Collagen, Malerei, Montagen, Objekte, Plastik, Zeichnungen, Arbeiten der Jahre 1927-1938*.[25] An den dicht behängten Wänden der Vierzimmerwohnung, in der die Galerie untergebracht war, wurden 163 Werke präsentiert. Konstruktivistisch aussehende Bilder, Zeichnungen mit abstrahierten, pummeligen Figuren, die den Einfluss von Oskar Schlemmer verrieten, aber auch die *Blätter aus der Haft* und den *Baum der Hoffnung*, der laut Ehrlich im KZ Buchenwald entstanden war. Ebenfalls aus dieser Zeit stammt der Entwurf für ein Buchenwaldmahnmal, das er laut eigenen Angaben 1939 entworfen hatte, ein Schafott aus Metall. Für die Galerie am Sachsenplatz ließ er mehrere Replikate anfertigen. Die Ausstellung war ein Erfolg, sogar das Fernsehen der DDR berichtete.[26] Ehrlich bekam auch – eine gewisse – internationale Aufmerksamkeit: Der Staatliche Kunsthandel der DDR verkaufte die von Ehrlich auch »Moskau« genannte Arbeit *Konstruktives Bild aus der Dekoration »Seelenlandschaft der Bauhäusler«*, die auch den Umschlag des Katalogs zierte, an das im Vorjahr in West-Berlin eröffnete Bauhaus-Archiv.

Im Zusammenhang mit den Ausstellungen begann Ehrlich seine Lebensgeschichte aufzuschreiben. Mehrere autobiografische Texte über den Zeitraum bis zum Zweiten Weltkrieg entstanden mit Titeln wie »Wo Licht ist, ist auch viel Schatten«.[27] Mit Gerhard Strauß, Doyen der sozialistischen Kunstgeschichte, verabredete Ehrlich, dass ein Buch über ihn erscheinen solle. Dazu kam es zwar nicht, aber an der Humboldt-Universität schrieb Lutz Schöbe – der von 1983 bis zu seiner Pensionierung 2020 erst am WKZ und dann an der Stiftung Bauhaus Dessau arbeitete und dort unter anderem den Nachlass von Ehrlich verwaltete – seine Diplomarbeit »Franz Ehrlich. Beitrag zu einer Monographie«. Ehrlich war stolz darauf – und bat das ZK der SED um finanzielle Mittel für einen »großen Bildband«.[28]

Sogar die Ausstellung über Ehrlichs Gesamtwerk kam schließlich noch zustande. Die Dresdner Kulturbund-Galerie Comenius zeigte im Mai 1982 unter dem Titel *franz ehrlich. kunst zu gestaltung zu planung zu typ zu kunst* Möbel, Stühle, Entwürfe, Stadtpläne und Bilder aus allen Lebensphasen.

Im Ehrenhain

In den sechziger und siebziger Jahren verfasste Ehrlich etliche »Eingaben«, wie in der DDR Beschwerden bei staatlichen Stellen hießen. Er schrieb an führende Genossen, Ministerien, die Zentrale Parteikontrollkommission, das ZK der SED und den Staatsrat. Aus Ehrlichs Eingaben spricht eine große Unzufriedenheit, seine Schreiben kulminieren meist in der Forderung nach einer »repräsentative[n] Auszeichnung wie Nationalpreis oder den Titel Professor«.[29] Ehrlich bekam, auch aufgrund seiner Beschwerden, bis zu seinem Tod zwar noch viele Auszeichnungen – 1973 den »Vaterländischen Verdienstorden« in

Bronze, 1978 in Silber, 1982 in Gold –, aber weder den Titel »Professor« noch den Nationalpreis.

Diese höchste Auszeichnung, die der Staat – in drei Abstufungen – für Leistungen in Wissenschaft und Technik sowie Kunst und Literatur zu vergeben hatte, wurde in der ansonsten ehrungsfreudigen DDR relativ selten verliehen. In der Sparte Kunst und Literatur wurde der Preis »I. Klasse« nur zweimal für Architektur vergeben, nämlich 1952 an das Kollektiv um Hermann Henselmann, Hans Hopp, Kurt W. Leucht und Richard Paulick für die Stalinallee und 1987 an ein Kollektiv für die Gestaltung des Marx-Engels-Forums und des Nikolaiviertels in Berlin. Auch in den beiden anderen Klassen wurde der Preis nur neunmal für Architektur verliehen, fast ausschließlich an Kollektive, die Großprojekte realisiert hatten. Unter den wenigen Ausgezeichneten war dabei zwei weitere Male Richard Paulick: 1956 für die historisch einfühlsame Rekonstruktion der Staatsoper Berlin (II. Klasse) und 1969 für die Planung von Halle-Neustadt als funktionalistische Trabantenstadt (III. Klasse). Dass seine Arbeiten Städtebau und Architektur der DDR nicht so geprägt hatten wie die der Preisträger Henselmann, Hopp und besonders Paulick, musste auch Ehrlich bewusst gewesen sein.

Ehrlichs Gesundheitszustand verschlechterte sich in den frühen achtziger Jahren, 1981 und 1982 lag er überwiegend im von ihm gebauten Krankenhausgebäude in Buch. Auch vom Krankenbett aus diktierte er seiner Sekretärin unermüdlich Briefe an verschiedene Institutionen der DDR. Er blickte auf sein Leben zurück, bedauerte, dass sein großer »Wunsch als Architekt arbeiten zu dürfen [...] nur einmal mit dem [...] Rundfunkhaus Nalepastraße in Erfüllung gegangen« sei, wie er im Juli 1982 an den Leiter der Abteilung Bauwesen des ZK der SED schrieb.[30] Er zeigte sich enttäuscht, dass er »30 Jahre [...] in Dresden am Wiederaufbau der Semperoper und in Leipzig am Bau des Gewandhauses« gearbeitet habe, ohne dass seine Pläne von Staat und Partei aufgenommen und realisiert worden wären. Dass er diese Arbeiten, wie er selbst betonte, »ohne Auftrag« durchgeführt hatte, war für ihn keine Erklärung, sondern steigerte sein Ungerechtigkeitsempfinden noch. Er führte aus, wie viele Millionen die DDR durch seine Tätigkeiten hätte sparen können – um daraus den Wunsch nach einem jährlichen Arbeitsstipendium abzuleiten, um »in den mir noch zur Verfügung stehenden wenigen Lebensjahren sorgenfrei, schöpferisch und theoretisch arbeiten zu können«.

Vor dem Hintergrund, dass Ehrlich schwer krank war, erscheint der Wunsch nach einem »Arbeitsstipendium« abwegig. Die Abteilung Bauwesen antwortete zunächst nicht, Ehrlich beschwerte sich daraufhin über deren Leiter – dem er unter anderem die Verleihung der Vaterländischen Verdienstorden zu verdanken hatte – bei der Zentralen Parteikontrollkommission. In dem Schreiben resümierte er nochmals sein Leben, tat kund, dass er seit 1951 »auf eine offizielle Stellungnahme« zum Achssystem warte, und führte als ein weiteres Beispiel für seine fortwährende Benachteiligung an, dass er Anfang der fünfziger Jahre nicht den Posten als »beratender Architekt« für das von der DDR als Geschenk an die UdSSR in Stalingrad errichtete Planetarium bekommen habe, obwohl er »für das Modell, das den sowjetischen Freunden übergeben wurde, den Schrank [...] entworfen habe«.[31] Der Brief endete mit der verbitterten Feststellung, dass er als »ein über 50jähriges Mitglied der Partei einer Antwort unwürdig« sei. Die Abteilung Bauwesen blieb daraufhin nicht untätig. Sie beauftragte den Chefredakteur der Fachzeitschrift *Deutsche Architektur*, einen Artikel über Ehrlich zu schreiben, der anlässlich dessen 75. Geburtstages im *Neuen Deutschland* erschien.[32] Darin wurde Ehrlich als einer »der vielseitigsten und profiliertesten Architekten unserer Republik« gewürdigt, dessen »Lebenswerk [...] viele wertvolle Denkanregungen [...] für die Bauaufgaben der Zukunft« gäbe. Das gewünschte Arbeitsstipendium bekam Ehrlich allerdings nicht.

Vielleicht entstammte Ehrlichs beständiges Werben um Bestätigung und Anerkennung einem tiefer liegenden Bedürfnis als Ehrgeiz und Eitelkeit: Scham. Die Scham, das KZ und den Krieg überlebt zu haben, die Scham, sich dafür immer wieder opportunistisch verhalten zu haben. Die Scham über die Diskrepanz zwischen seinem realen Verhalten und dem idealisierten Selbstbild. Das Gefühl, vom Leben betrogen worden zu sein und andere betrogen zu haben. In all seinen Bemühungen um Orden, Preise und Stipendien, um die er sich in den letzten Lebensjahren und auch noch auf dem Sterbebett bemühte, suchte Ehrlich vielleicht nicht nur nach Bestätigung, sondern nach etwas viel Größerem: nach Absolution durch die Partei.

1983 wurde Ehrlich aus Buch entlassen. Anschließend lebte er kurzzeitig noch einmal bei seiner Frau in Dresden, bevor er zur Pflege in ein Regierungskrankenhaus in Bernburg an der Saale kam. Dort verstarb er am 28. November 1984 im Alter von 76 Jahren. Der Kampf um Anerkennung war mit dem Tod nicht zu Ende. Ehrlichs Witwe wünschte sich eine in ihren Augen angemessene Begräbnisstätte im Ehrenhain antifaschistischer Widerstandskämpfer und verdienter Sozialisten in seiner Geburtsstadt Leipzig. Die Verantwortlichen im Bezirk Leipzig sahen dafür zunächst keine Veranlassung, erst im Februar 1985 gewährten sie ihm einen Platz im Ehrenhain. Im April, also rund fünf Monate nach seinem Tod, fand er dort seine letzte Ruhe.

ABSPANN

Heute ist der Ehrenhain teils verwildert und von Grün überwuchert. Versuche von Ehrlichs Verwandtschaft, eine zusätzliche öffentliche Erinnerungsstätte – angedacht waren ein Studienraum in Leipzig oder ein Denkmal in der Nähe des Rundfunkhauses – zu schaffen, schlugen fehl.

Dennoch fand Ehrlich einen Platz in der Architektur- und Designgeschichte. Der ostdeutsche Designtheoretiker Heinz Hirdina schrieb Franz Ehrlich 1988 in seinem Standardwerk über das Design in der DDR lediglich eine Bedeutung für die Entwicklung der »Messegestaltung in den vierziger, zum Teil auch in den fünfziger und sechziger Jahren« zu.[1] Anders die konservativen westdeutschen Architekturhistoriker:innen der neunziger Jahre. Sie entdeckten Ehrlich für ihre Zwecke. So interpretierte der Stadtplaner Dieter Hoffmann-Axthelm 1996 Ehrlichs Haltung als »eine Architektur des Zwischenlandes, zwischen Bauhaus-Moderne und Gestaltkonservativismus«. Ehrlich wurde zur »Persönlichkeit, die man [...] zu den stärksten der deutschen Nachkriegszeit zählen muss«, überhöht[2] und seine Bauhausgeschichte vereinnahmt, um ein ostdeutsches Identifikationsangebot jenseits von Platte und Wohnkomplex zu konstruieren. Hoffmann-Axthelm war mit dem damaligen Berliner Senatsbaudirektor Hans Stimmann Kopf des sogenannten »Planwerk Innenstadt«, sie bereiteten die »kritische Rekonstruktion« von Berlin vor, also den Abriss vieler Bauten der sozialistischen Moderne und die Wiederherstellung einer Blockrandbebauung, die sich – ganz »gestaltkonservativ« – am Stadtgrundriss der Vorkriegszeit orientierte.

Größtenteils abgerissen wurde auch das Fernsehgelände der DDR in Berlin-Adlershof, nur einige Bauten blieben erhalten, darunter das signifikante Turmgebäude. Über dem Eingang steht »Franz-Ehrlich-Haus«, der angrenzende Straßenabschnitt heißt seit 2002 »Franz-Ehrlich-Straße«. Doch das Gebäude wurde nicht von Franz Ehrlich, sondern von Wolfgang Wunsch entworfen, wie der Architekturhistoriker Andreas Butter schon 1999 offenlegte.[3] Es wurde – und wird häufig noch immer – Ehrlich fälschlich zugeschrieben. In gewisser Weise passt diese Ungenauigkeit sehr gut zu Franz Ehrlichs Leben.

Ehrlichs Wirken in der DDR war unstet. In allen Leitungspositionen, in die er dank Erfahrung, Glück und zuweilen Protektion gelangte, gab es früher oder später Konflikte, die in der neueren Forschung, etwa von Christiane Fülscher oder der Architekturhistorikerin Tanja Scheffler, mit Ehrlichs schwierigem Charakter und seinem Hang zur Hochstapelei erklärt werden.[4] Ein möglicher weiterer Grund für sein wiederkehrendes Scheitern in Institutionen war – neben seiner Vergangenheit im SS-Bauwesen – sein umfassender, ja totaler Gestaltungswille. Oft widmete er sich nicht den vorgesehenen, in Bedeutsamkeit und Größe beschränkten Aufgaben, sondern wollte das Große und Ganze angehen. In diesem – modernen – Anspruch schwingen zwei miteinander in Beziehung stehende, in ihrer Zielrichtung jedoch gegensätzliche Referenzen mit: der positiv-weltverbessernde Totalitätsanspruch, der das Bauhaus geprägt hatte, und der negativ-nihilistische, der im KZ Buchenwald zum Ausdruck kam.

Der Umgang mit dem Erbe von Franz Ehrlich ist also nicht einfach. Auch die Stiftung Bauhaus Dessau, die seinen Nachlass verwahrt, tut sich schwer. Bislang gab es nur einige kleinere Präsentationen seines Werkes.[5] Statt Ehrlichs vermeintlichen »Gestaltkonservatismus« als Anbiederung an den Stalinismus aufzuarbeiten, wird lieber das Narrativ des verkannten Bauhäuslers fortgeschrieben. Auch der undurchsichtigen Rolle Ehrlichs im SS-Bauwesen stellt sich die Stiftung nicht. Dass er einen der beiden Stühle, die in der aktuellen Dauerausstellung *Versuchsstätte Bauhaus. Die Sammlung* im neu gebauten Museum gezeigt werden, für die SS-Kommandantur in Buchenwald entwarf und bis zu seinem Tod in seinem Privathaus aufbewahrte, wird den Besucher:innen am Objekt nicht vermittelt.

In den verschiedenen wissenschaftlichen und publizistischen Auseinandersetzungen mit Ehrlich, die in den vergangenen Jahrzehnten erschienen sind, scheint es eine Unsicherheit zu geben, wie man Leben und Werk von Ehrlich bewerten soll. Es fällt auf, dass kaum jemand das schmerzhafte Zusammenkommen von Bauhaus und Buchenwald thematisiert, als solle das Bauhaus als reine, weiße Projektionsfläche erhalten bleiben. Es ist, als gäbe es eine Scheu, sich den Totalitätsmaschinen des 20. Jahrhunderts und ihren Wirkmechanismen zu stellen. Warum? Wahrscheinlich aus Angst, Helden zu verlieren und stattdessen dem manchmal banalen, manchmal aber auch Überleben ermöglichenden Opportunismus ins Auge schauen zu müssen.

»Wir hofften, dass man nichts Belastendes findet«, erzählte uns Sabine Stein, eine Mitarbeiterin der Gedenkstätte Buchenwald, die 2009 für eine Ausstellung über Franz Ehrlich recherchierte.[6] Das »nichts finden« bezog sich auf Informationen, die das eigene positive Bild vom Häftling und Widerstandskämpfer Franz Ehrlich infrage stellen und in Richtung Kollaboration oder Mittäterschaft verschieben könnten. Das Unbehagliche an Ehrlich ist, dass er sich in den verschiedenen Lebensphasen nicht eindeutig positionierte: Dem kommunistischen Widerstandskämpfer stand der Kollaborateur, dem Avantgardisten der Gestaltkonservative, dem sozialistischen Träumer der kleinbürgerliche, auf seinen Vorteil bedachte Genosse gegenüber. Dazu dann noch der Hang zur Hochstapelei, die andauernde Übertreibung der eigenen Rolle, die im Alter zunehmende Diskrepanz zwischen Behauptungen und nachprüfbarer Wirklichkeit.

Was also behalten wir von Ehrlich in Erinnerung? Mit Sicherheit seine Hauptwerke. Dazu zählt das Rundfunkhaus in der Nalepastraße, das heute als Event-Location genutzt wird. Die Red-Bull-Academy feierte hier Partys, und die SPD suchte in einem »Debattencamp« nach ihrer Zukunft. Viel wichtiger aber sind – wegen des komplexen historischen Kontexts – der Schriftzug »Jedem das Seine« und – wegen der postsozialistischen Aneignung als regionalistisches Dekorationsobjekt – das Kastenmöbel 602.

Vor allem aber sollte Ehrlichs komplexer Werdegang in Erinnerung bleiben, gerade wegen der Unschärfen und Umschreibungsversuche. Seine Biografie ist ein Anschauungsbeispiel für das Leben unter den Bedingungen der Totalitätsmaschine, ein ständiges Lavieren zwischen Anpassung und Eigenständigkeit. Genau deshalb erzeugt die Auseinandersetzung mit Ehrlich ein merkwürdiges Gefühl. Man kann sich mit ihm nicht positiv identifizieren, ihn aber auch nicht einfach verurteilen. Diese – unsere – Scham resultiert nicht aus der Unsicherheit, Ehrlich nicht abschließend einordnen zu können, sondern aus der Sorge, dass man es selbst auch nicht besser gemacht hätte – und nicht besser macht.

Ein aufrichtiges Leben zu führen ist schwierig. Viel angenehmer ist es, sich dem romantisierten Bauhausmythos hinzugeben, dass da einmal Menschen waren, die mit Architektur und Design die Welt zu einem besseren Ort machen wollten. Die Möbel und Objekte, die sie dafür entwarfen, dekorieren inzwischen unsere Wohlstandsenklaven. Im Prellerhaus, dem früheren Ateliergebäude in Dessau, kann man heute »Schlafen wie die Bauhäusler*innen«, so preist zumindest die Stiftung ihr ganz besonderes Übernachtungsangebot an. Das Zimmer kostet 40 Euro, wie früher gibt es gemeinschaftliche Klos und Duschen auf dem Flur. Im Zimmer 3.5, in dem Ehrlich einst lebte, sind eine Kommode und ein Tisch aus der Serie 602 aufgestellt.

ANMERKUNGEN

Vorspann

1 Ehrlich, Franz, »Wo viel Licht ist, ist viel Schatten« (um 1980), SBD, I 11636/14D-23D, 15D.
2 In der Zeichnung erwähnt werden u. a. im inneren Kreis: »Liebknech« [Kurt Liebknecht], »Colle« [Edmund Collein], »Hopp« [Hanns Hopp], »Heselma« [Hermann Henselmann], »Paulik« [Richard Paulick], »Sellmann« [wahrscheinlich Selman Selmanagić], »Alter« [Waldemar Alder], »Buske« [Albert Buske]; im äußeren Kreis nennt Ehrlich die bekannten Künstler: [Fritz] »Dähn«, »Cymeck« [wahrscheinlich Waldemar Grzimek], »Krämer« [wahrscheinlich Fritz Cremer], [Max] »Schwimmer«, [Herbert] »Sandberg«; gewissermaßen als seine Verbindung zur durch »Liebknech« repräsentierten Deutschen Bauakademie führt er »Junghans« [Kurt Junghanns] an.

Proletarisches Milieu

1 Ehrlich, Franz, Wie weit reicht mein Erleben zurück* (ohne Datum), unbetitelter autobiografischer Text, SBD, I 11634/11D-12D, 11D. Ehrlich hat in seinem Leben immer wieder kurze autobiografische Berichte verfasst, die nicht veröffentlicht wurden und keinen Titel tragen; zur Identifizierung dieser Berichte nutzen wir die jeweiligen Textanfänge; die entsprechenden Fälle sind bei Erstnennung mit * markiert.
2 Ehrlich, Franz, Lebenslauf (28. Januar 1975), HStAD, 13026, 2793/2, Bl. 09.
3 Ehrlich, Franz, Wie weit reicht mein Erleben zurück, a. a. O., 11 D.
4 Ebd.
5 Ebd.
6 Ehrlich, Franz, Über mich selbst zu schreiben* (o. D.), SBD, I 11634/13D-15D, 13D.

7 Ehrlich, Franz, Da aller Anfang schwer ist* (o. D.), SBD, I 11634/ 65D-66D, 65D.
8 Ehrlich, Franz, Da alles Leben an die Zeit gebunden ist* (o. D.) SBD, I 11634/7D-8D.
9 Ehrlich, Franz, Ausführlicher Lebenslauf (27. Dezember 1948), SBD, I 11631/17D-19D, 17D.
10 Ebd., 19D.
11 Vgl. StAL, 20237, Nr. 13987 (Leipziger VdN-Akte Franz Ehrlich).
12 Vgl. Walter, Franz (2012), »Republik, das ist nicht viel«. Partei und Jugend in der Krise des Weimarer Sozialismus, Bielefeld: Transcript, S. 357-363.
13 Vgl. Krause, Fritz (1970), Arbeitereinheit rettet die Republik. Dokumente und Materialien zur Niederschlagung des Kapp-Putsches im März 1920, Frankfurt am Main: Verlag Marxistische Blätter.
14 Ehrlich, Franz, Lebenslauf (28. Januar 1975), a.a. O., Bl. 05.
15 Ehrlich, Franz, Über mich selbst zu schreiben, a.a.O., 13D.
16 Ehrlich, Franz, Lebenslauf (1. November 1951), HStAD, 11430, Nr. 1253 (Dresdner VdN-Akte Franz und Elisabeth Ehrlich).
17 LAB, C Rep 118-01, Nr. 1960 (Berliner VdN-Akte Franz Ehrlich).
18 Vgl. Tesarek, Anton (1927), Das Buch der Roten Falken, Wien: Jungbrunnen.
19 Ehrlich, Franz, Ausführlicher Lebenslauf (27. Dezember 1948), a.a.O., 17D.
20 Ehrlich, Franz, Lebenslauf, Weimar-Buchenwald (3. Dezember 1940), SBD, I 11631/1D-2D.
21 Vgl. Ehrlich, Franz, Ausführlicher Lebenslauf (27. Dezember 1948), a.a.O., 17D.
22 Ebd., 18D.
23 Ehrlich, Franz, Aller Anfang ist schwer*, letzte Fassung (14. August 1980), SBD, I 11636/1D-7D, 1D. Im Katalog zur 1977 in der Galerie am Sachsenplatz Leipzig gezeigten Ausstellung bauhaus 2 heißt es: »Abschlußexamen als Maschinenbauingenieur«; vgl. Schulz, Gisela/ Hans-Peter Schulz/Johanna Teller (Hg.) (1977), bauhaus 2 – Marianne Brandt, Franz Ehrlich, Carl Marx, Gretel Reichhardt, Reinhold Rossig, Frans Wildenhain, Leipzig: Galerie am Sachsenplatz, S. 14.
24 Ehrlich, Franz, Ausführlicher Lebenslauf (um 1952), SBD, I 11631/ 32D-40D, 32D.
25 Die Aussagen Ehrlichs über den Besuch von Weiterbildungsmaß-

nahmen während bzw. nach der Ausbildung sind wenig belastbar. Er machte unterschiedliche Angaben und verzichtete auf detailliertere Ausführungen. Welche Einrichtung der Technischen Lehranstalten, die aus verschiedenen Schulen bestand, er besuchte, gab er nicht an; vgl. weiterführend zu den Technischen Lehranstalten Kammler, Norbert (Hg.) (1989), *Technisches Bildungswesen in Leipzig. Von den Anfängen bis zur Gegenwart*, Leipzig: Fachbuchverlag Leipzig, insb. S. 93-112.

26 Ehrlich, Franz, »Wo viel Licht ist, ist viel Schatten«, a.a.O., 14D.

In der Kopfdrehmaschine

1 Ehrlich, Franz, Über mich selbst zu schreiben, a.a.O., 13D.
2 Als wichtige Referenzen nannte Franz Ehrlich rückblickend u.a. die Tänzerinnen Mary Wigman und Gret Palucca sowie die Komponisten Arnold Schönberg und Hanns Eisler (ebd., 14D).
3 Ebd.
4 Ehrlich, Franz, »Wo viel Licht ist, ist viel Schatten«, a.a.O., 16D.
5 Lang, Lothar (1965), *Das Bauhaus 1919-1933. Idee und Wirklichkeit*, Berlin: Zentralinstitut für Formgestaltung, S. 133f.
6 Ehrlich, Franz, Aller Anfang ist schwer, a.a.O., 2D.
7 Vgl. zur Bauhauswoche Scheidig, Walther (1966), *Bauhaus Weimar. Werkstattarbeiten, 1919-1924*, Leipzig: Edition Leipzig, S. 34ff.; Wingler, Hans M. 2009 [1962], *Das Bauhaus 1919-1933. Weimar – Dessau – Berlin und die Nachfolge in Chicago ab 1937*, Köln: Dumont, S. 365-369.
8 Anders als Ehrlich in seinen Erinnerungen niederschrieb, wurde das *Triadische Ballett* nur am 16. August 1923 im Deutschen Nationaltheater in Weimar gezeigt. Im Theaterhaus Jena wurde tags darauf eine andere Bühnenarbeit Schlemmers gezeigt, deren Aufführung misslang, wie Ehrlich es beschrieb.
9 Ehrlich, Franz, »Wo viel Licht ist, ist viel Schatten«, a.a.O., 16D.
10 Ebd.
11 Ehrlich, Franz, Wie weit reicht mein Erleben zurück, a.a.O., 12D.
12 Ders., »Wo viel Licht ist, ist viel Schatten«, a.a.O., 15D.
13 Huelsenbeck, Richard (Hg.) (1987 [1920]), *Dada-Almanach*, Hamburg: Nautilus, S. 41.

14 Gropius, Walter, »Wohnmaschinen« (1922), BHA Berlin, Walter Gropius Papers II 4.
15 Moholy-Nagy, László (1929), *von material zu architektur* (bauhausbücher 14), München: Albert Langen, S. 13.
16 Ebd., S. 11.
17 Ebd., S. 13.
18 Ebd., S. 12.
19 Gropius, Walter (1923), »Kunst und Technik – eine neue Einheit«, Vortrag, wird beispielsweise erwähnt in: Droste, Magdalena (1990), *bauhaus 1919-1933*, Köln: Taschen, S. 106.
20 Schlemmer, Oskar (1925), »mensch und kunstfigur«, in: Gropius, Walter/László Moholy-Nagy (Hg.), *die bühne im bauhaus* (bauhausbücher 4), München: Albert Langen, S. 7-21, S. 7.
21 Ehrlich, Franz, »Wo viel Licht ist, ist viel Schatten«, a.a.O., 16D.
22 Ebd., 16D und 17D.
23 Ehrlich, Franz, Wie weit reicht mein Erleben zurück, a.a.O., 12D.
24 Schöbe, Lutz (1983), *Franz Ehrlich. Beitrag zu einer Monographie*, Berlin: unveröffentlichte Diplomarbeit an der Humboldt-Universität zu Berlin, S. 14.
25 Vgl. Ackermann, Ute (2016), *Die Meisterratsprotokolle des Staatlichen Bauhauses Weimar 1919-1925*, Stuttgart: Metzler, S. 534.
26 Vgl. *bauhaus. zeitschrift für gestaltung* 1/1 (1926), S. 1.
27 Vgl. dazu Scheiffele, Walter (2003), *ein kraftfeld der moderne. bauhaus, junkers, sozialdemokratie*, Berlin: form+zweck.; Siegfried, Detlef (2001), *Der Fliegerblick. Intellektuelle, Radikalismus und Flugzeugproduktion bei Junkers 1914-1934*, Bonn: Dietz, insb. S. 120-140.
28 Ehrlich, Franz, Aller Anfang ist schwer, a.a.O., 2D.
29 Ehrlich, Franz, »Wo viel Licht ist, ist viel Schatten«, a.a.O., 17D; Schulz/Schulz/Teller (Hg.) (1977), a.a.O., S. 14.
30 Ehrlich, Franz, Ausführlicher Lebenslauf (17. Dezember 1947), SBD, I 11631/10-16D, 11D.
31 Gropius, Walter (1926), »bauhausneubau dessau«, in: *bauhaus. zeitschrift für gestaltung* 1/1 (1926), S. 1f.
32 Ehrlich, Franz, Wie weit reicht mein Erleben zurück, a.a.O., 12D.
33 SADe, S 03-16.
34 Moholy-Nagy (1929), a.a.O., S. 18.
35 Ehrlich, Franz, »Wo viel Licht ist, ist viel Schatten«, a.a.O., 19D.

36 Wanderwitz, Marco/Ute Bertram/Michael Kretschmer et al., »Die Welt neu denken – Der 100. Jahrestag der Gründung des Bauhauses im Jahre 2019«, Antrag im Deutschen Bundestag, Drucksache 18/3727, 13. Januar 2015, online verfügbar unter: {http://dip.bundestag.de/dip/btd/18/037/1803727.pdf} (alle URL Stand Januar 2022).
37 Wedepohl, Edgar (1927), »Die Weissenhof-Siedlung der Werkbundausstellung ›Die Wohnung‹ Stuttgart 1927«, in: *WMB* 11/10 (1927), S. 391-402, S. 397.
38 Ebd.
39 Ebd., S. 399.
40 Ehrlich, Franz, »Wo viel Licht ist, ist viel Schatten«, a.a.O., 18D.
41 Loew, Heinz/Helene Nonne-Schmidt (1984), *Joost Schmidt. Lehre und Arbeit am Bauhaus 1919-32*, Düsseldorf: Edition Marzona, S. 7.
42 Moholy-Nagy (1929, a.a.O.) zeigt eine Vielzahl von Werken aus der Plastischen Werkstatt.
43 Schmidt, Joost (1928), »plastik ... und das am bauhaus !?!?«, in: *bauhaus. zeitschrift für gestaltung* 2/2-3 (1928), S. 20f.
44 Paret, Paul (2009), »Die Bauhaus-Moderne und das Problem der Plastik«, in: Anja Baumhoff/Magdalena Droste (Hg.), *Mythos Bauhaus. Zwischen Selbsterfindung und Enthistorisierung*, Berlin: Dietrich Reimer, S. 53-69, S. 55.
45 Loew/Nonne-Schmidt (1984), a.a.O., S. 116.
46 Ehrlich, Franz, »Zusammenstellung der selbstständig ausgeführten Arbeiten seit Beginn meines Studiums am Bauhaus 1927« (o.D.), SBD, I 11632/46D-48D, 46D.
47 Paret (2009), a.a.O., S. 66-68.
48 Moholy-Nagy (1929), a.a.O., S. 18.
49 Gropius, Walter (1919), »Programm des Staatlichen Bauhauses in Weimar«, abgedruckt in: Wingler (2009), a.a.O., S. 40.
50 Hüter, Karl-Heinz (1976), »Vom Gesamtkunstwerk zur totalen Architektur. Synthesekonzeptionen bei Gropius und dem Bauhaus«, in: *Wiss. Zs. D. HAB* 23/5-6 (1976), S. 507-514, S. 510; vgl. Junghanns, Kurt (1979), »Die Idee des ›Großen Baues‹«, in: *Wiss. Zs. d. HAB* 26/4-5 (1979), S. 304-308.
51 Gropius, Walter (1956), *Architektur. Wege zu einer optischen Kultur*, Frankfurt am Main: Fischer, S. 127ff.
52 Nerdinger, Winfried (2019), *Walter Gropius. Architekt der Moderne, 1883-1969*, München: Beck, S. 201.

53 Ehrlich, Franz, »Bauhaus und Totaltheater«, in: *Wiss. Zs. d. HAB*, 29/5-6 (1983), S. 424.
54 Ebd.
55 Zitiert nach Nerdinger (2019), a.a.O., S. 202.
56 Ebd.
57 Ebd.
58 Foto des *Ta-Ti-To-Tal-Theaters*: SBD, I 2859 g F.
59 Ehrlich, Franz, »Wo viel Licht ist, ist viel Schatten«, a.a.O., 21D.
60 *Schule*, SBD, I 47506; *Wohnhaus mit nach der Sonne drehbaren Geschossen*, SBD, I 35212 G.
61 Franz Ehrlich und Heinz Loew waren der Kern der Plastischen Werkstatt, sie waren ab dem Wintersemester 1927/28 bis Wintersemester 1929/30 kontinuierlich in dieser eingeschrieben, in einzelnen Semestern kamen bis zu vier weitere wechselnde Studierende hinzu.
62 Ehrlich, Franz, Wie weit reicht mein Erleben zurück, a.a.O., 12D.
63 Oswalt, Philipp (2018), »Die verschwiegenen Bauhaus-Krisen«, in: Flierl, Thomas/Philipp Oswalt (Hg.), *Hannes Meyer und das Bauhaus. Im Streit der Deutungen*, Leipzig: Spector Books, S. 247-276, S. 254.
64 Ehrlich, Franz, »Wo viel Licht ist, ist viel Schatten«, a.a.O., 21D.
65 Wahrscheinlich meinte Ehrlich die Bauhausausstellung im Grassi Museum Leipzig im Jahr 1929; vgl. dazu Moeller, Werner (2020), »Kein schmuckes Heim. Die Volkswohnung des Bauhauses im Grassimuseum«, in: Thormann, Olaf (Hg.), *Bauhaus Sachsen*, Stuttgart: Arnoldsche, S. 245-252.
66 Ehrlich, Franz, »Wo viel Licht ist, ist viel Schatten«, a.a.O., 21D.
67 Ehrlich, Franz, Lebenslauf (1. November 1951), a.a.O.
68 Bauhausleitung an alle Meister (2. Mai 1930), SBD, I 8140D.
69 Protokoll der Beiratssitzung vom 26. November 1930, SBD, I 8081/1-3D, 1D.
70 Ehrlich, Franz, Lebenslauf, Weimar-Buchenwald, a.a.O.
71 In einem Lebenslauf (um 1956) beispielsweise schrieb er, »1930 wurde mir für die [auf der] Ausstellung ›Gas und Wasser‹ geleisteten Arbeiten das Diplom für Architektur verliehen« (Ehrlich, Franz, Ausführlicher Lebenslauf [um 1956], SBD, I 11631/25D-31D, 31D). In der gleichen Zeit schrieb er in einem anderen Lebenslauf »1931 […] Bauhaus-Diplom« (BstU, MfS, AIM, 6503/75, BSTU 000067).

In einem weiteren Lebenslauf (um 1975) führte er als Studienzeit am Bauhaus Dessau den Zeitraum 1927-1931 an, ein Diplom erwähnt er nicht (vgl. Ehrlich, Franz, Lebenslauf [nach 1975], SBD, I 11631/ 56D-61D, 56D). Lutz Schöbe meint, Ehrlich habe 1930 »ein Diplom in Plastik und Architektur für die geleistete Arbeit allgemein und für die Gestaltung der Stände der Junkerswerke in Berlin, insbesondere« erhalten, das »bereits von Mies van der Rohe [...] unterschrieben« gewesen sei (Schöbe [1983], a.a.O., S. 38).

72 Franz Ehrlich an die Dresdner Stadträtin Charlotte Dietrich (19. August 1947), SADd, 4.1.4-500, Bl. 63D f., 64.
73 SADe, S 03-16.

Jugend des Hochverrats

1 Ehrlich, Franz, »Wo viel Licht ist, ist viel Schatten«, a.a.O., 21D.
2 Da Winter, der eigentlich vor allem Maler war, bereits im Frühjahr 1931 eine Stelle in Halle/Saale annahm, bestand das studio Z nach kurzer Zeit nur noch aus Franz Ehrlich und Heinz Loew.
3 Paret (2009), a.a.O.
4 Werbefaltblatt des studio Z (um 1931), SBD, I 3860 G.
5 Von der Akquisemappe des studio Z sind einzelne Blätter überliefert, vgl. SBD, I 6532 G ff.
6 Merkert, Jörn (Hg.) (1989), *Naum Gabo. Ein russischer Konstruktivist in Berlin 1922-1932*, Berlin: Dirk Nishen.
7 Im Teilnachlass Naum Gabos in der Berlinischen Galerie finden sich Konstruktionszeichnungen, die mit »studio Z passauer straße 5« gezeichnet sind. Im Nachlass Ehrlichs gibt es zudem mehrere Fotografien von Plastiken Gabos; vgl. SBD, I 15469 F; SBD, I 15470 F; SBD, I 15471 F; SBD, I 15472 F; SBD, I 15473 F. Die abgebildeten Plastiken befinden sich teilweise in der Tate Gallery London bzw. der Yale University Art Gallery, New Haven. Vermutlich wurden sie von Franz Ehrlich im Auftrag Gabos gefertigt.
8 1951 beispielsweise gibt er an, zwischen 1931 und 1932 seien »die ersten selbstständigen Arbeiten für Filmbauten, Ausbau von Filmtheatern und Ausstellungsständen« entstanden (Ehrlich, Franz, Lebenslauf [1. November 1951], a.a.O.). In einer vermutlich Anfang der sechziger Jahre entstandenen Liste führt er das »Lichtspielthea-

ter Tauentzien« als erste eigenständige Arbeit von studio Z an (Ehrlich, Franz, Zusammenstellung der selbstständig ausgeführten Arbeiten seit Beginn meines Studiums am Bauhaus 1927, a.a.O., 46D). Die plausibelste Auskunft über seine Tätigkeit in dieser Zeit gibt er in einem Lebenslauf aus der zweiten Hälfte der siebziger Jahre, in dem er schreibt: »1932 ›Studio Z‹ in Berlin, Ausmalung von Wohnungen, und Lichtspieltheatern« (vgl. Ehrlich, Franz, Lebenslauf [nach 1975], a.a.O., 56D).

9 Ehrlich, Franz, Ausführlicher Lebenslauf (27. Dezember 1948), a.a.O.
10 Karteibogen des Bundes Deutscher Architekten, ausgefüllt von Franz Ehrlich (um 1953), IRS Erkner, Wiss. Samml., BdA, B2-5108 (Franz Ehrlich).
11 Vgl. StAL, 20237, Nr. 13987.
12 Ehrlich, Franz, Zusammenstellung der selbstständig ausgeführten Arbeiten seit Beginn meines Studiums am Bauhaus 1927, a.a.O., 46D.
13 Schulz, Gisela/Hans-Peter Schulz/Johanna Teller (Hg.) (1980), *bauhaus 4 – Franz Ehrlich. Die frühen Jahre, Aquarelle, Collagen, Malerei, Montagen, Objekte, Plastik, Zeichnungen, Arbeiten der Jahre 1927-1938*, Leipzig: Galerie am Sachsenplatz, S. 10.
14 Vgl. Rössler, Patrick (2007), *Die neue Linie 1929-1943. Das Bauhaus am Kiosk*, Bielefeld: Kerber.
15 VdN-Hinterbliebenenantrag von Elisabeth Ehrlich (19. Juni 1945), LAB, C Rep 118-01, Nr. 1960.
16 Schulz/Schulz/Teller (Hg.) (1980), a.a.O., S. 10.
17 Vgl. Brief Franz Ehrlich an Grete Reichardt (5. Dezember 1978), SBD, I 11661/20D.
18 Willi Ehrlich hatte die SAJ Leipzig-Reudnitz auch in der Illegalität weitergeführt und Kontakte zu den versprengten, in der Illegalität agierenden Resten der SAPD, deren Jugendverband SJVD sowie zur KPD geknüpft. Der Übertritt zur KJVD erfolgte laut seinen eigenen Angaben aus dem Jahr 1946 zu Beginn des Jahres 1934; vgl. Ehrlich, Willi, Lebenslauf (18. April 1946), BSTU, MfS, BV Erfurt, Abt. VII, AGI 175/69, Bl. 000010.
19 Ehrlich, Franz, Ausführlicher Lebenslauf (17. Dezember 1947), a.a.O., 12D.
20 So hatte es die Gestapo ermittelt, StAL, PP-St 121 (Kommunistischer Jugendverband Deutschlands, Bd. 2), Bl. 182; vgl. zum Ermittlungs-

stand der Gestapo über die »Herstellung illegaler Druckschriften im technischen Apparat der Bezirksleitung« und die »Tätigkeit der Angeklagten Franz und Willy Ehrlich« ebd. Bl. 181 ff.
21 Ehrlich, Franz, Ausführlicher Lebenslauf (17. Dezember 1947), a. a. O., 12 D.
22 Bereits die politische Justiz in der Weimarer Republik nutzte den Straftatbestand »Hochverrat« (RStGB, § 80 ff.) im »vorbeugenden« Kampf gegen die politische Linke; vgl. Ostendorf, Heribert (2018), »Politische Strafjustiz in Deutschland«, in: *Informationen zur Politischen Bildung* 296/2017, S. 24-31. Der Staatsgerichtshof entwickelte gar »eine juristische Konstruktion, nach der [...] jedes Bekenntnis zur kommunistischen Ideologie als Hochverrat strafbar wurde [...]. Aufgrund dieser extensiven Interpretation [...] verurteilte man Flugblattverteiler, Buchhändler und Setzer« (Jasper, Gotthard [1982], »Justiz und Politik in der Weimarer Republik«, in: *Vierteljahreshefte für Zeitgeschichte* 30/2 [1982], S. 167-205, S. 188).
23 StAL, 20031, PP-St 121, Bl. 172 f.
24 Gerichtsurteil (OstA III 189/34/20.7/35), StAL, 20031, PP-St 121, Bl. 174 ff.
25 Ebd.

Blätter aus der Haft

1 Ehrlich, Franz, Meine Arbeit in ihrem Hause* (vermutlich 1934), SBD, I 11682/24-34 D, 33 D.
2 Tonbandmitschnitt des Künstlergesprächs mit Franz Ehrlich im großen Kinosaal der Leipzig-Information auf dem Sachsenplatz, Leipzig (5. Dezember 1980). Das Original-Tonband ist im Besitz der Galerie am Sachsenplatz (Herr Zschäckel), Leipzig. Im Auftrag der SBD wurde es von Frau Müller-Wenzel digitalisiert und transkribiert.
3 Zuchthausakte Franz Ehrlich, StAC, 30071, Nr. 2708.
4 Ebd.
5 Ehrlich, Franz, Ausführlicher Lebenslauf (17. Dezember 1947), a. a. O., 12 D.
6 Nach 1958 veranstaltete der Club der Kulturschaffenden »Johannes R. Becher« in Berlin-Mitte eine kleine Franz Ehrlich-Ausstel-

lung, in der mindestens ein Bild aus der späteren Serie @ *Blätter aus der Haft* gezeigt wurde. Auf einer Fotografie aus der Ausstellung ist @ *Blatt 24* zu sehen; vgl. DF, df_hauptkatalog_0320753.
7 Vgl. *Blatt 43*, SBD, I 1158 G.
8 Schöbe (1983), a.a.O., S. 47.
9 DRA, IDNR 193252.
10 Ehrlich, Franz, Ausführlicher Lebenslauf (17. Dezember 1947), a.a.O., 12D.

Jedem das Seine

1 StAC, 30071, Nr. 2708.
2 Arendt, Hannah (1958), *Elemente totaler Herrschaft*, Frankfurt am Main: Europäische Verlagsanstalt, S. 244 f.
3 Vgl. Sofsky, Wolfgang, »Machtstaffelung und Selbstverwaltung«, in: ders. (1997), *Die Ordnung des Terrors. Das Konzentrationslager*, Frankfurt am Main: Fischer, S. 152 ff. Statt des in der Literatur vielfach verwendeten Begriffs »Häftlingsselbstverwaltung«, der stark an die demokratische Selbstverwaltung erinnert, nutzen wir im Folgenden den Begriff »Häftlingsverwaltung«; vgl. dazu Wagner, Jens-Christian (2001), *Die Produktion des Todes*, Göttingen: Wallstein, S. 431 ff.
4 Vgl. Niethammer, Lutz (1994), *Der »gesäuberte« Antifaschismus. Die SED und die roten Kapos von Buchenwald*, Berlin: De Gruyter; Semprún, Jorge (1984 [1980]), *Was für ein schöner Sonntag!*, Frankfurt am Main: Suhrkamp; Weidlich, Herbert (1977), *Häftlinge in Lagerorganen. Stützen der illegalen Widerstandsorganisation*, Weimar: Nationale Mahn- und Gedenkstätte Buchenwald.
5 Bartel, Walter/Klaus Trostorff (Hg.) (1983), *Buchenwald. Mahnung und Verpflichtung, Dokumente und Berichte*, Berlin: Deutscher Verlag der Wissenschaften, S. 738.
6 Bericht des ehemaligen deutschen Häftlings Herbert Thiele aus dem Jahr 1979 (BwA 31-575), in: Bartel/Trostorff (Hg.) (1983), a.a.O., S. 67-68, S. 68.
7 Ehrlich, Franz, Nach jahrelangem Aufenthalt im Zuchthaus* (o.D.), SBD, I 11634/19D-30D, 19D.
8 Ebd.
9 Ebd.

10 Die Pläne wurden bereits am 13. August 1937 vom Lagerarchitekten Robert Riedl unterzeichnet; vgl. zur SS-Führersiedlung I auch: Schlosser, Sebastian (2010), *Zum Beitrag der Vermessung bei der Industriearchäologie (am Beispiel der Führersiedlung in der Gedenkstätte Buchenwald)*, Dresden: Diplomarbeit an der Hochschule für Technik und Wirtschaft Dresden (FH).
11 Vgl. Fehl, Gerhard (1985), »Die Moderne unterm Hakenkreuz. Ein Versuch, die Rolle funktionalistischer Architektur im Dritten Reich zu klären«, in: Frank, Hartmut (Hg.) (1985), *Faschistische Architekturen. Planen und Bauen in Europa 1930 bis 1945*, Hamburg: Hans Christians, S. 88-122, insb. S. 118f.
12 Für diese zeitliche Einordnung spricht, dass Ehrlich für seinen Text eine Schreibmaschine verwendete, die mit einem Sonderzeichen für die SS-Rune ausgestattet war.
13 Ehrlich, Franz, Nach jahrelangem Aufenthalt im Zuchthaus, a.a.O., 19D.
14 Ebd., 27D.
15 Ebd.
16 Morsch, Günter (1998), »Oranienburg – Sachsenhausen, Sachsenhausen – Oranienburg«, in: Herbert, Ulrich/Karin Orth/Christoph Dieckmann (Hg.), *Die nationalsozialistischen Konzentrationslager. Entwicklung und Struktur*, Bd. 1, Göttingen: Wallstein, S. 111-134, S. 118.
17 Morsch, Günter (2007), *Von der Sachsenburg nach Sachsenhausen. Bilder aus dem Fotoalbum eines KZ-Kommandanten*, Berlin: Metropol, S. 96.
18 Kogon, Eugen (1999 [1946]), *Der SS-Staat. Das System der deutschen Konzentrationslager*, München: Heyne, S. 78.
19 Vgl. Stein, Harry (2006), »Buchenwald-Stammlager«, in: Benz, Wolfgang/Barbara Distel (Hg.), *Der Ort des Terrors. Geschichte der nationalsozialistischen Konzentrationslager*, Bd. 3, München: Beck, S. 302-307; Loos, Karina (2000), *Die Inszenierung der Stadt. Planen und Bauen im Nationalsozialismus in Weimar*, Weimar: Dissertation als Online-Veröffentlichung.
20 Knigge, Volkhard/Harry Stein (Hg.) (2009), *Franz Ehrlich. Ein Bauhäusler in Widerstand und Konzentrationslager*, Weimar: Stiftung Gedenkstätten Buchenwald und Mittelbau-Dora.
21 Broszat, Martin (1986), »Resistenz und Widerstand«, in: ders., *Nach*

Hitler. *Der schwierige Umgang mit unserer Geschichte*, München: Oldenbourg, S. 68-91.
22 Liesenberg, Carsten (2009), »Vom subtilen Einfluss der Moderne. Zum architektonischen Schaffen Franz Ehrlichs im System der ›absoluten Macht‹«, in: Knigge/Stein (Hg.) (2009), a. a. O., S. 74 ff.
23 Fulbrook, Mary (2018), *Reckonings. Legacies of Nazi Persecution and the Quest for Justice*, Oxford: Oxford University Press, S. 165, eigene Übersetzung. Im Original heißt es: »The outcome was a work of art, with dancing letters [...]. It was a visible reminder of the possibility of artistry, creativity, even beauty, in a place of torture and death.«
24 Zit. n. Stein, Sabine (2008), »Franz Ehrlich. Ein Bauhäusler im Widerstand und Konzentrationslager«, in: *Thüringer Museumshefte* 2 (2008), online verfügbar unter: {https://lag-buchenwald.vvn-bda.de/2009/09/29/franz-ehrlich-ein-bauhausler-im-widerstand-und-konzentrationslager/}; vgl. ausführlicher: Fleischmann, Gerd (2009), »›JEDEM DAS SEINE‹. Eine Spur von Bauhaus in Buchenwald«, in: Knigge/Stein (Hg.) (2009), a. a. O., S. 108-117.
25 Bücherei-Verzeichnis des KZ Buchenwald, BArch, NS 4-BU/43.
26 Chef des SS-Hauptamtes an Führer der SS-Totenkopfverbände und Konzentrationslager, Betreff: Baumittelgenehmigung (15. September 1937), BArch, NS 3/183, Bl. 42; vgl. auch: BArch, NS 3/375, Bl. 6.
27 Ehrlich, Franz, Nach jahrelangem Aufenthalt im Zuchthaus, a. a. O., 25 D.
28 Daase, Christopher (2014), »Was ist Widerstand? Zum Wandel von Opposition und Dissidenz«, in: *ApuZ* 64/27 (2014), S. 7-27.
29 Ehrlich, Franz, Terrorwellen KZ Buchenwald* (o. D.), SBD, I 11634/31-33 D, 33 D.
30 Kogon (1999 [1946]), a. a. O., S. 331.
31 Semprún (1984 [1980]), a. a. O., S. 204.
32 Ebd.
33 Naujoks, Harry (1987), *Mein Leben im KZ Sachsenhausen 1936-1942. Erinnerungen des ehemaligen Lagerältesten*, Köln: Röderberg, S. 234.
34 Kogon (1999 [1946]), a. a. O., S. 309.
35 Ehrlich, Franz, Handwerk in Buchenwald (o. D.), SBD, I 11632 D.
36 Ehrlich, Franz, Nach jahrelangem Aufenthalt im Zuchthaus, a. a. O., 29 D.

37 Stein, Harry (1999), *Konzentrationslager Buchenwald 1937-1945. Begleitband zur ständigen historischen Ausstellung*, Göttingen: Wallstein, S. 276f.; Franz Rudolf Opitz (1908-1939) stammte wie Franz Ehrlich aus Leipzig und war mit demselben Transport aus dem Zuchthaus Zwickau im KZ Buchenwald angekommen.

SS-Neubauleitung

1 Vgl. Schnellbrief Heydrich – Entlassung aus Anlass des Geburtstages von Adolf Hitler (Richtlinien und Entlassungslisten vom 20. April 1939), BwA, 4-47-2-1.
2 Vgl. exemplarisch: Schreiben der Staatspolizeistelle Chemnitz der Geheimen Staatspolizei (24. Mai 1939), Betreff: Achtung! Genau durchlesen und danach handeln. Letzte Warnung!, BwA, 52-11-136.
3 In den fünfziger Jahren beschrieb er seine Anstellung bei der SS wie folgt: »1939-41 – Übernahme in die Bauleitung als Zivilhäftling, Fortführung der illegalen Arbeit« (BStU, MfS, AIM 6503/75, Bd. I, BSTU 000068; vgl. auch SBD 11632 D).
4 Zumindest deuten Tusch- und Bleistiftzeichnungen in seinem Nachlass darauf hin, dass er Ausflüge in die Region unternahm.
5 Ehrlich, Franz, Nach jahrelangem Aufenthalt im Zuchthaus, a.a.O., 28D.
6 Kommandantur des KZ Buchenwald (Hg.) (1941), *Falkenhof*, Weimar-Buchenwald. Ein Exemplar der Broschüre befindet sich in der Bibliothek der Gedenkstätte Buchenwald, Sign. SL 441 d.
7 Ebd.
8 Foto des Erkennungsdiensts KZ Buchenwald (1939), BwA, 004-02.002.
9 Liesenberg (2009), a.a.O., S. 90.
10 Selle, Gert (1987), *Design-Geschichte in Deutschland. Produktkultur als Entwurf und Erfahrung*, Köln: Dumont, S. 239.
11 *Tiergehege Buchenwald*, SBD, I 31092 G.
12 Bartel/Trostorff (Hg.) (1983), a.a.O., S. 741f.
13 Loos (2000), a.a.O., S. 303.
14 Ehrlich, Franz, In einem babylonischen Weltschöpfungsepos, a.a.O., 26D.

Der perfekte Lagerarchitekt?

1 Verlag Otto Beyer an Franz Ehrlich, Weimar-Buchenwald (25. Februar 1941), SBD, I 11682/35D.
2 Undatiertes Dokument, SBD, I 11631/71D.
3 Ehrlich, Franz, Lebenslauf, Weimar-Buchenwald, a. a. O.
4 SBD, I 11631/71D.
5 Ehrlich, Franz, Lebenslauf, Weimar-Buchenwald (3. Dezember 1940), a. a. O.
6 Ehrlich, Franz, Nach jahrelangem Aufenthalt im Zuchthaus, a. a. O., 24D.
7 Kusch, Regina/Andreas Beckmann (2014), *Bauhaus, Buchenwald und Baudenkmäler. Die fantastische Karriere des Architekten Franz Ehrlich*, Hörspiel, online verfügbar unter: {http://www.hoerspielundfeature.de/bauhaus-buchenwald-und-baudenkmaeler-die-fantastische-100.html}.
8 Tagebuch der Schwiegermutter von Franz Ehrlich. Eine Abschrift befindet sich im Archiv der Stiftung Bauhaus Dessau, ohne Signatur. Kopie im Privatarchiv der Autoren.
9 Im SS-Hauptamt Haushalt und Bauten gehörte Ehrlich, wie sich über Urlaubslisten nachvollziehen lässt, der Abteilung II C 3 an, die für Bauaufgaben in den Konzentrationslagern und für die Polizei zuständig war. Mit der Gründung des SS-Wirtschaftsverwaltungshauptamtes (WVHA) und der Zusammenfassung des gesamten SS-Bauwesens in der von Hans Kammler geleiteten Amtsgruppe C war Ehrlich der Hauptabteilung »Künstlerische Fachgebiete« (C IV) zugeordnet, die anfangs aus den beiden Abteilungen Städtebau- und Entwurfsgestaltung (C IV/1) sowie Landschafts- und Raumgestaltung (C IV/2) bestand. Laut der wenigen überlieferten Quellen gehörte Ehrlich der Unterabteilung Raumgestaltung (C IV/2b) an, die aus zwei bis drei Mitarbeiter:innen bestand (vgl. BArch NS 3).
10 Vgl. Kogon, Eugen, »Das Drohnendasein der SS«, in: ders. (1999 [1946]), a. a. O., S. 309 ff.
11 Horn, Otto, Bericht über die Tischl. Werkstätten im K. L. Buchenwald (o. D.), BwA, 562-23, Bl. 50-52.
12 Ehrlich, Franz, Terrorwellen KZ Buchenwald, a. a. O, 33D.
13 Von Heinrich Himmler abgezeichneter Vermerk vom 21. Juli 1941.

In: BArch, Personalakte Odilo Globocnik, zit. n. Schulte, Jan Erik (2002), »Vom Arbeits- zum Vernichtungslager. Die Entstehungsgeschichte von Auschwitz-Birkenau 1941/42«, in: *Vierteljahreshefte für Zeitgeschichte* 50/1 (2002), S. 41-69, S. 43.
14 Ebd.
15 Vgl. SS-Personalakte Wolfgang Grosch, BArch, R/9361/III/59705.
16 Schulte (2002), a. a. O., S. 52.
17 Gutschow, Niels (2014), *Ordnungswahn. Architekten planen im »eingedeutschten Osten« 1939-1945*, Basel: Birkhäuser.
18 Vgl. den von Franz Ehrlich ausgefüllten »Fragebogen für [ehemalige] Angehörige des Strafbataillons 999 in der sächsischen SED«, (1947), BArch, RY 1/I 2/3/144.
19 Gespräch mit Robert Jan van Pelt (3. Dezember 2021) an der Universität Kassel.
20 Horn, Otto, Bericht über die Tischl. Werkstätten im K. L. Buchenwald, a. a. O., Bl. 50-52.
21 Ehrlich, Franz, Terrorwellen KZ Buchenwald, a. a. O.
22 Ebd., 33 D.
23 Referent für Wiederaufbau Ehrlich an die Dresdner Stadträtin Charlotte Dietrich (19. August 1947), SADd, 4.1.4-500, Bl. 63 D f., 64 D.
24 Ehrlich, Franz, Als ich im Sommer 1937* (1977), BwA, 31/764.
25 So Hannah Arendt in der Sendung »Zur Person. Günter Gaus im Gespräch mit« (28. Oktober 1964).

Im Strafbataillon 999

1 § 13 des Wehrgesetzes vom 21. Mai 1935.
2 Auskunft der Deutschen Dienststelle (WASt) zu Franz Ehrlich.
3 Ehrlich, Franz, Ausführlicher Lebenslauf (um 1956), a. a. O., 26 D.
4 Ebd.
5 Ehrlich, Franz, In einem babylonischen Weltschöpfungsepos, a. a. O., 27 D.
6 1948 nennt er den Fahrer merkwürdigerweise »Jupp Steier aus München«; vgl. Ehrlich an Kreisvorstand der SED Dresden (17. April 1948), SBD, I 11652/94 D-95 D, 95 D.
7 Klausch, Hans-Peter (2003), *Hermann Bode (1911-1944). Ein Braun-*

schweiger Stadtverordneter im Kampf gegen Faschismus und Krieg, Berlin: trafo, S. 150 ff.
8 Franz Ehrlich an Landesvorstand der SED Sachsen, Betr. Bericht über den Tod des Genossen Illmer und die Rolle von Walter Pullwitt (28. Januar 1949), SBD, I 11652/98 D.
9 Ebd.
10 Ebd.; weiterführend: Schreiben von Albert Mainz an Zentralstelle Ludwigsburg (10. April 1981), BArch, SgY 5, Nr. 3 (999, Feldgerichtsprozess); Klausch (2003), a.a.O.; ders. (1986), *Die 999er. Von der Brigade »Z« zur Afrika-Division 999, Die Bewährungsbataillone und ihr Anteil am antifaschistischen Widerstand*, Frankfurt am Main: Röderberg; Burkhardt, Hans (1986), *Die mit dem blauen Schein. Über den antifaschistischen Widerstand in den 999er Formationen der faschistischen deutschen Wehrmacht (1942 bis 1945)*, Berlin: Militärverlag der Deutschen Demokratischen Republik.
11 Klausch (1986), a.a.O., S. 206.
12 Vgl. den von Franz Ehrlich ausgefüllten »Fragebogen für [ehemalige] Angehörige des Strafbataillons 999 in der sächsischen SED« (1947), a.a.O.
13 Ehrlich an Kreisvorstand der SED Dresden (17. April 1948), a.a.O., 95 D.
14 LAB, C Rep. 118-01, Nr. 1960.
15 Kapitulation der 41. J.D. am 10. Mai 1945 in Jugoslawien, Kriegsgefangenschaft im Gef. Btl. 228 in Pančevo, Auskunft der Deutschen Dienststelle (WASt).
16 Walter Breitmann schrieb: »Ehrlich und Fritz Irmscher [*1911, KPD, Leipzig-Eutritzsch] waren die Spitze des Antifa-Kollektivs im Lager Pancewo« (BArch, DY 30/IV 2/11/v. 4852, Bl. 208 f.).
17 Ehrlich, Franz, Ausführlicher Lebenslauf (um 1956), a.a.O., 26 D.
18 Ebd.
19 Ebd., 27 D.
20 Vidović, Cveijetin (2016), *Virtuelle Rekonstruktion der Synagoge in Pančevo (Serbien)*, Wien: Diplomarbeit an der Technischen Universität Wien, S. 10.

Antifaschistisch-demokratischer Aufbau

1 Franz Ehrlich war spätestens am 23. Mai 1946 zurück in Deutschland; vgl. LAB, C Rep 118.01, Nr. 1960.
2 VdN-Hinterbliebenenantrag von Elisabeth Ehrlich (19. Juni 1945), ebd.
3 VdN-Antrag von Franz Ehrlich (11. Juni 1946), LAB, ebd.
4 Eine Funktion in der SAJ ist für Franz Ehrlich nicht nachweisbar. Sein jüngerer Bruder Willi Ehrlich hingegen war zweiter Vorsitzender der SAJ in Leipzig-Reudnitz, was Franz Ehrlich hier wohl für sich beansprucht. Es ist möglich, dass Ehrlich, wie er in einem Lebenslauf 1948 niederschrieb, »zu den führenden Leuten, die vor allem auf den Jahreskonferenzen und im Vorstand Gross-Leipzig in Erscheinung traten«, gehörte (Ehrlich, Franz, Ausführlicher Lebenslauf [27. Dezember 1948], a. a. O.), aber wahrscheinlich war er nur »im Jahre 1925 ein Jahr lang Mitglied der Sozialistischen Arbeiter-Jugend (SAJ) in Leipzig-Volkmarsdorf« gewesen, wie es 1935 im Urteil des Oberlandesgerichts Dresden hieß (vgl. StAL, 20031, PP-St 121, Bl. 174 ff.).
5 Viertes Rundschreiben des Hauptausschusses OdF vom 28. Juni 1945, LAB, C Rep. 118, Nr. 615, Bl. 1 f.
6 Ebd.; vgl. Hölscher, Christoph (2002), *NS-Verfolgte im »antifaschistischen Staat«. Vereinnahmung und Ausgrenzung in der ostdeutschen Wiedergutmachung (1945-1989)*, Berlin: Metropol, S. 50.
7 Ebd., S. 49.
8 Franz Ehrlich, Lebenslauf (1. November 1951), a. a. O.
9 Ehrlich, Franz, Ausführlicher Lebenslauf (27. Dezember 1948), a. a. O., 18 D.
10 Vgl. Referent für Wiederaufbau an Stadträtin Dietrich (25. August 1947), SADd, 4.1.4-500, Bl. 63 f.
11 Vgl. Ehrlich, Franz, Lebenslauf (1. November 1951), a. a. O.
12 Ehrlich, Franz, Lebensstationen bis 1947* (nach 1947), SBD, I 11621/2D.
13 Beispielsweise in seinem Antrag auf Anerkennung als OdF, vgl. LAB, S. Rep. 118-01, Nr. 1960.
14 In einem Fragebogen (um 1975) schreibt er in Bezug auf seinen Militärdienst: »Auszeichnungen keine« (SBD, I 11631/54D).
15 Vgl. Ehrlich, Franz, Ausführlicher Lebenslauf (27. Dezember 1948), a. a. O.

16 BArch, DY 30/IV 2/11/v. 4852, Bl. 220b.
17 Vgl. Durth, Werner/Jörn Düwel/Niels Gutschow (2007), *Architektur und Städtebau der DDR. Die frühen Jahre*, Berlin: Jovis.
18 Durth, Werner/Niels Gutschow (1993), *Träume in Trümmern. Planungen zum Wiederaufbau zerstörter Städte im Westen Deutschlands 1940-1950*, München: Beck, insb. S. 113 ff.
19 Vgl. BArch, DY 30/IV 2/11/v. 4852, Bl. 217.
20 Als Ehrlich sich in Dresden vorstellte, wurde die Ausstellung gerade aufgebaut. Anders als vielfach kolportiert, entwarf er weder das Ausstellungsdesign noch wurden Arbeiten von ihm gezeigt.
21 Besprechung zwischen Bürgermeister Weidauer und Kurt Junghanns, dem künstlerischen Leiter der Ausstellung *Das neue Dresden*, am 21. Mai 1946, SADd, 4.1.4-983, Bl. 15.
22 Rat der Stadt Dresden (Hg.) (1946), *1946. Das erste Jahr des großen Dresdner Aufbauplanes. Referat des 1. Bürgermeisters W. Weidauer auf der Sondersitzung des Rates der Stadt Dresden am 5. Januar 1946 in der Tonhalle*, Dresden: Rat der Stadt Dresden, S. 10.
23 Stadtrat Egon Rentzsch an Architekt Franz Ehrlich (5. August 1946), SBD, I 11647/3D (gleichlautend im SADd, 4.1.13-76, Bl. 141).
24 Zur Popularität von Domela trug maßgeblich bei, dass er seine Geschichte als Buch veröffentlichte: Domela, Harry (1927), *Der falsche Prinz. Mein Leben und meine Abenteuer*, Berlin: Malik.
25 Ehrlich, Franz, »Wiederaufbau oder Neuaufbau?«, Manuskript (um 1946), SBD, I 11634/54D -61D, 54D.
26 Ebd.
27 Ehrlich, Franz, »Vom Maßstab«, Manuskript (um 1947), SBD, I 11685/51-53D, 53D.
28 Ehrlich, Franz, Schreiben über das Aufbaudirektorium (29. November 1946), SBD, I 11685/94D-95D, 94D.
29 Ebd.
30 Ehrlich, Franz, Die Probleme des Neuaufbaus*, Manuskript (2. Januar 1947), SBD, I 11687/11-13D.
31 Vgl. Ehrlich, Franz, Schaffung eines Instituts für Wiederaufbau (keine Lehrwerkstatt), Schreiben des Referenten für Wiederaufbau (o. D.), SBD, I 11685/17D; vgl. auch: Ehrlich, Franz, Schaffung eines Instituts oder einer Meisterklasse für Wiederaufbau, Schreiben des Referenten für Wiederaufbau (6. Januar 1947), SBD, I 11687/20D.

32 Ehrlich war an der Hochschule für Werkkunst kurzzeitig als Lehrkraft für »Werklehre« und Nachfolger von Hanns Hopp vorgesehen, nachdem dieser als Direktor an die Burg Giebichenstein – Kunstschule und Werkstätten der Stadt Halle-Saale berufen worden war (vgl. HfBKD, Bestand 2, 02/41).
33 Vgl. Schreiben des Referenten für Wiederaufbau an die Gewerkschaft 17 für Kunst und Schrifttum im FDGB, Dresden-Blasewitz (14. Januar 1947), SBD, I 11652/76D.
34 Gewerkschaft 17 für Kunst und Schrifttum im FDGB, Dresden an Ministerialdirigent Gute, Abteilung Kunst und Literatur des Sächsischen Ministeriums für Volksbildung (21. Mai 1947), HStAD, 11401, Nr. 1653.
35 Will Grohmann, Hochschule für Werkkunst an Gewerkschaft 17 für Kunst und Schrifttum im FDGB, Dresden (03. Juni 1947), HStAD, 11401, Nr. 1653.
36 Ebd.
37 Franz Ehrlich an Landesvorstand der SED (7. Juli 1947), SBD, I 11652/38D.
38 Minister Holtzhauer forderte Mart Stam mehrfach auf, Ehrlich als Lehrkraft in seine Planungen einzubeziehen, was jedoch nicht erfolgte (HStAD, 11401, Nr. 1657).
39 N.N., »Besuch bei Oberbürgermeister Weidauer«, in: *Sächsische Zeitung* (19. Oktober 1946).
40 Vgl. Brief Walter Gropius an Franz Ehrlich (25. August 1947), SADd, 4.1.9-8, Bl. 191; vgl. Ehrlich, Franz, Bericht über die Begegnung mit Walter Gropius (25. August 1947), SADd, 4.1.9-8, Bl. 192.
41 ADN (1947), »Neue Aufbauplanung in Dresden«, in: *Sächsische Zeitung* (20. September 1947).
42 Rat der Stadt Dresden an Franz Ehrlich (1. Oktober 1947), SBD, I 11687/89D.
43 Franz Ehrlich an den Generalintendanten des Staatsschauspiels Dresden (10. August 1966), BArch DY 30/IV 2/11/v. 4852, Bl. 75-79, 76.
44 Personalamt der Stadt Dresden, Stadträtin Charlotte Dietrich an OB Weidauer (25. August 1947), SADd, 4.1.5-251-8, Bl. 15 f.
45 Leucht, Kurt W./Johannes Hungers/Hans Bronder (1950), *Planungsgrundlagen, Planungsergebnisse für den Neuaufbau der Stadt Dresden. Bericht des Stadtplanungsamtes über die Ergebnisse der*

Untersuchung der strukturellen Grundlagen für die neue städtebauliche Ordnung der Landeshauptstadt Dresden, Dresden: Rat der Stadt.
46 Vgl. Schreiben von Franz Ehrlich an Sekretariat des Kreisvorstandes der SED Dresden (17. März 1948), SBD, I 11652/67-68D, 67D.

Ordner der Zivilisation

1 Anfang der dreißiger Jahre gingen verschiedene Gruppen von Architekt:innen aus Deutschland in die Sowjetunion, um sich dort am Aufbau zu beteiligen. Eine bekannte Gruppe wurde vom vormaligen Bauhausdirektor Hannes Meyer, eine andere vom vormaligen Siedlungsdezernenten und Erbauer des »Neuen Frankfurt« Ernst May geleitet; vgl. Flierl, Thomas (Hg.) (2012), *Standardstädte. Ernst May in der Sowjetunion 1930-1933, Texte und Dokumente*, Berlin: Suhrkamp.
2 Vgl. Girnus, Wilhelm (1951), »Wo stehen die Feinde der deutschen Kunst? Bemerkungen zur Frage des Formalismus und des Kosmopolitismus (1)«, in: *Neues Deutschland* (13. Februar 1951); vgl. Liebknecht, Kurt (1951), »Im Kampf um eine neue deutsche Architektur«, in: *Neues Deutschland* (13. Februar 1951); vgl. Lauter, Hans (1951), *Der Kampf gegen den Formalismus in Kunst und Literatur, für eine fortschrittliche deutsche Kultur*, Berlin: Dietz.
3 *Kleines Haus im Wald bei Berggieshübel*, 1947, SBD, I 35470 G.
4 *Typ A Einzelhaus*, 1946, SBD, I 31667 G.
5 Bereits im Herbst 1946 soll Ehrlich – wie auch die anderen Bauhäusler Selman Selmanagić, Wils Ebert, Herbert Hirche, Mart Stam und Kurt Krantz – als Messegestalter auf der Leipziger Messe gearbeitet haben; vgl. Abadžić Hodžić, Aida (2018), *Selman Selmanagić und das Bauhaus*, Berlin: Gebr. Mann, S. 239; vgl. zu Bauhäuslern in der SBZ/DDR: Nadolni, Florentine/Tanja Scheffler et al. (Hg.) (2021), *alltag formen! bauhaus-moderne in der ddr*, Weimar: M Books.
6 Vgl. N.N. (1949), »Polnischer Auftrag für Ostzone«, in: *Berliner Zeitung* (4. Juni 1949).
7 Vgl. Schreiben von Hans Scharoun an Franz Ehrlich (Oktober 1948), SBD, I 11647/25D; vgl. Schreiben von Hermann Henselmann an Franz Ehrlich (3. Februar 1948), SBD, I 11647/15D.

8 Vgl. Oswalt, Philipp (2019), »Der Mythos von der weißen Bauhausstadt«, in: *Frankfurter Allgemeine Zeitung* (16. November 2019).
9 Ehrlich, Franz, »Vom Maßstab«, Manuskript (um 1947), a.a.O.
10 Ehrlich, Franz, Die Totalität des gesamten Bauschaffens* (o.D.), SBD, I 11668/1D-22D, 1D.
11 Ehrlich, Franz, Gab es am Bauhaus ein Modul. Manuskript* (21. Februar 1979), SBD, I 11679/1-6D, 4D.
12 Vgl. Ehrlich, Franz, Autobiografische Notiz zum Achssystem* (o.D.), SBD, I 11637/50D und MfS-Treffbericht (4. November 1958), BStU, MfS, AIM 6503/75, Bd. II, Bl. 000176.
13 Ehrlich, Franz, Autobiografische Notiz zum Achssystem, a.a.O.
14 Ebd.
15 Ehrlich, Franz, Die Totalität des gesamten Bauschaffens, a.a.O., 1D.
16 Ebd.
17 Ehrlich, Franz/Otto Merwitz, *Die Bezugs-Einheit (BE)* (um 1957), SBD, I 11666/34D.
18 BStU, MfS, AIM 6503/75, Bd. II, BSTU 000066.
19 Vgl. BArch, DH 2/20358
20 Exner, Hermann (1950), »Franz Ehrlich«, in: *Berliner Zeitung* (28. Dezember 1950).

Stalinistische Säuberungen

1 Klein, Thomas (2002), *»Für die Einheit und Reinheit der Partei«. Die innerparteilichen Kontrollorgane der SED in der Ära Ulbricht*, Köln: Böhlau.
2 Stalin, »die« Partei und das NKWD (Volkskommissariat für Inneres) definierten willkürlich Menschen zu »Feinden« und stießen sie ins Räderwerk der Säuberung. Im »Großen Terror« 1937/38 wurde nach festgelegten Quoten hingerichtet (vgl. Schlögel, Karl (2008), *Terror und Traum. Moskau 1937*, München: Carl Hanser, S. 603 ff.). Das NKWD führte verschiedene »nationale Operationen« durch. Allein im Zuge der »deutschen Operation« wurden über 40 000 als Deutsche definierte Menschen, darunter viele kommunistische Politemigrant:innen, hingerichtet, über 10 000 kamen in Gulag-Haft. Zu den inhaftierten Deutschen gehörte Kurt Liebknecht. Mehrere Bauhäusler wurden vom NKWD hingerichtet.

3 Keßler, Mario (1995), *Die SED und die Juden. Zwischen Repression und Toleranz*, Berlin: Akademie-Verlag; Jander, Martin/Anetta Kahane (Hg.) (2021), *Juden in der DDR. Jüdisch sein zwischen Anpassung, Dissidenz, Illusionen und Repression, Porträts*, Berlin: Hentrich und Hentrich.
4 SED-Hausmitteilung von Büro Pieck an Kaderabteilung (13. Januar 1951), BArch, DY 30/IV 2/11/v. 4852, Bl. 203.
5 Kaderabteilung des ZK der SED an Kaderabteilung der Landesleitung der SED Sachsen, Dresden (22. Januar 1951), BArch, DY 30/IV 2/11/v. 4852, Bl. 202.
6 Vgl. BArch, DY 30/IV 2/11/v. 4852, Bl. 206-213.
7 Hain, Simone (1995), *»Reise nach Moskau«. Dokumente zur Erklärung von Motiven, Entscheidungsstrukturen und Umsetzungskonflikten für den ersten städtebaulichen Paradigmenwechsel in der DDR und zum Umfeld des »Aufbaugesetzes« von 1950*, Berlin: IRS 1995.
8 Demgemäß sollten neben Berlin vorrangig auch die Städte Dresden, Leipzig, Magdeburg, Chemnitz, Rostock, Wismar, Dessau und Nordhausen in diesem Sinne aufgebaut werden; vgl. BArch, DH 1, 1258.
9 Liebknecht, Kurt (1951), »Im Kampf um eine neue deutsche Architektur«, in: *Neues Deutschland* (13. Februar 1951).
10 Henselmann, Hermann (1951), »Der reaktionäre Charakter des Konstruktivismus«, in: *Neues Deutschland* (4. Dezember 1951).
11 Ehrlich, Franz, Lebenslauf (1. November 1951), a.a.O.
12 BStU, MfS, AIM 6503/75, Bd. I, BSTU 000091.
13 Liebknecht, Kurt, »Kurze Analyse der bisher gefertigten Entwürfe für die Wohnstadt des EKO« (26. Juni 1951), BArch DH 1/38708.
14 Vgl. zur Baugeschichte Stalinstadts: May, Ruth (1999), *Planstadt Stalinstadt. Ein Grundriß der frühen DDR – aufgesucht in Eisenhüttenstadt*, Dortmund: Institut für Raumplanung, Universität Dortmund.
15 G., S./D.R. (1953), »Wie die erste sozialistische Stadt unserer Republik den Namen Stalin erhielt«, in: *Neues Deutschland* (9. Mai 1953).
16 Waldemar Alder an Franz Ehrlich (17. Juli 1951), SBD, I 11799D.
17 N.N. (1951), »Aus dem Referat des Stellvertretenden Ministerpräsidenten Heinrich Rau auf der 6. Tagung des Zentralkomitees der

Sozialistischen Einheitspartei Deutschlands am 14. Juni 1951«, in: *Tägliche Rundschau* (23. Juni 1951).
18 Exposé des Architekten Franz Ehrlich für eine ständige Deutsche Bauausstellung (1952), BArch, DH 1/43892, Bl. 34.
19 Vgl. BArch, DH 1/43892 (Akte des Ministeriums für Aufbau zur ständigen Deutschen Bauausstellung).
20 Ebd.
21 N.N., »Berlin soll schöner werden. Heute wird die Deutsche Bauausstellung eröffnet«, in: *Neues Deutschland* (6. Dezember 1953).
22 Aktenvermerk (14. Januar 1953), Politisches Archiv des Auswärtigen Amtes, MfAA, ZR 589/96, fol. 538, zit. n. Fülscher, Christiane (2021), *Deutsche Botschaften. Zwischen Anpassung und Abgrenzung*, Berlin: Jovis, S. 340.
23 Ebd., fol. 532.
24 Vertrag zwischen dem Staatlichen Rundfunkkomitee und Franz Ehrlich (4. August 1952), SBD, I 11799D.
25 Gespräch mit Werner Ehrlich am 4. April 2019 im Dokumentationszentrum Alltagskultur der DDR, Eisenhüttenstadt. Anmerkung: Seine Mutter, Franz Ehrlichs Schwägerin, und Hermann Axen wurden vom Oberlandesgericht Dresden am 19. Oktober 1935 gemeinsam in einem Hochverratsprozess gegen weitere Protagonist:innen der KJVD Leipzig verurteilt.
26 *Gaststätte auf einem Berg*, SBD, I 47416.
27 Als Enthasis bezeichnet man die leichte Bauchung einer Säule. In der Antike waren Säulen nicht gerade wie ein Rohr, sondern in der Mitte dicker, was eleganter aussehen sollte. Der Echinus ist eine meist wulstartig ausgebildete Scheibe zwischen der Säule und dem aufliegenden Balken und diente historisch auch der besseren Kraftübertragung.
28 Charakteristik des Genossen Franz Ehrlich durch die SED-Grundorganisation des VVB Industrie-Entwurf (8. November 1951), HStAD, 11430, Nr. 1253.
29 Ehrlich erarbeitete für das Staatliche Rundfunkkomitee einen Bebauungsplan für das Gelände an der Nalepastraße, vgl. exemplarisch für die Perspektivplanung: SBD, I 33405 G.
30 Eick, Jan (2006), »Tod einer Legende – Der Funkhausbrand vom 16. Februar 1955«, in: ders., *Besondere Vorkommnisse. Politische Affären und Attentate in der DDR*, Berlin: Das Neue Berlin, S. 9-64.

31 Me. (1956), »Heute ist im Funkhaus Premiere. Ein Jahr nach der Brandstiftung werden die neuen, modernen Sendesäle ihre Bestimmung übergeben«, in: *Neue Zeit* (10. Februar 1956).
32 Vgl. Korrespondenz, SBD, I 11763/1D-8D.
33 Anfang der fünfziger Jahre wollte Ehrlich zeitweise über das Zisterzienserkloster Chorin promovieren oder zumindest eine Studie im Sachsenverlag veröffentlichen; vgl. dazu SBD, I 11689/1D ff.
34 Ehrlich, Franz, »Kunst und Therapie – Malerei, Plastik und Architektur« (o. D.), SBD, I 11671/37-39D.
35 Vgl. Hoffmann-Axthelm, Dieter (1996), »Eine Entdeckungsreise. Drei Bauten von Franz Ehrlich«, in: *Bauwelt* 87/26 (Sonderheft) (1996), S. 1518-1539, S. 1518, vgl. Thöner, Wolfgang, »Bauhausmoderne und Chinesische Tradition. Franz Ehrlichs Entwurf für ein Haus des Handels in Peking (1954-1956)«, online verfügbar unter: {http://www.bauhaus-imaginista.org/articles/1086/bauhausmoderne-und-chinesische-tradition}.
36 Ehrlich, Franz, Kunst und Therapie – Malerei, Plastik und Architektur, a. a. O., 39D.
37 Gausemeier, Bernd (2019), »Von konditionierten Ratten und gestressten Werktätigen«, in: *NTM. Zeitschrift für Geschichte der Wissenschaften, Technik und Medizin* 27 (2019), S. 311-341.
38 Ebd.
39 Scholtz, Doreen/Steinberg, Holger (2011), »Die Theorie und Praxis der Pawlow'schen Schlaftherapie in der DDR«, in: *Psychiatrische Praxis* 38 (2011), S. 323-328.

Sozialistische Realität

1 Chruschtschow, Nikita (1955), *Besser, billiger und schneller bauen. Rede auf der Unionskonferenz der Baufachleute der UdSSR in Moskau am 7. Dezember 1954*, Berlin: Dietz; vgl. Salomon, Toni (2016), *Bauen nach Stalin. Architektur und Städtebau der DDR im Prozess der Entstalinisierung 1954-1960*, Tübingen: Hans Schiler, S. 61-75.
2 N. N. (1955), »Bauakademie berät über industrielles Bauen. Architekten und Aktivisten werten die Unions-Konferenz der Baufachleute der UdSSR für ihre Arbeit aus«, in: *Neues Deutschland* (29. Januar 1955).

3 N.N., »Die große Wende im Bauwesen«, in: *Deutsche Architektur* 5/1 (1956), S. 1.
4 SBD, I 11666/8D.
5 Das komplette Manuskript findet sich im Archiv der SBD, vgl. SBD, I 11666/1-144D.
6 Vgl. Salomon (2016), a.a.O., S. 163ff.
7 Henselmann, Hermann (1955), »Neue Wege in der Architektur«, in: *Sonntag* (26. Juni 1955).
8 Ehrlich, Franz (1956), »Hunderttausend Wohnungen zusätzlich im zweiten Fünfjahrplan. Eine Antwort auf den Artikel ›Große Aufgaben für die Bauschaffenden‹ von Prof. Dr. Liebknecht, Präsident der Deutschen Bauakademie, und Prof. Collein, Vorsitzender des Beirates für Bauwesen beim Ministerrat«, in: *Neues Deutschland* (12. September 1956).
9 Exner, Hermann (1958), »Zusammenklang der Elemente«, in: *Neues Deutschland* (5. Mai 1958).
10 Schmidt, Hans (1959), »Was wir von einer sozialistischen Innenarchitektur erwarten«, in: *Deutsche Architektur* 8/2 (1959), S. 100f.
11 Hinweis der HVA – Abt. I, 25. März 1959, BStU, MfS, AIM 6503/75, Bd. I, BSTU 000135-137.
12 Ebd., BSTU 000136.
13 Schmidt, Hans, Referat auf der Theoretischen Konferenz des Instituts für Theorie und Geschichte der Baukunst der Deutschen Bauakademie (25.-26. Juni 1959), BArch, DH 2/21201, 1/3.
14 So die Architekturhistorikerin Simone Hain, die mit Kurt W. Leucht ausführliche Zeitzeugengespräche geführt hatte, in einer Unterhaltung mit einem der Autoren (25. März 2019), Berlin.
15 BStU, MfS, AIM 6503/75, Bd. I, BSTU 000092.
16 BStU, MfS, AIM 6503/75, Bd. II, BSTU 000085.
17 Ebd.
18 BStU, MfS, AIM 6503/75, Bd. I, BSTU 000091.
19 Ebd., BSTU 000112 und BSTU 000092.
20 Ebd., BSTU 000104f.
21 Ebd., BSTU 000045.
22 Klare, Hermann (1962), »Bericht über die Tätigkeit des Vorstandes Forschungsgemeinschaft in der Zeit vom 1. Dezember 1960 bis Ende November 1961«, in: *Tätigkeitsbericht der Forschungsgemeinschaft der naturwissenschaftlichen, technischen und medizinischen*

Institute der Deutschen Akademie der Wissenschaften zu Berlin 1961, herausgegeben vom Vorstand der Forschungsgemeinschaft der naturwissenschaftlichen, technischen und medizinischen Institute der Deutschen Akademie der Wissenschaften zu Berlin, Berlin: Akademie-Verlag, S. 45-60.
23 Karteibogen des Bundes Deutscher Architekten, ausgefüllt von Franz Ehrlich (um 1953), IRS Erkner, Wiss. Samml., BdA, B2-5108 (Franz Ehrlich).
24 BStU, MfS, AIM 6503/75, BD. I, BSTU 000215.
25 Ministerratsbeschluss vom 30. Mai 1963, vgl. BArch DY 30/IV 2/11/v. 4852, Bl. 157.
26 Schreiben der Betriebsparteiorganisation der SED des Leipziger Messeamtes an Abt. Bauwesen des ZK der SED, 7. Januar 1966, BArch, DY 30/IV 2/11/v. 4852, Bl. 106.
27 BStU, MfS, AIM 6503/75, BD. I, BSTU 000220.
28 Ebd., BSTU 000221.
29 BArch, DY 30/IV 2/11/v. 4852, Bl. 157.
30 Ebd., Bl. 102.
31 BStU, MfS, AIM 6503/75, Bd. I, BSTU 000230.
32 Verwaltungsdirektor des Ministeriums für Außenwirtschaft Riedel an Ehrlich (27. Juni 1969), SBD, I 11773/1D.
33 Ehrlich, Franz, Niederschrift über ein Gespräch mit dem Generaldirektor von Investcommerz (11. Februar 1971), SBD, I 11773/35D-37D.
34 Die diesbezüglichen Angaben von Ehrlich sind ungenau, widersprüchlich und teilweise unglaubwürdig, da er immer wieder Projekte, an denen er vermutlich nur am Rande beteiligt war, als seine Werke ausgab; vgl. Fülscher (2021), a. a. O., S. 406.
35 Ebd., S. 400-410.
36 BStU, MfS, AIM 6503/75, Bd. II, BSTU 000222.
37 Ehrlich, Franz (1958), »keine angst vor typen!«, in: *Das Magazin* 5/4 (April 1958), S. 53-56.
38 N. N., »Besuch in Hellerau«, in: *BILD BZ* (8. Dezember 1957).
39 In dieser Zeit hatte die Großblockbauweise gerade an Fahrt aufgenommen, die zweite, nun funktionalistische »sozialistische Stadt« Hoyerswerda, die Wohnbauten in Neubrandenburg etc. wurden errichtet.
40 Henselmann an Ehrlich (8. November 1962), BStU, MfS, AIM, 6503/75, BD. I, BSTU 000214.

41 BStU, MfS, AIM 6503/75, Bd. I, BSTU 000212f.
42 Ebd.
43 Ehrlich in einem Brief (13. Juni 1978), SBD, I 11650/57Df.
44 Zeitzeug:innengespräch mit Dr. Ortrun Landmann, Dresden-Bühlau (18. August 2020).

Bauhaus-Renaissance

1 Patzinov, Leonid (1963), *Das schöpferische Erbe des Bauhauses 1919-1933*, Berlin: Institut für angewandte Kunst.
2 Ebd., S. 15.
3 Die deutsche Übersetzung des Textes von Patzinov gab das Institut für angewandte Kunst (kurz danach in Zentralinstitut für Formgestaltung, später in Amt für industrielle Formgestaltung umbenannt), also die wichtigste Institution der sozialistischen Designpolitik, als Band 1 ihrer neu aufgelegten Schriftenreihe heraus.
4 An ein breiteres Publikum wandten sich: Lang, Lothar (1965), *Das Bauhaus 1919-1933. Idee und Wirklichkeit*, Berlin: Zentralinstitut für Formgestaltung; Schmidt, Diether (1966), *bauhaus. weimar dessau berlin*, Dresden: Verlag der Kunst; Scheidig, Walther (1966), *Bauhaus Weimar. Werkstattarbeiten, 1919-1924*, Leipzig: Edition Leipzig.
5 Vorlage für die Präsidiumssitzung der Deutschen Bauakademie über die künftige Nutzung des Bauhauses in Dessau (3. Dezember 1965), BArch, DH 2/20385.
6 Mrusek, Hans-Joachim et al. (1967), *Von der ottonischen Stiftskirche zum Bauhaus*, herausgegeben vom Rat des Bezirkes Halle – Abteilung Kultur – in Gemeinschaft mit dem Kunstgeschichtlichen Institut der Martin-Luther-Universität Halle-Wittenberg, Leipzig: E. A. Seemann Verlag, S. 5.
7 Ebd., S. 116.
8 Ausführlich: BArch, DH 2/20385.
9 Franz Ehrlich in einem Brief (8. April 1981), SBD, I 11651/28D.
10 Vgl. Collein, Edmund (1951), »Wo stehen wir in unserer Architektur-Diskussion?«, in: *Neues Deutschland* (4. Dezember 1951). In dem Artikel distanziert sich der Vizepräsident der DBA Collein von der »kosmopolitischen Bauhaus-Architektur«.
11 »Hinweis zum Tagesablauf«, Einleger zum »Programm für die Fest-

veranstaltung des Ministerrates der DDR anläßlich des 50. Jahrestages der Eröffnung des Bauhauses in Dessau am 4. Dezember 1976«.
12 Vgl. Fuchs, Karl-Albert (1976), »Die Stellung des Bauhauses in der Geschichte und die Bedeutung seines Erbes für die entwickelte sozialistische Gesellschaft«, in: *Wiss. Zs. d. HAB* 23/5-6 (1976), S. 439 ff.
13 Vgl. Meyer-Bergner, Lena (Hg.) (1980), *Hannes Meyer. Bauen und Gesellschaft, Schriften, Briefe, Projekte*, Dresden: Verlag der Kunst, vgl. Winkler, Klaus-Jürgen (1989), *Der Architekt hannes meyer. Anschauungen und Werk*, Berlin: Verlag für Bauwesen.
14 Schädlich, Christian (1979), »Das Erbe des Bauhauses gut bewahrt«, in: *Neues Deutschland* (11. April 1979).
15 Vgl. Scheffler, Tanja (2013), »Die Leipziger Messe während der DDR-Zeit. Franz Ehrlichs Perspektivplanungen«, in: Kulturstiftung Leipzig (Hg.), *100 Jahre Alte Messe*, Leipzig: Passage-Verlag, S. 44.
16 Defa-Wochenschau *Der Augenzeuge* (24. Februar 1950); Hellwig, Joachim, *Synthese* (1957), Dokumentarfilm.
17 Heinz Bethge an Hermann Klare (19. August 1974), BStU, MfS, AIM 6503/75, Bd. I, BSTU 000385-388. Vgl. weiterhin ABBAW, ZR-PA Franz Ehrlich.
18 Schreiben des Direktors für Ökonomie und technische Versorgung der Akademie der Wissenschaften an den Persönlichen Mitarbeiter des Präsidenten für die Entwicklung von Führungskadern vom 13. September 1974, BStU, MfS, AIM 6503/75, Bd. I, BSTU 000381-000382.
19 Insgesamt wurden 21 künstlerische Arbeiten von Ehrlich und sieben Fotos von seinen Arbeiten in der Ausstellung angeboten; vgl. Schulz, Gisela/Hans-Peter Schulz/Johanna Teller (Hg.) (1977): *bauhaus 2 – Marianne Brandt, Franz Ehrlich, Carl Marx, Gretel Reichhardt, Reinhold Rossig, Frans Wildenhain*, Leipzig: Galerie am Sachsenplatz, S. 26-33, S. 58, S. 64-67.
20 Ebd., S. 5.
21 Schulz, Hans-Peter (1980), »Demnächst ›Bauhaus 4‹«, in: *Sonntag* 45 (1980).
22 Ehrlich, Franz, »Rückblicke – ernster ... und heiterer zu betrachten ...«, in: Schulz/Schulz/Teller (Hg.) (1977), a. a. O., S. 14-15, S. 14.
23 Tonbandmitschnitt des Künstlergesprächs mit Franz Ehrlich im gro-

ßen Kinosaal der Leipzig-Information auf dem Sachsenplatz, Leipzig (5. Dezember 1980).
24 Franz Ehrlich an Grete Reichardt (21. April 1980), SBD, I 11661/4D.
25 Schulz/Schulz/Teller (Hg.) (1980), a.a.O.
26 DRA, IDNR 193252.
27 Die Mehrzahl der autobiografischen Texte und Lebensläufe von Franz Ehrlich befindet sich in seinem Nachlass im Bereich: SBD, I 11631 bis SBD, I 11637.
28 Schreiben von Franz Ehrlich an Abteilung Bauwesen des ZK der SED (14. September 1983), SBD, I 11637/26D.
29 Franz Ehrlich an Abteilung Bauwesen des ZK der SED (28. Mai 1980); ebd., Bl. 6D.
30 Franz Ehrlich an Abteilung Bauwesen des ZK der SED (20. Juli 1982), BArch, DY 30/IV 2/11/v. 4852, Bl. 11-14 (Durchschlag des Schreibens in: SBD, I 11637/11-14D).
31 Franz Ehrlich an ZPKK (2. November 1982), BArch, DY 30/IV 2/11/v. 4852, Bl. 020.
32 Krenz, Gerhard (1982), »Miterbauer neuer Städte und einer neuen Welt«, in: *Neues Deutschland* (28. Dezember 1982); ders., »Franz Ehrlich zum 75. Geburtstag«, in: *Architektur der DDR* 31/12 (1980), S. 765.

Abspann

1 Hirdina, Heinz (1988), *Gestalten für die Serie. Design in der DDR 1949-85*, Dresden: Verlag der Kunst, S. 20.
2 Hoffmann-Axthelm (1996), a.a.O., S. 1518.
3 Butter, Andreas (2002), »Die ostdeutsche Nachkriegsmoderne in Bauten des Verkehrs und der Telekommunikation«, in: *kunsttexte.de* 2 (2002).
4 Fülscher (2021), a.a.O., S. 406.
5 Anlässlich des 80. Geburtstages von Franz Ehrlich wurde von Dezember 1987 bis Februar 1988 vom WKZ im Bauhausgebäude Dessau die Ausstellung *Franz Ehrlich. Malerei, Plastik, Architektur, Design, Planung* gezeigt, zu seinem 100. Geburtstag zeigte die SBD dann von Januar bis Anfang März 2008 im Dessauer Meisterhaus Schlemmer die Schau *Franz Ehrlich. Der moderate Funktionalist*.

6 Vom 2. August 2009 bis 11. Oktober 2009 war *Franz Ehrlich. Ein Bauhäusler in Widerstand und Konzentrationslager* als Ausstellung der Stiftung Gedenkstätten Buchenwald und Mittelbau-Dora im Neuen Museum Weimar zu sehen.

QUELLEN

Genutzte Archive

Archiv der Akademie der Künste (Ost) (Adk-O)
Archiv der Berlin-Brandenburgischen Akademie der Wissenschaften (ABBAW)
Archiv des Bundesbeauftragten für die Unterlagen des Staatssicherheitsdienstes der ehemaligen DDR, seit 2021 Bundesarchiv, Stasi-Unterlagenarchiv (BSTU)
Archiv der Gedenkstätte Buchenwald (BwA)
Archiv der Hochschule für bildenden Künste Dresden, Bestand 2 (Kunstgewerbeschule/Hochschule für Werkkunst) (HfBKD)
Arolsen Archives – International Center on Nazi Persecution (ITS)

Bauhaus-Archiv Berlin (BHA)
Bundesarchiv Berlin (BArch), Bestände u.a.: DH 1 (Ministerium für Bauwesen), DH 2 (Bauakademie der DDR), DY 30 (ZK der SED), NS 3 (SS-Wirtschaftsverwaltungshauptamt), NS 4-Bu (KZ Buchenwald), R 3018 (Nationalsozialistische Justiz), R 9361 (Sammlung BDC, Personenbezogene Daten), SgY 5 (Sammlung Strafdivision 999)

Deutsche Dienststelle (WASt), Wehrmachtsauskunftsstelle, seit 2019 BArch, Abt. PA (Personenbezogene Auskünfte zum Ersten und Zweiten Weltkrieg)
Deutsche Fotothek Dresden (DF)
Deutsches Rundfunkarchiv Potsdam (DRA)

Goethe- und Schiller-Archiv Weimar (GSAW), Bestand: Nationale Forschungs- und Gedenkstätten der klassischen deutschen Literatur

Landesarchiv Berlin (LAB), Bestände u.a.: C Rep. 118 (Magistrat von Berlin, Abt. Gesundheits- und Sozialwesen), C Rep 118-01 (VdN-Kartei), C Rep. 637 (VVB Industrie-Entwurf)

Landesarchiv Sachsen-Anhalt, Merseburg, Dessau (LASA)
Leibniz-Institut für Regionalentwicklung und Strukturplanung Erkner, wissenschaftliche Sammlungen (IRS)

Sächsisches Hauptstaatsarchiv Dresden (HStAD), Bestände u. a.: 11401 (Ministerium für Volksbildung), 11430 (Rat des Bezirkes, VdN-Akten), 11764 (Deutsche Werkstätten Hellerau), 13026 (Staatsanwaltschaft der Stadt Dresden)
Sächsisches Staatsarchiv Chemnitz (StAC), Bestand: 30071 (Zuchthaus Zwickau)
Sächsisches Staatsarchiv Leipzig (StAL), Bestände: 20031 (Polizeipräsidium Leipzig), 20237 (Rat des Bezirkes Leipzig)
Stadtarchiv Dessau (SADe), Bestand: Sammlung Bauhaus
Stadtarchiv Dresden (SADd), Bestände u. a.: 4.1 (Stadtverordnetenversammlung und Rat der Stadt 1945-1953), 4.1.4 (Dezernat Oberbürgermeister), 4.1.5 (Dezernat Innere Verwaltung), 4.1.9 (Dezernat Aufbau)
Stiftung Bauhaus Dessau (SBD), v. a. Nachlass Franz Ehrlich

Zeitungen, Zeitschriften

Aus Politik und Zeitgeschichte (ApuZ), bauhaus. zeitschrift für gestaltung, Bauplanung und Bautechnik, Berliner Zeitung, Bildende Kunst, Das Magazin, Deutscher Export, form+zweck, Kultur im Heim, NBI, Neue Deutsche Architektur, Neues Deutschland, Neue Werbung, Neue Zeit, Sächsische Zeitung, Sonntag, Tägliche Rundschau, Wasmuths Monatshefte für Baukunst und Städtebau (WMB), Wissenschaftliche Zeitschrift der Hochschule für Architektur und Bauwesen Weimar (Wiss. Zs. d. HAB)

Zeitzeug:innen, Expert:innen

Gedankt sei: Arne Martin Schwerin; Bruno Flierl, Simone Hain, Gisela Herzog, Martin Holtzhauer, Olaf Junghans, Ortrun Landmann, Dieter Leukert, Tanja Scheffler, Lutz Schöbe, Harry Stein, Sabine Stein, Wolfgang Thöner und Beate Vajen.

Literatur

Abadžić Hodžić, Aida (2018), *Selman Selmanagić und das Bauhaus*, Berlin: Gebr. Mann.

Ackermann, Ute (2016), *Die Meisterratsprotokolle des Staatlichen Bauhauses Weimar 1919-1925*, Stuttgart: Metzler.

Arendt, Hannah (1958), *Elemente totaler Herrschaft*, Frankfurt am Main: Europäische Verlagsanstalt.

Bartel, Walter/Klaus Trostorff (Hg.) (1983), *Buchenwald. Mahnung und Verpflichtung, Dokumente und Berichte*, Berlin: Deutscher Verlag der Wissenschaften.

Barth, Holger (Hg.) (1998), *Projekt sozialistische Stadt. Beiträge zur Bau- und Planungsgeschichte der DDR*, Berlin: Reimer.

Bauer, Corinna Isabell (2003), *Architekturstudentinnen in der Weimarer Republik. Bauhaus und Tessenow Schülerinnen*, Kassel: Dissertation, online verfügbar unter: {https://kobra.uni-kassel.de/handle/123456789/2010090234467} (alle URL Stand Januar 2022).

Begenau, Siegfried Heinz (1967), *Funktion Form Qualität. Zur Problematik einer Theorie der Gestaltung (des Designs)*, Berlin: Zentralinstitut für Gestaltung.

Broszat, Martin (1986), »Resistenz und Widerstand«, in: ders.: *Nach Hitler. Der schwierige Umgang mit unserer Geschichte*, München: Oldenbourg, S. 68-91.

Burkhardt, Hans (1986), *Die mit dem blauen Schein. Über den antifaschistischen Widerstand in den 999er Formationen der faschistischen deutschen Wehrmacht (1942 bis 1945)*, Berlin: Militärverlag der Deutschen Demokratischen Republik.

Butter, Andreas (2002), »Die ostdeutsche Nachkriegsmoderne in Bauten des Verkehrs und der Telekommunikation«, in: *kunsttexte.de* 2 (2002).

Ders./Hartung, Ulrich (Hg.) (2004), *Ostmoderne. Architektur in Berlin 1945-1965*, Berlin: Jovis.

Ders. (2006), *Neues Leben, neues Bauen. Die Moderne in der Architektur der SBZ/DDR 1945-1951*, Berlin: Schiler.

Chruschtschow, Nikita (1955), *Besser, billiger und schneller bauen. Rede auf der Unionskonferenz der Baufachleute der UdSSR in Moskau am 7. Dezember 1954*, Berlin: Dietz.

Collein, Edmund (1951), »Wo stehen wir in unserer Architektur-Diskussion?« in: *Neues Deutschland* (4. Dezember 1951).
Czymay, Christina (1996), »Die Franz-Volhard-Klinik, ein bedeutender Klinikbau der Fünfziger Jahre«, in: Fiedler, Florian (Hg.), *Stalinistische Architektur unter Denkmalschutz?*, München: Lipp, S. 49-52.

Daase, Christopher (2014), »Was ist Widerstand? Zum Wandel von Opposition und Dissidenz«, in: *ApuZ* 64/27 (2014), S. 7-27.
Domela, Harry (1927), *Der falsche Prinz. Mein Leben und meine Abenteuer*, Berlin: Malik.
Droste, Magdalena (1990), *bauhaus 1919-1933*, Köln: Taschen.
Durth, Werner/Jörn Düwel/Niels Gutschow (2007), *Architektur und Städtebau der DDR. Die frühen Jahre*, Berlin: Jovis.
Ders./Niels Gutschow (1993), *Träume in Trümmern. Planungen zum Wiederaufbau zerstörter Städte im Westen Deutschlands 1940-1950*, München: Beck.

Ehrlich, Franz (1983), »Bauhaus und Totaltheater«, in: *Wiss. Zs. d. HAB* 29/5-6 (1983), S. 424.
Ders. (1977), »Rückblicke – ernster ... und heiterer zu betrachten ...«, in: Schulz/Schulz/Teller (Hg.) (1977), a. a. O., S. 14 f.
Ders. (1958), »keine angst vor typen!«, in: *Das Magazin* 5/4 (April 1958), S. 53-56.
Ders. (1956), »Hunderttausend Wohnungen zusätzlich im zweiten Fünfjahrplan. Eine Antwort auf den Artikel ›Große Aufgaben für die Bauschaffenden‹ von Prof. Dr. Liebknecht, Präsident der Deutschen Bauakademie, und Prof. Collein, Vorsitzender des Beirates für Bauwesen beim Ministerrat«, in: *Neues Deutschland* (12. September 1956).
Ders. (1948), »Zur Neugestaltung Dresdens«, in: *Demokratischer Aufbau. Zeitschrift für die Mitarbeiter der Organe der Staatsmacht* 3/1 (1948), S. 8 f.
Eick, Jan (2006), »Tod einer Legende – Der Funkhausbrand vom 16. Februar 1955«, in: ders., *Besondere Vorkommnisse. Politische Affären und Attentate in der DDR*, Berlin: Das Neue Berlin, S. 9-64.
Exner, Hermann (1961), *Kunst und Gerät*, Berlin: Verlag der Nation.
Ders. (1958), »Zusammenklang der Elemente«, in: *Neues Deutschland* (5. Mai 1958).
Ders. (1950), »Franz Ehrlich«, in: *Berliner Zeitung* (28. Dezember 1950).

Fehl, Gerhard (1985), »Die Moderne unterm Hakenkreuz. Ein Versuch, die Rolle funktionalistischer Architektur im Dritten Reich zu klären«, in: Frank, Hartmut (Hg.) (1985), *Faschistische Architekturen. Planen und Bauen in Europa 1930 bis 1945*, Hamburg: Hans Christians, S. 88-122.

Fibich, Peter (1995), »Zur Planungs- und Baugeschichte Buchenwalds«, in: *Bauwelt* 39 (1995), S. 2252 ff.

Fleischmann, Gerd (2009), »›JEDEM DAS SEINE‹. Eine Spur von Bauhaus in Buchenwald«, in: Knigge/Stein (Hg.) (2009), a.a.O., S. 108-117.

Flierl, Thomas (Hg.) (2012), *Standardstädte. Ernst May in der Sowjetunion 1930-1933, Texte und Dokumente*, Berlin: Suhrkamp.

Ders./Philipp Oswalt (Hg.) (2018), *Hannes Meyer und das Bauhaus. Im Streit der Deutungen*, Leipzig: Spector Books.

Fülscher, Christiane (2021), *Deutsche Botschaften. Zwischen Anpassung und Abgrenzung*, Berlin: Jovis.

Fulbrook, Mary (2018), *Reckonings. Legacies of Nazi Persecution and the Quest for Justice*, Oxford: Oxford University Press.

Gausemeier, Bernd (2019), »Von konditionierten Ratten und gestressten Werktätigen«, in: *NTM. Zeitschrift für Geschichte der Wissenschaften, Technik und Medizin* 27 (2019), S. 311-341.

Gropius, Walter (1956), *Architektur. Wege zu einer optischen Kultur*, Frankfurt am Main: Fischer.

Ders. (1926), »bauhausneubau dessau«, in: *bauhaus. zeitschrift für gestaltung*, 1/1 (1926), S. 1 f.

Ders (1919), »Programm des Staatlichen Bauhauses in Weimar«, abgedruckt in: Wingler (2009), a.a.O., S. 38-41.

Gutschow, Niels (2014), *Ordnungswahn. Architekten planen im »eingedeutschten Osten« 1939-1945*, Basel: Birkhäuser.

Hackett, David A. (2010), *Der Buchenwald-Report. Bericht über das Konzentrationslager Buchenwald bei Weimar*, München: Beck.

Hain, Simone (1995), »*Reise nach Moskau*«. *Dokumente zur Erklärung von Motiven, Entscheidungsstrukturen und Umsetzungskonflikten für den ersten städtebaulichen Paradigmenwechsel in der DDR und zum Umfeld des »Aufbaugesetzes« von 1950*, Berlin: IRS.

Dies. (2000), »Die Architekturdoktrin der ›Nationalen Traditionen‹ in der frühen DDR. Ein Versuch der symbolischen Konstruktion von

Heimat, Distinktion und Dignität gegen die ›internationale Bahnhofhaftigkeit‹«, in: Lampugnani, Vittorio (Hg.), *Die Architektur, die Region und der Ort. Regionalismus in der europäischen Stadt*, München: DVA, S. 237-271.

Henselmann, Hermann (1955), »Neue Wege in der Architektur«, in: *Sonntag* (26. Juni 1955).

Ders. (1951), »Der reaktionäre Charakter des Konstruktivismus«, in: *Neues Deutschland* (4. Dezember 1951).

Hirdina, Heinz (1988), *Gestalten für die Serie. Design in der DDR 1949-85*, Dresden: Verlag der Kunst.

Hirdina, Karin (1981), *Pathos der Sachlichkeit. Traditionen materialistischer Ästhetik*, Berlin: Dietz.

Hoffmann-Axthelm, Dieter (1996), »Eine Entdeckungsreise. Drei Bauten von Franz Ehrlich«, in: *Bauwelt* 87/26 (1996) (Sonderheft), S. 1518-1539.

Hölscher, Christoph (2002), *NS-Verfolgte im »antifaschistischen Staat«. Vereinnahmung und Ausgrenzung in der ostdeutschen Wiedergutmachung (1945-1989)*, Berlin: Metropol.

Huelsenbeck, Richard (Hg.) (1987 [1920]), *Dada-Almanach*. Hamburg: Nautilus.

Hüter, Karl-Heinz (1976), »Vom Gesamtkunstwerk zur totalen Architektur. Synthesekonzeptionen bei Gropius und dem Bauhaus«, in: *Wiss. Zs. d. HAB* 23/5-6 (1976), S. 507-514.

Jander, Martin/Anetta Kahane (Hg.) (2021), *Juden in der DDR. Jüdisch sein zwischen Anpassung, Dissidenz, Illusionen und Repression, Porträts*, Berlin: Hentrich und Hentrich.

Jasper, Gotthard (1982), »Justiz und Politik in der Weimarer Republik«, in: *Vierteljahreshefte für Zeitgeschichte* 30/2 (1982), S. 167-205.

Junghanns, Kurt (1979), »Die Idee des ›Großen Baues‹«, in: *Wiss. Zs. d. HAB* 26/4-5 (1979), S. 304-308.

Kammler, Norbert (Hg.) (1989), *Technisches Bildungswesen in Leipzig. Von den Anfängen bis zur Gegenwart*, Leipzig: Fachbuchverlag Leipzig.

Karrasch, Alexander (2015), *Die »Nationale Bautradition« denken. Architekturideologie und Sozialistischer Realismus in der DDR der Fünfziger Jahre*. Berlin: Gebr. Mann.

Keßler, Mario (1995), *Die SED und die Juden. Zwischen Repression und Toleranz*, Berlin: Akademie-Verlag.

Klare, Hermann (1962), »Bericht über die Tätigkeit des Vorstandes Forschungsgemeinschaft in der Zeit vom 1. Dezember 1960 bis Ende November 1961«, in: *Tätigkeitsbericht der Forschungsgemeinschaft der naturwissenschaftlichen, technischen und medizinischen Institute der Deutschen Akademie der Wissenschaften zu Berlin 1961*, herausgegeben vom Vorstand der Forschungsgemeinschaft der naturwissenschaftlichen, technischen und medizinischen Institute der Deutschen Akademie der Wissenschaften zu Berlin, Berlin: Akademie-Verlag, S. 45-60.

Klausch, Hermann (1986), *Die 999er. Von der Brigade »Z« zur Afrika-Division 999, Die Bewährungsbataillone und ihr Anteil am antifaschistischen Widerstand*, Frankfurt am Main: Röderberg.

Ders. (2003), *Hermann Bode (1911-1944). Ein Braunschweiger Stadtverordneter im Kampf gegen Faschismus und Krieg*, Berlin: trafo.

Klein, Thomas (2002), »*Für die Einheit und Reinheit der Partei*«. *Die innerparteilichen Kontrollorgane der SED in der Ära Ulbricht*, Köln: Böhlau.

Knigge, Volkhard/Harry Stein (Hg.) (2009), *Franz Ehrlich. Ein Bauhäusler in Widerstand und Konzentrationslager*, Weimar: Stiftung Gedenkstätten Buchenwald und Mittelbau-Dora.

Kogon, Eugen (1999 [1946]), *Der SS-Staat. Das System der deutschen Konzentrationslager*, München: Heyne.

Kohlenbach, Bernhard (1996), »Franz Ehrlich – ein Architekt zwischen Bauhaustradition und DDR-Baudoktrin«, in: Fiedler, Florian (Hg.), *Stalinistische Architektur unter Denkmalschutz?*, München: Lipp, S. 44-48.

Kommandantur des KZ Buchenwald (Hg.) (1941), *Falkenhof*, Weimar-Buchenwald.

Krause, Fritz (1970), *Arbeitereinheit rettet die Republik. Dokumente und Materialien zur Niederschlagung des Kapp-Putsches im März 1920*, Frankfurt am Main: Verlag Marxistische Blätter.

Krenz, Gerhard (1982), »Miterbauer neuer Städte und einer neuen Welt«, in: *Neues Deutschland* (28. Dezember 1982).

Ders. (1982), »Franz Ehrlich zum 75. Geburtstag«, in: *Architektur der DDR* 31/12 (1982), S. 765.

Kusch, Regina/Andreas Beckmann (2014), *Bauhaus, Buchenwald und Bau-*

denkmäler. Die fantastische Karriere des Architekten Franz Ehrlich, Hörspiel, online verfügbar unter: {http://www.hoerspielundfeature. de/bauhaus-buchenwald-und-baudenkmaeler-die-fantastische-100. html}.

Lang, Lothar (1965), *Das Bauhaus 1919-1933. Idee und Wirklichkeit*, Berlin: Zentralinstitut für Formgestaltung.

Lange, Sascha (2010), *Meuten – Broadway-Cliquen – Junge Garde. Leipziger Jugendgruppen im Dritten Reich*, Weimar u. a.: Böhlau.

Leucht, Kurt W./Johannes Hunger/Hans Bronder (1950), *Planungsgrundlagen, Planungsergebnisse für den Neuaufbau der Stadt Dresden. Bericht des Stadtplanungsamtes über die Ergebnisse der Untersuchung der strukturellen Grundlagen für die neue städtebauliche Ordnung der Landeshauptstadt Dresden*, Dresden: Rat der Stadt.

Leukert, Dieter (2012), »Denkmalpflegerische Bestandserfassung. Haus 34, Wiltbergstraße 50-92, Berlin-Buch, ursprünglich Institut für kortiko-viszerale Pathologie und Therapie, zuletzt Franz-Volhard-Klinik«, Berlin: unveröffentlicht.

Liebknecht, Kurt (1951), »Im Kampf um eine neue deutsche Architektur«, in: *Neues Deutschland* (13. Februar 1951).

Liesenberg, Carsten (2009), »Vom subtilen Einfluss der Moderne – Zum architektonischen Schaffen Franz Ehrlichs im System der ›absoluten Macht‹«, in: Knigge/Stein (Hg.) (2009), a. a. O., S. 74 ff.

Loew, Heinz/Helene Nonne-Schmidt (1984), *Joost Schmidt. Lehre und Arbeit am Bauhaus 1919-32*, Düsseldorf: Edition Marzona.

Loos, Karina (2000), *Die Inszenierung der Stadt. Planen und Bauen im Nationalsozialismus in Weimar*, Weimar: Dissertation, online verfügbar unter: {https://e-pub.uni-weimar.de/opus/files/48/Loos_pdfa. pdf}.

May, Ruth (1999), *Planstadt Stalinstadt. Ein Grundriß der frühen DDR – aufgesucht in Eisenhüttenstadt*, Dortmund: Institut für Raumplanung, Universität Dortmund.

Merkert, Jörn (Hg.) (1989), *Naum Gabo. Ein russischer Konstruktivist in Berlin 1922-1932*, Berlin (West): Dirk Nishen.

Meyer-Bergner, Lena (Hg.) (1980), *Hannes Meyer. Bauen und Gesellschaft, Schriften, Briefe, Projekte*, Dresden: Verlag der Kunst.

Moeller, Werner (2020), »Kein schmuckes Heim. Die Volkswohnung des Bauhauses im Grassimuseum«, in: Thormann, Olaf (Hg.), *Bauhaus Sachsen*. Stuttgart: Arnoldsche, S. 245-252.

Moholy-Nagy, László (1929), *von material zu architektur* (bauhausbücher 14), München: Albert Langen.

Morsch, Günter (2007), *Von der Sachsenburg nach Sachsenhausen. Bilder aus dem Fotoalbum eines KZ-Kommandanten*, Berlin: Metropol.

Ders. (1998), »Oranienburg – Sachsenhausen, Sachsenhausen – Oranienburg«, in: Herbert, Ulrich/Karin Orth/Christoph Dieckmann (Hg.), *Die nationalsozialistischen Konzentrationslager. Entwicklung und Struktur*, Bd. 1, Göttingen: Wallstein, S. 111 ff.

Mrusek, Hans-Joachim et al. (1967), *Von der ottonischen Stiftskirche zum Bauhaus*, herausgegeben vom Rat des Bezirkes Halle – Abteilung Kultur – in Gemeinschaft mit dem Kunstgeschichtlichen Institut der Martin-Luther Universität Halle-Wittenberg, Leipzig: Seemann.

Nadolni, Florentine/Tanja Scheffler (Hg.) (2021), *alltag formen! bauhaus-moderne in der ddr*, Weimar: M Books.

Naujoks, Harry (1987), *Mein Leben im KZ Sachsenhausen 1936-1942. Erinnerungen des ehemaligen Lagerältesten*, Köln: Röderberg.

Nerdinger, Winfried (2019), *Walter Gropius. Architekt der Moderne, 1883-1969*, München: Beck.

Ders. (Hg.) (1999), *Bauhaus-Moderne und Nationalsozialismus. Zwischen Anbiederung und Verfolgung*, München: Prestel.

Neumann-Thein, Philipp (2014), *Parteidisziplin und Eigenwilligkeit. Das Internationale Komitee Buchenwald-Dora und Kommandos*, Göttingen: Wallstein.

Niethammer, Lutz (1994), *Der »gesäuberte« Antifaschismus. Die SED und die roten Kapos von Buchenwald*, Berlin: De Gruyter.

Ostendorf, Heribert (2018), »Politische Strafjustiz in Deutschland«, in: *Informationen zur Politischen Bildung* 296 (2017), S. 24-31.

Oswalt, Philipp (2019), »Der Mythos von der weißen Bauhausstadt«, in: *Frankfurter Allgemeine Zeitung* (16. November 2019).

Ders. (Hg.) (2019), *Hannes Meyers neue Bauhauslehre. Von Dessau nach Mexiko*, Basel: Birkhäuser.

Ders. (2018), »Die verschwiegenen Bauhaus-Krisen«, in: Flierl, Thomas/Philipp Oswalt (Hg.), *Hannes Meyer und das Bauhaus. Im Streit der Deutungen*, Leipzig: Spector Books, S. 247-276.

Paret, Paul (2009), »Die Bauhaus-Moderne und das Problem der Plastik«, in: Baumhoff, Anja/Magdalena Droste (Hg.), *Mythos Bauhaus. Zwischen Selbsterfindung und Enthistorisierung*, Berlin: Dietrich Reimer, S. 53-69.

Patzinov, Leonid (1963), *Das schöpferische Erbe des Bauhauses 1919-1933*, Berlin: Institut für angewandte Kunst.

Pisternick, Walter et al. (1974), *Chronik Bauwesen. Deutsche Demokratische Republik, 1945-1971*, Berlin: Bauinformation der DDR.

Prigge, Walter (1999), *Ernst Neufert. Normierte Baukultur im 20. Jahrhundert*, Frankfurt am Main: Campus.

Rat der Stadt Dresden (Hg.) (1946), *1946. Das erste Jahr des großen Dresdner Aufbauplanes. Referat des 1. Bürgermeisters W. Weidauer auf der Sondersitzung des Rates der Stadt Dresden am 5. Januar 1946 in der Tonhalle*, Dresden: Rat der Stadt Dresden.

Rössler, Patrick (2007), *Die neue Linie 1929-1943. Das Bauhaus am Kiosk*, Bielefeld: Kerber.

Rothe, Rudolf (1982), *Die Bauplanung für die Universität Leipzig durch Franz Ehrlich*, Dresden: unveröffentlichtes Manuskript.

Salomon, Toni (2016), *Bauen nach Stalin. Architektur und Städtebau der DDR im Prozess der Entstalinisierung 1954-1960*, Tübingen: Hans Schiler.

Schädlich, Christian (1979), »Das Erbe des Bauhauses gut bewahrt«, in: *Neues Deutschland* (11. April 1979).

Scheffler, Tanja (2013), »Die Leipziger Messe während der DDR-Zeit. Franz Ehrlichs Perspektivplanungen«, in: Kulturstiftung Leipzig (Hg.), *100 Jahre Alte Messe*, Leipzig: Passage-Verlag, S. 42-46.

Scheidig, Walther (1966), *Bauhaus Weimar. Werkstattarbeiten, 1919-1924*, Leipzig: Edition Leipzig.

Scheiffele, Walter (2003), *ein kraftfeld der moderne. bauhaus, junkers, sozialdemokratie*, Berlin: form+zweck.

Schlemmer, Oskar (1925), »mensch und kunstfigur«, in: Gropius, Walter/László Moholy-Nagy (Hg.), *die bühne im bauhaus* (bauhausbücher 4), München: Albert Langen, S. 7-21.

Schlögel, Karl (2008), *Terror und Traum. Moskau 1937*, München: Hanser.

Schlosser, Sebastian (2010), *Zum Beitrag der Vermessung bei der Industriearchäologie (am Beispiel der Führersiedlung in der Gedenkstätte Buchenwald)*, Dresden: Diplomarbeit an der Hochschule für Technik und Wirtschaft Dresden (FH).

Schmidt, Diether (1966), *bauhaus. weimar dessau berlin*, Dresden: Verlag der Kunst.

Schmidt, Hans (1959), »Was wir von einer sozialistischen Innenarchitektur erwarten«, in: *Deutsche Architektur* 8/2 (1959), S. 100f.

Schmidt, Joost (1928), »plastik ... und das am bauhaus !?!?«, in: *bauhaus. zeitschrift für gestaltung* 2/2 (1928), S. 20f.

Schnaidt, Claude (1965), *Hannes Meyer. Bauten, Projekte und Schriften*, Teufen: Arthur Niggli.

Schöbe, Lutz (1983), *Franz Ehrlich. Beitrag zu einer Monographie*, Berlin: unveröffentlichte Diplomarbeit an der Humboldt-Universität zu Berlin.

Ders. (1986), »Von der Fläche zum Raum«, in: *form + zweck* 18/3 (1986), S. 27-36.

Scholtz, Doreen/Holger Steinberg (2011), »Die Theorie und Praxis der Pawlow'schen Schlaftherapie in der DDR«, in: *Psychiatrische Praxis* 38 (2011), S. 323-328.

Schulte, Jan Erik (2002), »Vom Arbeits- zum Vernichtungslager. Die Entstehungsgeschichte von Auschwitz-Birkenau 1941/42«, in: *Vierteljahreshefte für Zeitgeschichte* 50/1 (2002), S. 41-69.

Schulz, Gisela/Hans-Peter Schulz/Johanna Teller (Hg.) (1980), *bauhaus 4 – Franz Ehrlich. Die frühen Jahre, Aquarelle, Collagen, Malerei, Montagen, Objekte, Plastik, Zeichnungen, Arbeiten der Jahre 1927-1938*, Leipzig: Galerie am Sachsenplatz.

Dies./Hans-Peter Schulz (Hg.) (1978), *bauhaus 3. Malerei, Grafik, Aquarelle, Zeichnungen, Plastik, Metallarbeiten, Möbel, Architektur, Typografie, Reklame, Dokumente, Fotos, etc.*, Leipzig: Galerie am Sachsenplatz.

Dies./Hans-Peter Schulz/Johanna Teller (Hg.) (1977), *bauhaus 2 – Marianne Brandt, Franz Ehrlich, Carl Marx, Gretel Reichhardt, Reinhold Rossig, Frans Wildenhain*, Leipzig: Galerie am Sachsenplatz.

Dies./Hans-Peter Schulz (Hg.) (1976), *das bauhaus. Arbeiten der Jahre 1919-33*, Leipzig: Galerie am Sachsenplatz.

Schulz, Hans-Peter (1980), »Demnächst ›Bauhaus 4‹«, in: *Sonntag* 45/80.
Selle, Gert (1987), *Design-Geschichte in Deutschland. Produktkultur als Entwurf und Erfahrung*, Köln: Dumont.
Semprún, Jorge (1984 [1980]), *Was für ein schöner Sonntag!*, Frankfurt am Main: Suhrkamp.
Siegfried, Detlef (2001), *Der Fliegerblick. Intellektuelle, Radikalismus und Flugzeugproduktion bei Junkers 1914-1934*, Bonn: Dietz.
Sofsky, Wolfgang (1997), *Die Ordnung des Terrors. Das Konzentrationslager*, Frankfurt am Main: Fischer.
Stein, Harry (2006), »Buchenwald-Stammlager«, in: Benz, Wolfgang/ Distel, Barbara (Hg.), *Der Ort des Terrors. Geschichte der nationalsozialistischen Konzentrationslager*, Bd. 3, München: Beck.
Ders. (1999), *Konzentrationslager Buchenwald 1937-1945. Begleitband zur ständigen historischen Ausstellung*, Göttingen: Wallstein.
Stein, Sabine (2008), »Franz Ehrlich. Ein Bauhäusler im Widerstand und Konzentrationslager«, in: *Thüringer Museumshefte* 2 (2008), online verfügbar unter: {https://lag-buchenwald.vvn-bda.de/2009/09/29/franz-ehrlich-ein-bauhausler-im-widerstand-und-konzentrationslager/}.

Tesarek, Anton (1927), *Das Buch der Roten Falken*, Wien: Jungbrunnen.
Thöner, Wolfgang, »Bauhausmoderne und Chinesische Tradition. Franz Ehrlichs Entwurf für ein Haus des Handels in Peking (1954-1956)«, online verfügbar unter: {http://www.bauhaus-imaginista.org/articles/1086/bauhausmoderne-und-chinesische-tradition}.
Tragbar, Klaus (2018), »Die Bauhäusler Franz Ehrlich und Fritz Ertl. Zwei (unterschiedliche) Lebensläufe«, in: *architectura* 48/1-2 (2018), S. 76-117.
Tuchel, Johannes (1991), *Konzentrationslager. Organisationsgeschichte und Funktion der »Inspektion der Konzentrationslager« 1934-1938*, Boppard am Rhein: Harald Boldt.

Vidović, Cveijetin (2016), *Virtuelle Rekonstruktion der Synagoge in Pančevo (Serbien)*, Wien: Diplomarbeit an der Technischen Universität Wien.

Wagner, Jens-Christian (2001), *Die Produktion des Todes*, Göttingen: Wallstein.
Walter, Franz (2012), *»Republik, das ist nicht viel«. Partei und Jugend in der Krise des Weimarer Sozialismus*, Bielefeld: Transcript.
Wanderwitz, Marco/Ute Bertram/Michael Kretschmer et al., »Die Welt neu denken – Der 100. Jahrestag der Gründung des Bauhauses im Jahre 2019«, Antrag im Deutscher Bundestag, Drucksache 18/3727 (13. Januar 2015), online verfügbar unter: {http://dip.bundestag.de/dip/btd/18/037/1803727.pdf}.
Weber, Hermann/Andreas Herbst (2004), *Deutsche Kommunisten. Biographisches Handbuch 1918 bis 1945*, Berlin: Dietz.
Wedepohl, Edgar (1927), »Die Weissenhof-Siedlung der Werkbundausstellung ›Die Wohnung‹ Stuttgart 1927«, in: *WMB* 11/10 (1927), S. 391-402.
Weidlich, Herbert (1977), *Häftlinge in Lagerorganen. Stützen der illegalen Widerstandsorganisation*, Weimar: Nationale Mahn- und Gedenkstätte Buchenwald.
Wingler, Hans M. (2009 [1962]), *Das Bauhaus 1919-1933. Weimar – Dessau – Berlin und die Nachfolge in Chicago ab 1937*, Köln: Dumont.
Winkler, Klaus-Jürgen (1989), *Der Architekt hannes meyer. Anschauungen und Werk*, Berlin: Verlag für Bauwesen.

BILDNACHWEISE

S. 13 Seite aus Moholy-Nagy, László (1929), *von material zu architektur* (bauhausbücher 14), München: Albert Langen, S. 161

S. 14 Stiftung Bauhaus Dessau (I 35212 G)/© (Franz Ehrlich) Erbengemeinschaft nach Franz Ehrlich

S. 15 *Die junge Garde* (Juli 1934)/© Bibliothek des Bundesarchivs Berlin (SAPMo)

S. 16 *Blatt 30* aus der Reihe *Blätter aus der Haft*. Abbildung entnommen aus: Schulz, Gisela/Hans-Peter Schulz/Johanna Teller (Hg.) (1980), *Bauhaus 4 – Franz Ehrlich. Die frühen Jahre, Aquarelle, Collagen, Malerei, Montagen, Objekte, Plastik, Zeichnungen, Arbeiten der Jahre 1927-1938*, Leipzig: Galerie am Sachsenplatz, S. 38

S. 17 Foto: Claus Bach/© Sammlung Gedenkstätte Buchenwald, Stiftung Gedenkstätten Buchenwald und Mittelbau-Dora

S. 18 Stiftung Bauhaus Dessau (I 31130 G)/© (Franz Ehrlich) Erbengemeinschaft nach Franz Ehrlich

S. 19 Blick auf einen Teil der SS-Führersiedlung I im KZ Buchenwald, NARA Washington/© Public Domain

S. 20/21 Stiftung Bauhaus Dessau (I 31092 G)/© (Franz Ehrlich) Erbengemeinschaft nach Franz Ehrlich

S. 22/23 Foto: Erkennungsdienst KZ Buchenwald, 1939/© Stadtmuseum Weimar

S. 24 Stiftung Bauhaus Dessau (I 14040 G)/© (Franz Ehrlich) Erbengemeinschaft nach Franz Ehrlich

S. 25 Stiftung Bauhaus Dessau (I 12336 G)/© (Franz Ehrlich) Erbengemeinschaft nach Franz Ehrlich

S. 26/27 Stiftung Bauhaus Dessau (I 47580 G)/© (Franz Ehrlich) Erbengemeinschaft nach Franz Ehrlich

S. 28 Stiftung Bauhaus Dessau (I 13558 G)/© (Franz Ehrlich) Erbengemeinschaft nach Franz Ehrlich

S. 29 BArch MfS, AIM 6503/75, Bd. I, BSTU 000045

S. 30/31 Die Abbildungen wurde einem historischem Verkaufspros-

	pekt der Deutschen Werkstätten Hellerau aus dem Jahr 1957 entnommen
S. 32	Die Abbildungen wurden einem historischen Verkaufsprospekt der Deutschen Werkstätten Hellerau entnommen
S. 33	Stiftung Bauhaus Dessau (I 12387 F)/© (Franz Ehrlich) Erbengemeinschaft nach Franz Ehrlich
S. 34/35	Videostill aus *Kulturmagazin* (18. Dezember 1980)/lizenziert über Stiftung Deutsches Rundfunkarchiv (DRA) durch rbb media GmbH
S. 36/37	Stiftung Bauhaus Dessau (I 31176 G)/© (Franz Ehrlich) Erbengemeinschaft nach Franz Ehrlich
S. 38	Stiftung Bauhaus Dessau (I 3922 G)/© (Franz Ehrlich) Erbengemeinschaft nach Franz Ehrlich

**Friedrich von Borries/
Jens-Uwe Fischer**
Sozialistische Cowboys
Der Wilde Westen Ostdeutschlands
200 Seiten
€ 10,00 [D], € 10,30 [A], Fr. 14,90 [CH]
ISBN 978-3-518-12528-1
Auch als eBook erhältlich

Um einen Raum zu imaginieren, in den bis heute Sehnsucht nach Freiheit projiziert wird, musste Karl May Radebeul nicht verlassen. Seine Erben konnten es nicht, also holten sie den Wilden Westen in die DDR. 1956 wurde der »Indianistikklub Old Manitou« gegründet, dem zahllose weitere folgten. Die Autoren erzählen unbekannte Alltagsgeschichte(n) aus dem »Reservat DDR«: über Defa-Western und Dean Reed, sozialistische Cowboys, die sich als »Landarbeiterproletariat« inszenieren mussten, den Häuptling von Hoyerswerda und die Stasiakte »Tomahawk«. Die historische Reportage begleitet die Protagonisten bis in eine Gegenwart, in der die amerikanische Geschichte eine ganz andere Bedeutung bekommt: *reenactment*. In nachinszenierten Schlachten aus dem Bürgerkrieg übernehmen sie die Rolle der Konföderierten und identifizieren sich mit dem Stolz der Verlierer.

»*Sozialistische Cowboys* ist die verblüffendste, aufschlussreichste und vermutlich treffendste Studie über Ostdeutschland, die man im Moment bekommen kann.«
Frankfurter Allgemeine Sonntagszeitung

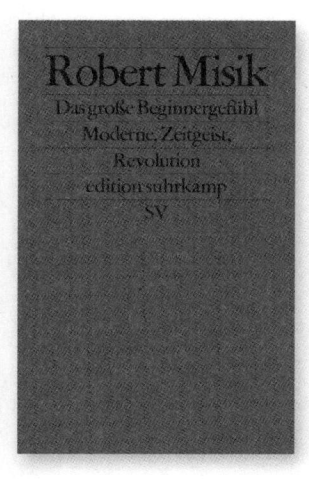

Robert Misik
Das große Beginnergefühl
Moderne, Zeitgeist, Revolution
282 Seiten
€ 18,00 [D], € 18,50 [A], Fr. 25,90 [CH]
ISBN 978-3-518-12788-9
Auch als eBook erhältlich

Konventionen zertrümmern, Wahrnehmung revolutionieren, Neues imaginieren – das war der Geist der radikalen Moderne. Bert Brecht sprach vom großen Beginnergefühl. Heute scheint jeder utopische Optimismus verflogen – ist es damit ein für alle Mal vorbei?
»Keineswegs!«, hält Robert Misik solchen Abgesängen entgegen. Er unternimmt einen Parforceritt durch zweihundert Jahre moderne, radikale Kunst: von Heinrich Heine bis Elfriede Jelinek, von Patti Smith bis Soap & Skin, vom Bauhaus bis zum Gemeindebau. Das Aufbegehren gegen das Überholte und die Revolutionierung der Stile sind auch heute die große Aufgabe der Kunst, genauso wie Exzess und Intensität. »Ändere die Welt, sie braucht es«, sagt Misik mit dem alten BB. Er skizziert ein ästhetisches Programm jenseits von Kommerz, Entertainment und dem ewig schon Dagewesenen.